Reihe Wirtschaftswissenschaften
Band 84

UNTERNEHMUNG WOZU?

DIE IDENTIFIKATORISCHE HERAUSFORDERUNG

ARNOLD MEYER-FAJE

Centaurus Verlag & Media UG 2003

Der Druck erfolgte mit freundlicher Unterstützung der Hochschule Bremerhaven.

Die Deutsche Bibliothek - CIP-Einheitsaufnahme

Bibliographische Information der Deutschen Bibliothek
Die Deutsche Bibliothek verzeichnet diese Publikation in der
Deutschen Nationalbibliographie; detaillierte bibliographische Daten
sind im Internet über http://dnb.ddb.de abrufbar.

ISBN 978-3-8255-0419-9   ISBN 978-3-86226-489-6 (eBook)
DOI 10.1007/978-3-86226-489-6

ISSN 0177-283X

- *Alle Rechte, insbesondere das Recht der Vervielfältigung und Verbreitung sowie der Übersetzung, vorbehalten. Kein Teil des Werkes darf in irgendeiner Form (durch Fotokopie, Mikrofilm oder ein anderes Verfahren) ohne schriftliche Genehmigung des Verlages reproduziert oder unter Verwendung elektronischer Systeme verarbeitet, vervielfältigt oder verbreitet werden.*

© CENTAURUS Verlags-GmbH & Co. KG, Herbolzheim 2003

Satz: Bärbel Kliesch - Schreibbüro, Bremen
Umschlaggestaltung: DTP-Studio, Antje Walter, Hinterzarten

Inhaltsverzeichnis

Seite

Vorwort	**9**
1. Überblick	**13**
2. Die Unternehmung im Eisernen Käfig ihres Erfolgs	**30**
2.1 Das Aktionsszenario der Unternehmung	30
2.1.1 Einführung	30
2.1.2 Das Modell 1900	32
2.1.3 Das Modell 2000	38
2.2 Neue ökonomische und gesellschaftliche Herausforderungen als Sinnherausforderungen	53
3 Identitätsorientiertes Management	**64**
3.1 Leitfragen selbstidentifikatorischer Prozesse	64
3.2 Gestaltungsgrundlagen	82
3.2.1 Membership-Führung	82
3.2.2 Zielfindung als selbstidentifikatorischer Prozeß	91
3.2.3 Identifikatorische Kompetenz als Vehikel	94
3.2.4 Sinndynamisierung der Organisation	114
4. Ein Seitenblick: Denkimpulse durch Max Weber	**130**
4.1 Max Webers verstehendes An-Denken ökonomischer Leitkategorien	130
4.2 Sinn	132
4.3 Rationalität	140
4.4 Herrschaft	150
4.5 Verantwortung	162
4.6 Das Dennoch-Problem	166

5.	**Identifikation im Wirkungsgefüge Unternehmung**	**173**
5.1	Chaos - Systeme - Prozesse	173
5.2	Rationalität - affirmative Rationalisierung - Integrative Vernunft	181
5.3	Macht - Freiheit - Kommunikation	191
5.4	Identität - Rollen	205
5.5	Die Unternehmerfunktion	219
6.	**Zusammenfassung: Bausteine für ein konkreatives Szenario**	**231**

Abbildungsverzeichnis 235

Sachregister 237

Literaturverzeichnis 243

Über den Verfasser 253

Wenn eine Firma expandiert, muß sie neu bestimmen, wer sie selbst ist und wer ihre Kunden sind.

M. Albrow, 1998

Betrieb ist der Mensch auf seinem Arbeitsplatz ... Ohne ihn ist das Gebilde, die Organisation-, die Lebenseinheit, die als 'Betrieb' zu begreifen ist, nicht, ohne ihn ist es Apparatur und sonst nichts.

H. Nicklisch, 1922

There is no Shakespeare; there is no Beethoven; certainly and emphatically there is no God; we are the words; we are the music; we are the thing itself.

V. Woolf, 1903

In order to have a sense of who we are, we have to have a notion of how we have become, and of where we are going.

Ch. Taylor, 1989

Rat an den Ökonomen: kühn das Offensichtliche leugnen.

J.A. Schumpeter, 1948

Vorwort

Völlig neue Herausforderungen für die Unternehmensführung erfordern völlig neue Antworten. Der Verfasser konnte diese Grundwahrheit im Verlauf seiner Recherchen zur Identität in der Unternehmung besonders eindrucksvoll erfahren. Der Untersuchungsgang zog sich, mit kleineren Unterbrechungen, von 1984 - 2003 hin, dauerte also nahezu zwanzig Jahre. Während dieser Zeit haben sich nicht nur die gesellschaftlichen und ökonomischen sowie die zeitlichen und räumlichen Voraussetzungen brisant verändert, auch die Aktionsparameter meines Untersuchungsgegenstandes Unternehmung wurden von den Akteuren mehrmals umgestaltet, ohne dabei allerdings als Antworten so neu und in der Tendenz so klar zu geraten, wie es die "challenges" eindeutig sind. Vorherrschend scheint mir, und das macht die Analyse so schwierig, ein kurioser Mix von alt und neu, sowohl hinsichtlich der Mittel als auch der Leitlinien, der Unternehmensphilosophie.

Initiierend für die in drei Etappen durchgeführte Forschungsarbeit war das Ergebnis meiner 1984 gestarteten empirischen Spurensuche nach den signifikanten Integrationsfaktoren der Leistungseinheit Unternehmung zu einem wirkungsvollen Ganzen: zwar erweisen sich hier Führungsstil, Motivationsstrategien, Gruppenarbeit, offenes Systemdenken partial als durchaus fördernd; entscheidend sind aber Fähigkeit und Bereitschaft aller Menschen in der Unternehmung, gleichgültig ob Top-Manager oder Linienwerker, sich die Zielsetzung der Unternehmung zum Eigenengagement zu machen, d.h. sich mit ihr zu identifizieren. Dieser Vorgang der Identifikation bzw. Selbstidentifikation stellt das ausschlaggebende missing link jeder besonders erfolgreichen Leistungsgemeinschaft dar. Er kann aber nur voll in Gang kommen, wenn dem ein Neubedenken aller bisherigen Führungsstrategien und -instrumente einher geht. Das Ergebnis dieser ersten Untersuchung wurde 1990 unter dem Titel "Identitätsorientierte Menschenführung" veröffentlicht.

Die nächste Untersuchungsetappe konnte nicht darin bestehen, anschließend konkrete Übersetzungsmöglichkeiten für die Führungspraxis zu eruieren oder experimentell als Organization Development zu erproben.

So liefe man Gefahr, schnelläufiger typisch betriebswirtschaftlicher Reduktion. Vielmehr ist vordringlich, zunächst das Phänomen Identität/ Selbstidentität in Eigengesetzlichkeit und Reichweite wissenschaftlich zu klären. Ein solches Vorgehen erfordert schon deshalb eine interdisziplinäre Grenzüberschreitung, weil sich einerseits Menschen Einschränkungen zum Trotz in der Unternehmung als Ganzheiten bleibt zueinander verhalten und damit die funktionierende Unternehmung mit konstituieren, andererseits aber, und das erkannte schon Walther Rathenau, gibt es so etwas wie die Unternehmung an sich. Bei einem wirklich stimmigen Managementkonzept müssen also sowohl die Frage "Menschsein wozu?" und "Unternehmung wozu?" eine beide Seiten berücksichtigende Antwort finden.

Zugleich ist als Gratwanderung zu beachten: Ein Konzept "Identitätsorientiertes Management" kann sich sehr leicht ad absurdum führen. Ausschlaggebend ist ja, daß Selbstidentifikation *sich selbst veranstaltet* und nicht veranstaltet wird. Die Nagelprobe beginnt bei der Frage: "Wer setzt die Ziele?" bzw. "Wer wirkt auf welche Weise bei der Ziel*findung* mit?" Auch von hierher betrachtet kann es zuvorderst nicht um Implementierung gehen, sondern um die Impulsgebung für vorausgehendes Umdenken. Diesem Anliegen widmen sich die 1999 veröffentlichen "Grundlagen des Identitätsorientierten Managements".

Die hier vorliegende dritte und bis auf weiteres abschließende Arbeit faßt in didaktischer Nebenabsicht die in den Vorarbeiten gewonnenen Erkenntnisse möglichst anschaulich zusammen und stellt sich als Hauptaufgabe, die in den "Grundlagen" entfaltete Interdisziplinarität nun schrittweise auf das explizit Unternehmensrelevante zu reduzieren. Eine derartige Reduktion unterscheidet sich von dem im ökonomischen Denken Üblichen; das Reduzierte bewahrt so, quasi fraktalhaft, das Wesentliche des Ganzheitlichen, denn wir können unser zuvor erworbenes Wissen um die Ganzheitlichkeit nun nicht mehr ohne weiteres aus unserem Bewußtsein drängen.

Die aktuellen und absehbar bevorstehenden "challenges" der Unternehmung als Hintergrund, werden in Gegenüberstellung der Denkmuster Unternehmung 1900 und Unternehmung 2000 die Bausteine für ein konkreatives Szenario der Unternehmensführung vorgestellt, das via zum Zuge kommender selbstidentifikatorischer Kompetenz mit dem viel beschworenen Paradigmawechsel im Managementdenken endlich Ernst machen würde.

Neu zu bestimmen für das Wagnis Identitätsorientiertes Management sind vor allem die tradierten Vorstellungen

- von unternehmerischer Legitimation; wir können dabei einiges von Schumpeter lernen;
- von der übergreifenden Konfiguration, die eher vom Prozeßdenken als vom Systemdenken als Leitidee realitätsnah gerät;
- von ökonomisch relevanter Rationalität; das Konstrukt "homo oeconomicus" wird's nicht richten: im Gegenteil, es vermag in praxi, gleichsam in Torschlußpanik, "pur" angewandt, Schlimmes zu bewirken.

Von Anbeginn ist mein Vorhaben sowohl von der zuständigen senatorischen Behörde in Bremen als auch von der Hochschule Bremerhaven, der Hochschule im *stets auch geistig frischen Wind*, auf vielfältige Weise gefördert worden. Was diesen "Schlußstein" betrifft, so schulde ich dem derzeitigen Rektor, Herrn Professor Dr. Josef Stockemer, besonderen Dank. Es ist einem Druckkostenzuschuß der Hochschule Bremerhaven zu verdanken, daß die Arbeit in der vorliegenden Form veröffentlicht werden konnte.

Nicht zuletzt danke ich herzlich dem Schreibbüro Kliesch, Bremen, für das fachkundige Engagement in der Manuskriptverarbeitung, vorbildlich in Geduld, typographischem Gespür und der Meisterung elektronischer Tücken.

Arnold Meyer-Faje

1. Überblick

Im Juni 1985 trafen sich in der Kunsthalle Basel Joseph Beuys, Jannis Kounellis, Anselm Kiefer und Enzo Cucchi, um sich über die geistigen Grundlagen ihres Schaffens auszutauschen. Dabei stellte Beuys fest, daß die Situation, in der wir uns befänden, die Ökonomie als führende Kraft ausweise, und er fuhr fort: "Man weiß doch, was Ökonomie sein sollte, und man kennt das vorgegebene Konzept der Ökonomie. Wir sind uns doch einig, daß die Ökonomie vom kulturellen Geist, aus der Kreativität, aus der menschlichen Freiheit aufgezogen werden sollte. Jetzt aber haben wir eine Ökonomie kapitalistischer oder kommunistischer Spielart. Man muß doch die Realitäten sehen. Die Ökonomie, die entstanden ist, ist durchaus eine Leistung des menschlichen Geistes, das dürfen wir auch nicht unterschlagen. Wenn das inzwischen pervertiert ist, dann muß die Sache von einem anderen Primat her aufgezogen werden. Und das Primat, das einzige, das dem Menschen noch übrig bleibt, um das Unwesen zu transformieren, ist die Kunst."[1]

Beuys gelingen mehrfache Treffer ins Schwarze. Was Ökonomie ist, steht für mich fest. Sie ist, wie Adam Smith in zeitloser Gültigkeit erkannt hat, die einzige Ursache des Volkswohlstandes: Wohlstand dabei nicht nur als Haben, sondern auch als materiell menschenwürdiges Sein, das geistige Freiheit erst ermöglicht, verstanden. Das zum entgrenzten Gewinnmaximierungsprinz pervertierte Prinzip "Eigennutz" als Antrieb unternehmerischen Handelns bleibt bei Smith ethisch eingebunden in das Mitgefühl und die Sympathie sowie in die freiwillige Anerkennung der Gerechtigkeit, wie sie sich aus der Erfahrung und der Vernunft ableiten lassen.

Welche andere Auffassung Beuys von Ökonomie auch haben mag, er holt die Ökonomie in die geistig kulturelle Verflochtenheit, in die der Moralphilosoph Adam Smith sie gestellt hat und abgesichert wähnte, zurück. Welches Managementsymposium würde sich zwecks Bestimmung "Ökonomie heute" mit Philosophie, Kunst, Sozialpsychologie als deren Einfluß- und Ausflußfaktoren auseinandersetzen, es sei denn geleitet von der Vermutung ökonomischer Vernutzbarkeit? Ich sehe bei den Gesprächspartnern in Basel den ganzheitlichen Bezug angelegt, den "Ökonomie heute" dringend benötigt. Wenn man wie Beuys Ökonomie mit Freiheit und Kreativität in Verbindung bringt, überwindet man die sakrosankte fälschlich auf Adam Smith zurückgeführte Lehrmeinung, bei den "Gesetzen" der Ökonomie handele es sich quasi um Naturgesetze; daher die abgeleiteten Zwänge zu marktkonformem Verhalten. Doch Ökonomie ist das Ergebnis menschlichen Gestaltungswillens und, gegen welche Remanenz der Ideologien, Institutionen und Fakten auch immer, veränderbar. Das Konzept "Identitätsorientiertes Management" versucht das Seine zu einer solchen Veränderung beizutragen. Grenzüberschreitungen, analog des Basler Gesprächs, sind dabei unerläßlich, um das Untersuchungsfeld wenigstens halbwegs hinreichend auszuleuchten. Ungern spreche ich von Ganzheitlichkeit und Interdisziplinarität, wissend, daß sie faktisch nur begrenzt möglich sind und ab einem bestimmten Punkt die eigene Disziplin in Frage zu stellen drohen. Ökonomie Übergreifendes muß also thematisch zur Ökonomie zurückfinden. Dem Design der vorliegenden Untersuchung liegen vier solcher Rückführungsschleifen zugrunde:

1. Die Leitidee der Selbstidentifikation (vereinfacht spreche ich häufig nur von Identifikation) als autonome Sinnfindungsfähigkeit eines jeden Menschen in sozialem Kontext.

2. Die Ausweitung des Blickfeldes der Unternehmung auf die Lebenswelt, auch dort, wo es ökonomisch scheinbar nicht Relevanz verspricht. Alle Menschen, die tagtäglich in der Unternehmung tätig sind und sich dort als homines oeconomici ein Verhaltenskostüm überziehen, bleiben als Persönlichkeiten eine Einheit. Das läßt sich auf die Dauer ohne negative Auswirkungen auf den Markterfolg nach außen und die Leistungsfähigkeit und die Kreativität nach innen von der Unternehmung nicht ignorieren.

3. Die Leitidee vom Menschen als Einheit von Leib-Psyche-Geist. Searle hat hierzu den Nachweis geliefert, daß geistige Phänomene, wie Bewußtsein und Intentionalität, sich zwar von physikalischen und biologischen Vorgängen im Gehirn herleiten, qualitativ aber nicht auf die naturwissenschaftliche Dimension reduzieren lassen.[2]

4. Die Ausweitung der verbreiteten Systembetrachtung zu einer sie integrierenden, umfassendere Sinnzusammenhänge und systemunabhängige Freiheitsgrade menschlichen Handelns berücksichtigenden Prozeßbetrachtung. Man kann beispielsweise das Phänomen der sogenannten Globalisierung als Unternehmung vom Selbstverständnis als offenem System her durchaus ökonomisch nutzen, aber so weder den Entstehungszusammenhang und die damit konstituierte Wir-

kungsdialektik zwischen global und lokal erschöpfend erklären, noch die Folgen thematisieren, welche solch ökonomische Einseitigkeit haben können.

Methodisch ist meine Untersuchung, wie schon meine "Grundlagen" (1999), phänomenologisch ausgerichtet. Ich darf auf meine dortigen Hinweise zur phänomenologischen Methode, in der Ökonomie besonders wirkungsvoll von Max Weber und Walter Eucken angewendet, verweisen.[3] Hier ist nur hervorzuheben: Unsere Grundauffassung von der Unternehmung als eines zwischenmenschlichen Handlungsgefüges, das von Menschen erdacht und gemacht wird, also auch veränderbar ist, ja um überlebensfähig zu bleiben, veränderbar sein muß, verdankt sich phänomenologischem Denken, der Reduktion auf den Ursprung. Jede neue Unternehmensgründung lehrt uns das. Die Unternehmung verbaut sich die Einsicht in diesen Wirkungszusammenhang, wenn sie nicht zwischen *personalem Aktionskern* und institutionaler Objektivierung zu unterscheiden weiß, also

o   dem objektivierten ideellen Kern, wie er schriftlich oder virtuell gegeben sein mag;

o   der rechtlichen, finanziellen, materiellen und organisatorischen Konfiguration;

o   den personalen Akteuren der Objektivierung.

Die Institutionalisierung ist zwar schon deshalb Realität, weil jede Unternehmung, sobald sie zu existieren beginnt, ihre eigene Firmengeschichte und Unternehmenskultur in Gang setzt; aber die vermeintlichen "Sachzwänge" und systemischen Eigengesetzlichkeiten stellen sich bei genauerer Betrachtung zumeist als von Menschen gemacht und damit als von Menschen veränderbar heraus, was allerdings nicht immer im Ruckzuckverfahren und im Alleingang eines Unternehmers und seiner Manager leistbar ist.

1. Unser Untersuchungsgang vollzieht sich in fünf Schritten. Als Erstes verschaffen wir uns einen Überblick gegenwärtig vorherrschender Unternehmensstrukturen. Wir nehmen für Strukturen, die sich an eher traditionalen Anforderungen orientieren, eine Typisierung als Modell 1900, für Strukturen, die versuchen, aktuellen und künftigen Anforderungen durch

grundsätzliche Neuorientierung gerecht zu werden, eine Typisierung als Modell 2000 vor.

Die aktuellen Herausforderungen der Unternehmung können realitätsnah lediglich als Spezialherausforderungen einer umfassenderen Lebenswelt, die *weltweit* und *säkular* im Umbruch begriffen ist, verstanden werden. Mit "weltweit" ist bezeichnet, daß wir es hier mit einem national und kontinental übergreifenden Wandlungsprozeß zu tun haben. Mit "säkular" wird erfaßt, daß der Umbruch sowohl unter historischem Aspekt eine Art Zeitalterzäsur darstellt, als auch ein Jahrhundertereignis, das sich über einen säkularen Zeitraum hinziehen und auch noch für nachfolgende Generationen eine existentielle Verunsicherung provozieren wird. Bisher ist nicht zu übersehen, wann und wie dieses weltweite Geschehen, in dem Erosion und Evolution ineinandergreifen, zu einem Abschluß gelangt, der dem Einzelnen Durchblick, Urvertrauen und eine Zukunftsperspektive wie früher einmal über einen relativ längeren Zeitraum hinweg ermöglicht. Man sollte deshalb mit Statements zu einem "disembedding" und "reembedding" (Giddens) äußerst vorsichtig sein.

Die Menschen und ihre Institutionen - und damit auch die hier im Mittelpunkt stehende Unternehmung - befinden sich in einer tiefgreifenden Identitätskrise. Für den Einzelnen ergibt sich daraus die ontologische Fragestellung: "*Mensch sein wozu?*" Für die Unternehmung als menschliche Kooperationseinheit, die ihren Sinn nur aus einem gesellschaftlichen Bedürfnis nach Unternehmung abzuleiten vermag, wendet sich die "Ontologie" legitimatorisch, nämlich zur Fragestellung: "*Unternehmung wozu?*" Menschen und Unternehmung sitzen deshalb allesamt in einem gemeinsamen Boot, so abgehoben anders das auch "Steuerleute", "Kapitäne" und "Reeder" sehen mögen. Zudem bringen Menschen, die werktäglich für ein Drittel ihrer täglichen Kernzeit von der lebensweltlichen Privatsphäre auf das Boot Unternehmung umsteigen, wie um Verdrängung bemüht auch immer, und gleichgültig, ob "oben" oder "unten" tätig, allesamt aufs Wesentliche reduziert "Mensch sein wozu?" als Gepäck mit. Kurz, "Mensch sein, wozu?" und "Unternehmung wozu?" treffen im Handlungsgefüge Unternehmung aufeinander. Was läge nun näher, als die Entfaltung dieser Schlüsselfragen gemeinsam und umfassend zu fördern? Wenn alle Menschen in der Unternehmung zu deren neuer Sinnbestimmung fänden, hätten sie mit Sicherheit zugleich einen nicht unwesentlichen Teil ihrer eigenen Identitätsarbeit geleistet. Die eigene Identitätsarbeit zu fördern, wäre deshalb der geeignete Schalthebel, um in sozialer Vernetzung identitätsorientierte Prozesse, die in einen selbst gefundenen Sinn der Unternehmung - so verstehe ich Unternehmensidentität - münden, in Gang zu bringen. Eine solche "synergetische" Leistung (später werde ich exakter von konkreativer Leistung sprechen) werden Menschen in dem arbeitsteilig hoch differenzierten Handlungsgefüge zu erbringen nur bereit sein, wenn sie in der Unternehmung glaubhaft einen gleichberechtigten Freiraum hinsichtlich Achtung, Interaktion und Verantwortung erkennen können. Die gemeinsame Schnittmenge "Sinndefizite" für Mensch und Unternehmung legt also nicht nur Identitätsorientierung als neue elementare Führungsdimension nahe, sondern darin inbegriffen, zugleich die Bereitschaft und die Fähigkeit *aller Beteiligten*, sich als ein Gesamt von Gliedern, Mitgliedern, *Members*, zu verstehen.

Soweit sich die reale Unternehmung unserem Idealtyp Modell 2000 annähert, dürfte das hier vorgestellte Konzept Identitätsorientiertes Management ein konstruktives Angebot sein. Hätten doch viele im einzelnen echt neue Ansätze darin modifiziert und erweitert ihr missing link gefunden. Dort wo die reale Unternehmung ihren Herausforderungen gemäß dem Modell 1900 begegnet - und das scheint mir gerade bei vordergründig erfolgreichen "global players" verbreitet -, hätte unsere Untersuchung bereits viel erreicht, wenn ihre Leser in ihrer Ideologie verunsichert würden.

2. Im zweiten Untersuchungsschritt gehe ich den lebensweltlichen Herausforderungen als *Identitätsprovokatoren*, zugespitzt auf die Unternehmung, nach. Was den Menschen als Ganzen betrifft, so verweise ich auf die "Grundlagen". Dort findet man die ontologische Bedeutung der Sinnfrage ausführlicher dargestellt.

Grundsätzlich läßt sich die Sinnfrage als selbstidentifikatorische Frage für den Einzelnen und die Unternehmung auf die gleiche Weise auffächern:

o Wer bin ich?
   Bezogen auf meine unvergleichliche individuale Einmaligkeit und auf meine funktionale und kontinuierliche (tagtägliche und biographische) Stimmigkeit in sich.

o Wer bin ich?
   Bezogen auf meine unvergleichliche soziale Einmaligkeit, die sich individual als mehrdimensional erweist:

- Wo komme ich her?
- Wo gehöre ich hin?
- Worin sehe ich in freier Bindung meine nicht delegierbare soziale Verantwortung?

Daraus lassen sich, hilfreich für die Einfädelung unternehmensrelevanter selbstidentifikatorischer Prozesse, zehn W-Fragen ableiten:

1. Wer sind wir?
2. Wohin führt uns das?
3. Was wollen wir?
4. Was erwarten wir?
5. Was können wir?
6. Was müssen wir?
7. Was dürfen wir?
8. Was brauchen wir?
9. Wer braucht uns?
10. Wem schulden wir?

Werden theoretische Erkenntnisse der Identitätsforschung auf diese Orientierungsfragen rückgeblendet, so erlangen sie realistische Bodenhaftung. Konkrete Kristallisationskerne für die Orientierungsfragen sind die jeweiligen Herausforderungen in ihrem kontinuierlichen Wandel oder etwas anders betrachtet und einfacher gesagt: Die identifikatorische Herausforderung stellt sich stets als konkrete Situation, und *in* der Art der Bewältigung realisiert sich der leitende Sinn. Was unsere zehn Orientierungsfragen an identitätsrelevanter Einsicht zu vermitteln mögen, wird besonders deutlich, wenn wir das WIR jeder Frage in einem zweiten Durchgang eigens betonen. Anhand der ersten Frage "Wer sind WIR?" wird das exemplarisch aufgezeigt.

Wenn wir nach diesen Vorüberlegungen von Gestaltungsgrundlagen sprechen, wird einsichtig, daß die Membership-Führung es einem systematisch nicht leicht macht. Einerseits öffnet die Bereitschaft der Unternehmung, sich auf Membership einzulassen, das Tor zu Identitätsorientiertem Management, und zugleich ist sie im weiteren Verlauf wichtigstes Spiegelbild dafür, wie die identifikatorische Sache läuft. Nur im allseitig wechselseitigem Freiheitsverständnis von Members können sich identifikatorische Prozesse realisieren. Die drei Eckparameter der Gestaltung selbstidentifikatorischer Prozesse

o Sozialgenese der Unternehmensidentität

o Förderung selbstidentifikatorischer Kompetenz

o Sinndynamisierung der Organisation

setzen einerseits Membership voraus, andererseits findet Membership derart gestaltend erst zu sich und auf ihren "Wachstumspfad".

Sozialgenese der Unternehmensidentität

Die Initialzündung, das Wagnis der Unternehmungsleitung zum Sesam Öffne Dich, muß jene zunächst alleine schultern. Das Wagnis besteht nur am Rande im Risiko, ob man "unten" wohl mitziehen wird, sondern primär in der Bereitschaft, sich auf eine *wirkliche Verflüssigung* von "oben" und "unten", von "Führern" und "Geführten" einzulassen, weil sich damit unweigerlich Weltbilder und Besitzstände verflüssigen müssen. Das bisherige Verständnis von Macht, Freiheit und Kommunikation wird auf den gemeinsamen Prüfstand gleichberechtigten Diskurses kommen müssen: Zu sezieren sind dabei keine Abstracta, sondern die konkreten Situationen, in die jeweils die Leitideen von Macht und Freiheit und damit verkoppelt Interaktionsmuster eingelassen sind. Auch recht konkrete Organisationsmuster wird man neu bedenken müssen. So kann Membership nur funktionieren, wenn sich alle Führungskräfte bis zu den Top-Funktionen als Delegierte der Members begreifen lernen und sich schließlich *jedes* Mitglied der Unternehmung in ein *bilaterales Delegationsverhältnis* eingebunden weiß.

Im Membership-Verhältnis löst sich für die Unternehmung nicht nur das Mißverständnis einer persönlichkeitsreduzierenden Zweck-Mittel-Einbindung auf, und es werden damit auch nicht nur eine klarere Unterscheidung zwischen Zielen und Zwecken schlechthin möglich sowie sachkompetent neue Partner für den Zielbestimmungsprozeß gewonnen, sondern dies alles, einschließlich eines demokratiegemäßeren Miteinanders, bietet weiterführend die Voraussetzung für die Entfaltung eines gemeinsamen dynamisierten Bewußtseins, das nicht veranstaltet wird, sondern *sich* veranstaltet und deshalb up to date, stimmig und hoch leistungsfördernd ist. Als Member hat der Mitarbeiter zum ersten Mal in der Unternehmung die Chance, das identifikatorische Grundbedürfnis "Wohin gehöre ich?" voll zu entfalten, d.h., mit Rombach gesprochen, "an der Schaffung der Sozialgestalt" der Unternehmung beteiligt zu sein. Rombach hat hier wegweisend aufgezeigt, daß Institutionen nur lebensfähig bleiben, solange sie fähig sind, eine derartige Sozialgenese in ständigem "Rückspiel" aller Beteiligten aufrecht zu erhalten.[4]

Selbstidentifikatorische Kompetenz

Das einem jeden Menschen eigene Bedürfnis nach Sinnerfüllung kann verschüttet, zum Wirrwarr geworden oder durch negative Erfahrungen sonstwie beschädigt sein. Die Wiedergewinnung identifikatorischer Kompetenz vermag dabei nur der Einzelne selber zu leisten. Wohl aber läßt sich solche Kompetenz von außen fördern. Zu denken ist dabei weniger an Schulungskurse und dergleichen und schon gar nicht an eine Art sozialtherapeutisches Programm, sondern vor allem daran, daß Führung Membership ernst nimmt und den Mitarbeiter behutsam und schrittweise über neue Organisations- und Führungsformen schulterbare Membership zumutet, so daß entstehen kann, was Herzberg einst aus etwas begrenzterer motivationstheoretischer Sicht als "psychological growth" bezeichnet hat.[5]

Unter der Voraussetzung, daß der Mensch zu geistiger Autonomie fähig ist und über eine dementsprechende Erkenntnisfähigkeit und Entscheidungsfreiheit verfügt, lassen sich in wechselseitiger Konstituierung fünf identifikatorische Kompetenzfaktoren analytisch - in Wirklichkeit ein nicht auftrennbares Bündel - unterscheiden:

1. *Handlungskompetenz*
   als die Fähigkeit und der Wille, selbständig und zugleich reflexiv auf Objekte, andere Menschen, umhüllende Situationen und das eigene Gewissen zu agieren.

2. *Moralische Kompetenz*
   als die Fähigkeit, ethische Werte selbstverpflichtend zu erkennen und in Handlungen einzubringen.

3. *Soziale Kompetenz*
   als die Fähigkeit, sich aus eigenem Willen sozial zu integrieren und an der Integration anderer Menschen verantwortungsvoll mitzuwirken.

4. *Neotenische Kompetenz*
   als die Fähigkeit, lebenslang lernen zu können, was im weiteren Sinn geistig und mental Wesensmerkmale des Jungbleibens mit umfaßt. Nur so auch wird Selbstidentifikation als autobiographischer Prozeß möglich.

5. *Selbstüberschreitungskompetenz*
   als die doppelte Fähigkeit, einerseits bei Zielen von existentieller Betroffenheit über sich hinauszuwachsen, andererseits kritisch zu seiner Vita und ihrem Umfeld, auch wo sie nicht veränderbar ist, Stellung zu beziehen, ihr dadurch also Sinn zu verleihen.

Sinndynamisierung der Organisation

Der Rahmen, in dem Menschen in der Unternehmung handeln, ist durch organisatorische Maßnahmen so konfiguriert, daß bestmögliches Handeln *nach Maßgabe eines vorgegebenen Ziels* aller Voraussicht nach gewährleistet ist. Ein identitätsförderndes Strukturierungsvorhaben kann dieser üblichen Vorstellung von Organisation nicht folgen. Wenn Ziele und ein gemeinsames Bewußtsein sich selbstidentifikatorisch einspielen sollen, läßt sich ex ante Organisation nicht von einem fixierten Ziel her, sondern nur auf die Möglichkeit hin, *eine offene kontinuierliche Zielfindung* zu erleichtern, entwerfen. Eine derartige Konfiguration ist realisierbar, wenn wir die dynamischen organisatorischen Gestaltungsprozesse als das *Zusammenwirken einer instrumentalen, einer systemischen und einer sinnorientierten Leitdimension* begreifen. Man stellt dann leicht fest, daß instrumentales und systemisches Denken als tools nicht nur nützlich, sondern oft auch unentbehrlich sind, aber das nur dann, wenn sie von einem übergeordneten Sinn her geleitet werden. Wir müssen also die instrumentale und die systemische Dimension als abhängige Variablen der Sinndimension betrachten.

Die Erscheinungsformen des Instrumentalen sind konkret erfaßbar und objektivierbar, die des Systemischen verflüchtigen sich zu einem nicht unwesentlichen Teil ins Abstrakte, so daß sich, gefördert noch durch die vereinfachende Gleichsetzung der Praxis mit elektronischer Informatik, welche einen weltweit verzweigten Multikonzern als Einheit erst steuerbar macht, die fehlleitende Bezeichnung von der "Virtuellen Unternehmung" verbreitet hat. Die Sinndimension ist ausschließlich abstrakt, aber in völlig anderer Hinsicht als das Systemische. Aus meiner Bestimmungsmatrix (Abb. 10) wird ersichtlich, daß sich bei systemischem Denken die Organisation als dynamisches *Sein* betrachtet. Die Mitarbeiter als Systemelemente sind aber, je nach unterlegter Systemauffassung, durch organismische, autopoietische oder kybernetische Gesetzmäßigkeiten im weitesten Umfang determiniert. Sinn ist, um mit Luhmann zu sprechen, hier systemimmanent. Von der Sinndimension her betrachtet lassen sich derartige "gesetzmäßige" Determinismen nicht unterlegen, denn hier wird Organisation *gelebt*, d.h. im Zweifelsfall keineswegs *systemkonform*, sondern *sinnadäquat* gehandhabt. Dabei haben neue Situationen die Chance, neue Sinnbestimmungen zu provozieren.

Wenn die oben beschriebene Sozialgenese gelingt, haben alle Mitglieder der Unternehmung ein gemeinsames Bewußtsein. Je tiefer dieses Bewußtsein gründet und je disziplinierter es sich auf das Wesentliche zentriert, desto mehr lassen sich vordergründige und meist gegenüber neuen Situationen versagende Aufbau- und Ablaufstrukturen der Organisation verschlanken, und es kann sogar der zweckdienliche Grenzfall eintreten, daß sie sich auf *kognitive Landkarten in den Köpfen der Mitarbeiter* reduzieren lassen. Diese Möglichkeit, im Bedarfsfall selbstorganisatorische Fähigkeiten zu entfalten, wird der semantischen Wurzel von Virtuellität (oder Virtualität) gerecht. Ich schlage deshalb vor, hier von einer *virtuellen Organisationsstruktur* zu sprechen, dieses um so berechtigter, weil wir mit unserer semantischen Rückbesinnung nicht umhin können, festzustellen, daß das lateinische Wort "virtus" nicht nur *Tüchtigkeit*, sondern zugleich auch *Tugend* bezeichnet. Nur kognitive Landkarten, in denen zugleich moralische Potentiale, wie die Fähigkeit zum Wir-Impuls, Verantwortung und Opferbereitschaft eingelassen sind, halten eine Unternehmung auf die Dauer am Leben.

Zahlreiche westdeutsche Wiederaufbauleistungen nach dem Zweiten Weltkrieg verdanken sich ausschließlich solch "ganzheitlichem" virtuellem Potential ihrer Mitarbeiter. Umgekehrt dürften nicht wenige Megafusionen der Globalisierungswelle, die sich aufgrund bester elektronischer Vernetzung als virtuelle Einheit verstehen, die Art von Virtuellität, die ich meine, entbehren und zwar gerade dort, wo sie erforderlich wäre, beispielsweise, wenn infolge von Megafunktionen die face-to-face-Beziehungen noch rudimentärer werden, völlig unvereinbare Produkte und/oder Produktphilosophien aufeinandertreffen sowie nicht nur inhaltlich unvereinbare Unternehmenskulturen, sondern eben darin insbesondere polare Gesellschaftskulturen finanziell und rechtlich zu einem leicht explosiven Einheitspaket geschnürt werden.

3. Ehe wir im fünften Kapitel unser identitätsorientiertes Konzept in einem gedanklichen Ja-Aber den zu beachtenden Nebenbedingungen aussetzen, schiebe ich als viertes Kapitel einen Max Weber-Exkurs ein. Weber vermag bereits im Vorfeld des Entwurfs eines Konzepts "Identitätsorientiertes Management" wegweisende Impulse zu geben. Er geht, in der Tradition der Jüngeren Historischen Schule der Nationalökonomie stehend, wie wir von einem ungebrochenen triadischen Menschenbild aus, und auch sein Untersuchungsfeld bestimmt sich wie das hier vorliegende als unabtrennbare Beziehungstriade von Mensch - Wirtschaft - Gesellschaft. Es ist kein Zufall, daß er deshalb "sinnorientiert" zu thematisch ähnlichen Leitkategorien, wie Legitimation, Sinn, Rationalität, Macht/ Herrschaft, Verantwortung, also zu Schlüsselbegriffen gelangt, die auch bei aktueller Fragestellung nach der Sinnsuche des Menschen zu berücksichtigen sind.

Weil sich bei den Vorstudien zu dieser Untersuchung ergab, daß Webers Forschungsarbeit uns berechtigt, die Identitätsfrage in der Unternehmung auch als *ökonomisch* existentiell zu betrachten und außerdem seine überwiegend phänomenologische Methode in meiner Arbeit, weil dem Untersuchungsfeld besonders angemessen, zur Anwendung gelangt - so dringlich ich als *nächsten* Schritt eine empirische Methode für geboten sehe -, wurde erwogen, die Untersuchung mit einem Max Weber-Kapitel zu beginnen. Bei allem, was ich Weber an Einsichten und Denkanstößen schulde, hätte eine derartige Positionierung leicht in toto zu einer Weber-Abhandlung geführt. Unter der Überschrift "Identitätsorientiertes Management" würde das jedoch zu einer Verfälschung Max Webers führen. Außerdem geht mein Anliegen, vom Verwertungsinteresse ganz abgesehen, in einem entscheidenden Punkt nicht mit Weber konform. Webers Blick auf die Welt von Morgen, war trotz der Begründung im Prinzip zeitloser Leitkategorien, die allerdings jede Generation erneut hinterfragen muß, bestimmt von der Sorge des Untergangs einer unwiederbringlichen Welt von Gestern, der er *nur* ein verantwortungsethisches "Dennoch" entgegenzusetzen wußte.

4. Die Nebenbedingungen, die ich im 5. Kapitel behandle, stellen sich zunächst als ein mehrfaches Ja-Aber dar. In grundsätzlichen *Umdenkprozessen* lassen sich aber die Barrieren identitätsfördernd überwinden, indem

- o das Prozeßdenken zum integrativen Leitmuster wird.
- o ökonomische Rationalität sich zu integrativer Vernunft erweitert.
- o Kommunikationsasymmetrien als Machtasymmetrien erkannt werden und so der Weg zum aufdeckenden Diskurs unter "demokratisch" Gleichen frei wird.
- o Rollen als soziale Verkehrsmuster ihre Interpretation von einem übergeordneten identifikatorischen Selbstverständnis erfahren und somit das eigentliche personale Konfliktzentrum evident wird.

Inwieweit daraus *Gestaltungsprozesse* werden können, wird entscheidend davon abhängen, ob initial das Umdenken beim Management, von oben nach unten gerichtet, gelingt und die Gestaltungsprozesse sich primär als Förderung von Umdenkprozessen für *alle* Mitarbeiter begreifen. Das initiierte Umdenken beim Management erschließt sich selbstfindend die dazu erforderlichen Führungsqualitäten, nämlich Sensibilität, Distanzfähigkeit, Loslassen können, solidarisches Verhalten *allen* Mitgliedern der Unternehmung gegenüber, Vertrauen schenken und annehmen können, offen sein für den Eigen-Sinn selbstidentifikatorischer Prozesse.

Wenn wir als übergeordnetes Konfigurationsmuster das Prozeßdenken wählen, so erschließen wir uns damit den Blick für das multievolutionär verflochtene Geschehen in der Unternehmung, vor allem das selbstidentifikatorische Potential darin. Die ökonomischen Systemdenker, die von Evolution sprechen, berücksichtigen diese Komplexität in keiner Weise, weil sie, wie H.A. Simon nachweist, von ihrem Ökonomieverständnis her selbstredend eine begrenzte Vorstellung von *Varianz* und Selektion, den Schlüsselvariablen der Evolution, haben.

Um als Unternehmen entwicklungsfähig und damit inbegriffen überlebensfähig zu bleiben, bedarf es, wie Simon als Ökonom bahnbrechend aufweist, eines Vernunftverständnisses, das dem Homo-Oeconomicus-Modell und dem daraus abgeleiteten hoch mathematisierten "Göttlichkeitsmodell" (wörtlich) subjektiver Nutzenmaximierung an Realitätsnähe und Kreativitätspotential überlegen ist. Im realen Entscheidungsverhalten bietet eine *begrenzte Rationalität*, orientiert an der Verarbeitungskapazität eines normalen Menschen, für den sich "die Welt, in der es Millionen von Variablen gibt", wie Simon am Beispiel Autokauf zeigt, auf einige wenige Variablen reduziert, und der zugleich bei seinem Verhalten nicht nur von der linken, analytischen, sondern in Einheit auch von seiner rechten, emotions- und assoziationsfähigen Hirnseite geleitet ist, also *intuitive Rationalität* mitwalten läßt, auf Dauer die einzige Überlebenschance.[6] Wie in seinen anderen Schriften geht es Simon hier nicht darum, das Nutzenmaximierungsprinzip aufzuheben, sondern im Kontext von Innovieren und Satisfizieren gebührend einzuordnen.

Wir müssen allerdings Simon gerade an der Grenzstation, wo er die Ökonomie-Pur-Denkära überschreitet, mit einem exakteren Begriffsgepäck umrüsten. Sowohl bei der begrenzten Rationalität als auch bei der intuitiven Rationalität ist es für Simon das "Gefühl", welches die Einseitigkeit des "Göttlichkeitsmodells" überwinden soll, schon, dadurch daß es a priori "die Fokussierung der Aufmerksamkeit" bestimmt.[7] Wie aber, wenn das Gefühl nichts anderes als die Freude an Nutzenmaximierung beinhaltet? Der Nutzenmaximierung stände dann nur ein verfeinertes, quasi behavioristisch erweitertes Instrumentarium zur Verfügung.

Diese Gefahr bloß behavioristischer Erweiterung der ökonomischem Verhalten zugrunde liegenden Vernunft läßt sich vermeiden, wenn wir nicht "Gefühl" sondern Sinnorientierung als leitendes Apriori setzen. Gefragt ist eine *integrative Vernunft*, wie sich in Anlehnung an Kant aus dem Zusammenspiel jeweils sach*bedingter* Rationalität und *unbedingter* personal autonomer Sinnbindung, im Zusammenwirken ergibt.[8]

Integrative Vernunft befähigt das Management zur selbstkritischen Reflexion des traditionalen Machtverständnisses in der Unternehmung, das sich eng gekoppelt an ökonomische Rationalität von den Eigentumsverhältnissen herleitet. Wer das Risiko für Kapitaleinsatz trägt und dem Schuldner haftet, muß danach, im Rahmen welcher rechtlich gewährleisteten Mitbestimmung auch immer, das ausschlaggebende Sagen haben. Unterbewertet bleibt dabei das Risiko der Arbeitnehmer, wie es sich in Berufskrankheiten, Entwertung der Berufsausbildung, Verlust des Arbeitsplatzes, darstellen kann. Nach außen bedeutet Macht der Unternehmung vor allem das Vermögen, sich auf Märkten erfolgreich zu behaupten, die Binnenstruktur dieses Vermögens ist letzlich nicht relevant. Wenn wir aber unter dem Binnenaspekt mit Macht das Vermögen der

Unternehmung begreifen, die Vorleistungen für den Markterfolg zu erbringen, so wirken hier Sachkapital und Humankapital und auch alle Betriebsebenen untrennbar zusammen. Die Unternehmung 2000 lebt dabei mit dem Widerspruch, *partial* die Grenzen zwischen oben und unten sowie Kapital und Arbeit weitgehend zu schleifen, weil sonst hoch qualifizierte und komplexe Leistungsprozesse nicht funktionieren würden, aber weit unverfrorener als je zuvor bei Rationalisierungs- und Restrukturierungsmaßnahmen Mitarbeiter zu entlassen, was in der Mehrzahl der Fälle heißt, sie dem totalen Existenzrisiko auszusetzen.[9] In solchen Situationen wird evident: Die Machtasymmetrie, wie sie die Unternehmung 1900 kennzeichnet, ist noch lebendig.

Damit bleibt die Unternehmung nicht nur ein partial demokratischer Raum. Sie beraubt sich auch hinsichtlich ihrer Effizienz wertvollen Potentials. Foucault hat eindrucksvoll aufgezeigt, wie Machtverhältnisse, Freiheit und Kommunikationsverhältnisse in ein untrennbares "Ensemble von Handlungen, die sich gegenseitig hervorrufen und beantworten", verschachtelt sind.[10] Betriebliche Kommunikationsmuster sind in diesem Sinne originär auf Machtdurchsetzung hin angelegt, und deshalb kommen alle noch so guten Wandlungsbemühungen aus der Befangenheit in dem genannten Ensemble, die ihnen eine falsche Wirklichkeit vorgibt, schwer heraus. Ich versuche in Abschnitt 5.3 die geläufigen Kommunikationsspiele in der Unternehmung als double talks und double binds aufzudecken.

Ich wähle für eine Neubestimmung sowohl der kooperativen als auch der kommunikativen Beziehungen der Menschen in der Unternehmung die Bezeichnung *Komplementarität*. Eine solche Komplementarität prozessual einzufädeln, ist ohne eine rechtliche Änderung der Unternehmensverfassung durchaus möglich. Nicht alles, was in einer Demokratie an Institutionen funktioniert, funktioniert analog politischer Institutionen, deren Führungsmitglieder der Wahl bzw. der Abwahl unterliegen. Wohl aber kann eine Demokratie nur funktionsfähig bleiben, wenn in allen Institutionen ein demokratiegemäßer Geist waltet, der durch ein Selbstverständnis von "demokratischer" Gleichheit und gesellschaftlicher Verantwortung gekennzeichnet ist. Unternehmer und Manager können sich dann eher zugleich als *Delegierte der Mitarbeiter* verstehen. Das Gewahrwerden und Respektieren demokratischer Gleichheit ermöglicht endlich das Zusammenspiel aller, und sei es noch so unterschiedlicher Funktionen, die für den Leistungserfolg maßgeblich sind, aus einem gemeinsamen Bewußtsein heraus, engagiert auf einen gemeinsamen Bezugspunkt hin. Als Leitmetapher bietet sich das Puzzle an: eine Ebene, alle Teile sind unterschiedlich, greifen aber ausnahmslos komplementär ineinander, und nicht ein Teil darf fehlen.

Die sich öffnenden Chancen sind enorm: Im Diskurs wird nicht mehr um die Dinge herum geredet. Ist-Situationen werden endlich als solche evident. Die humanen Handlungsqualifikationen erhalten kreativere und effektivere Einsatzchancen. Selbstidentifikation erhält endlich den ihr gemäßen Freiraum und kann sich nun zur Wir-Identität als Unternehmensidentität im eigentlichen Sinn entfalten. Kurz, Membership-Führung wäre in Gang gebracht. Das Zusammenspiel aller Mitglieder würde nun die Unternehmung in vielerlei Hinsicht mit einer guten Fußballmannschaft vergleichbar machen, und die Gründe von Erfolg und Mißerfolg jedes "Spiels" würden diskursiv evident.

Sobald sich integrative Vernunft und das Dual von kooperativer und diskursiver Gleichheit durchsetzen, entspannt sich in der Unternehmung auch die Rollenproblematik. Wurden hier bisher zumeist Rollen mit Identität verwechselt, also Identität zum Rollenkonstrukt verkürzt, so verflüssigen sich die Rollenmuster, sobald sie sich als jeweils neu ausformulierte Handlungsrelevanz eines identifikatorischen Selbstverständnisses begreifen. Anders gesagt, der Rollenträger fragt nunmehr, orientiert an "Unternehmung wozu?", "Rolle wozu?". Bei der Bedeutung, welche aus betriebspsychologischer Sicht bisher der Rolle zukam, ist es in Abschnitt 5.4 nicht zu umgehen, ausführlicher auf die wissenschaftliche Diskussion des Konstrukts Rolle einzugehen.

Bereits unser einführender Überblick könnte leicht dem Eindruck Vorschub leisten, durch gelebte Membership und wechselseitiges Delegationsverständnis würden Unternehmer und Manager als solche allmählich entbehrlich. Zutreffend ist: Wenn identitätsorientiertes Management tatsächlich in Gang kommt, verändert sich die Sozialgestalt der Unternehmung grundlegend. Es entsteht eine Arbeitsteilung der Führung, die jedes Mitglied einschließt, und durch das wechselseitige Delegationsverständnis entfaltet sich ein individual-sozial offener Schwebezustand, wie ihn der sozialpsychologische Outsider Sloterdijk als eine Art Blase, d.h. "eine vage Kugel mit zwei und mehr Brennpunkten" unorthodox beschrieben hat.[11] So entsteht ein bisher nicht geahnter Freiraum des Sich Wahrnehmens und der Kommunikation.

Damit steht die Unternehmerfunktion, mag sie auch, vor allem in Großunternehmen, zunehmend von Managern mit wahrgenommen werden, nicht etwa zur Disposition. Im Gegenteil: Identitätsorientiertes Management bedarf starker Unternehmerpersönlichkeiten, die sich neben den bereits erwähnten Qualitäten durch Zweierlei auszeichnen: *Erstens* durch die Fähigkeit, als Integrationsfigur direkte und indirekte Nah- und Fernwirkung auszustrahlen. Jedes Member vermag sich mit dem Selbstverständnis des Unternehmers von Unternehmung zu identifizieren, denn der Unternehmer ist nicht, wie im Modell 1900, Vor-Geber, sondern integrative Mitte des Sinnverständnisses der Unternehmung. Wenn er in den selbstidentifikatorischen Prozeß der Unternehmung als Member mit eintaucht, wird er natürlich, sonst wäre er nicht Unternehmer, sein Kapitalvermehrungsinteresse mit einbringen. Er wird aber den Sinnkontext des Ganzen, in den solches Eigeninteresse eingeht, lernend wahrnehmen, um von hierher seine mitreißende Überzeugungskraft als Leader zu erlangen. *Zweitens* durch die Fähigkeit, im Sinne von Schumpeter immer wieder schöpferische Impulse für die Unternehmung zu setzen. Wir werden aber die Notwendigkeit kontinuierlicher "kreativer Zerstörung" angesichts der säkularen Herausforderungen weiter auslegen müssen, als es Schumpeter seinerzeit zu tun brauchte.[12] Die schöpferische Dynamik darf sich nicht nur auf neue Produkte und Märkte richten, sondern sie muß zugleich die Fähigkeit und Bereitschaft einschließen, die *Sozialstruktur der Unternehmung selbst zum Gegenstand kontinuierlicher schöpferischer Zerstörung* und Neugestaltung zu machen. Bereits der Grundstimulus, Grünes Licht zu geben für Identitätsorientiertes Management, ist eine nicht delegierbare Unternehmerfunktion. Wir werden also im fünften Kapitel ausführlicher auf die Neubestimmung der Unternehmerfunktion einzugehen haben.

5. Abschließend stellen wir das Ergebnis unserer Untersuchung auf den Prüfstand praktischen Nutzens und beleuchten den weiteren Untersuchungsbedarf.

[1] Burckhardt, J. (Hrsg.): Ein Gespräch - Joseph Beuys, Jannis Kounellis, Anselm Kiefer, Enco Cucchi, 4. Aufl., Zürich 1994: 126.

[2] Searle, J.R.: Die Wiederentdeckung des Geistes, Frankfurt a.M. 1996. Searle, J.R.: Geist, Sprache und Gesellschaft. Philosophie in der wirklichen Welt, Frankfurt a.M. 2001.

[3] Meyer-Faje, A.: Grundlagen des Identitätsorientierten Managements, München/Wien 1999.

[4] Rombach, H.: Phänomenologie des sozialen Lebens. Grundzüge einer Phänomenologischen Soziologie, Freiburg/München 1994: 146 ff.

[5] Siehe Meyer-Faje, A.: Betriebliche Motivation: kein Mythos - aber auch kein social engineering, in: Die Mitarbeit (2)1985: 161 - 172.

[6] Simon, H.A.: Homo rationalis. Die Vernunft im menschlichen Leben, Frankfurt a.M. 1993. Siehe ferner Simon, H.A.: Organisation und Individuum, Menschliches Verhalten in Organisationen, Wiesbaden 1976; Simon, H.A.: Entscheidungsverhalten in Organisationen, Landsberg a.L. 1981.

[7] Simon (1993: 30 f.).

[8] Siehe hierzu Albrow, M.: The Application of the Weberian Concept of Rationalization to Contemporary Conditions, in: Lash, S., Whimster, S. (Ed.): Max Weber, Rationality and Modernity, London/Boston 1987: 164 - 182.

[9] Als Musterbeispiel wie ungleich die Risiken von Arbeit und Kapital- bzw. Interessenvertretern des Kapitals behandelt werden, eignet sich der Extremfall bei Mannesmann im Jahr 2000, als Vorstandsmitglieder 160 Millionen Prämie dafür kassierten, daß sie die Übernahme durch Vodafone favorisierten. Siehe: Neue Verdächtige im Fall Mannesmann. FAZ v. 20.8.2001. Auch der Hinweis von Forrester, wie neuerdings eine starke Korrelation zwischen Entlassungen und steigenden Aktienkursen von Unternehmen festzustellen ist, deckt solche Asymmetrie auf. Forrester, V.: Die Diktatur des Profits, München 2001: 9 ff., 62 ff.

[10] Foucault, M.: Botschaften der Macht. Der Foucault-Reader. Herausgegeben von J. Engelmann, Stuttgart 1999: 188 ff.

[11] Sloterdijk, P., Heinrichs, H.-J.: Die Sonne und der Tod. Dialogische Untersuchungen, Frankfurt a.M. 2001: 151.

[12] Schumpeter, J.: Stichwort "Unternehmer" im HdSW, Bd. VIII, 4. Aufl., Jena 1928: 476 - 487. Ferner Schumpeter, J.: The Creative Response in Economic History, in: Clemence, R.V. (Ed.) Essays on Economic Topics of J.A. Schumpeter, Port Washington 1951: 216 - 226. Zuerst erschienen im Journal of Economic History, Nov. 1947: 149 - 159.

2. Die Unternehmung im Eisernen Käfig ihres Erfolgs

2.1 Das Aktionsszenario der Unternehmung

2.1.1 Einführung

Die privatwirtschaftliche Unternehmung ist die maßgebliche Aktionseinheit kapitalistisch orientierter Volkswirtschaften. Um als Kontrast die Eigenart staatswirtschaftlicher Unternehmensführung zu verstehen, braucht man nicht den untergegangenen Sozialismus bzw. dessen überlebte Reste zu bemühen. In Deutschland liefern die bisher nicht bewältigten Privatisierungsprozesse von Post und Bahn in einem ungereimten Mix von gleichzeitigem Monopol- und Wettbewerbsverständnis vortreffliche Beispiele der Unvereinbarkeit beider Wirtschaftsauffassungen.

Seit sich in der einzelwirtschaftlichen WISO-Disziplin die Bezeichnung "Betriebswirtschaftslehre" durchgesetzt hat und man damit auch wirklich nur den "Betrieb" meint, erweist sich deren Betrachtungsweise auf von "Wirtschaftlichkeit und sonst nichts" geleiteter Instrumentalität verengt, so wie sie der Betrieb als technisch-organisatorische Hilfseinrichtung zur Realisierung der unternehmerischen Leistungsziele benötigt. Das mag einerseits gerade neuerdings für die Erschließung völlig neuer Einsatzfelder der elektronischen Informationstechnologie ein fachspezifisch idealer Rahmen sein, doch andererseits gerät dabei leicht aus dem Blickfeld, daß der Betrieb in jeder Einsicht nur ein abhängiges Variablenbündel der ihn umhüllenden und determinierenden Unternehmung darstellt. Bekanntlich konstituiert sich die Unternehmung aus Zielsetzung, Rechtsform, Eigentumsverhältnissen, Marketing- und Führungsauffassung. Die Unternehmung gibt dem Betrieb Rahmen und Entwicklungsmöglichkeiten weitestgehend vor. So sind beispielsweise Borgward, Bremer Vulkan und AEG nicht an ihren hohen technischen Qualitäten, sondern an Mängeln in der Unternehmensführung gescheitert.

Es ist allem Wilhelm Rieger zu verdanken, den Primat der Unternehmung auf klassische Weise herausgearbeitet zu haben.[1] Zugleich aber schreibt er mit seiner Betonung des Gewinnstrebens und der Geldrechnung den Typus der einseitig an Rentabilität orientierten Unternehmung fest, wie er im neunzehnten Jahrhundert gewachsen ist und wie er bis in die 1960er Jahre als hinreichend gelten konnte.

Im Hinblick auf ein inzwischen völlig verändertes ökonomisches und soziales Umfeld

- Wandel vom Verkäufer- zum Käufermarkt
- Globalisierung des Waren-, Dienstleistungs- und Arbeitsmarktes
- weltweite Deregulierung der Kapitalmärkte
- unbegrenzt scheinende Möglichkeiten der Zeit-Raum-Überbrückung durch die elektronische I-Technologie
- selbständigen take offs von Schwellen- und Drittländern

hat dieser Typ, ich bezeichne ihn als Unternehmung 1900, zwar vielfältige Modifikationen und Innovationen erfahren. Doch der vordergründig erkennbare Gestaltwandel bleibt bei näherer Betrachtung häufig rein pragmatischer Mix älterer bis neuester tools mit alten Leitvorstellungen. Der seit Zusammenbruch des Ostblocks euphorisch ausufernde Marktfundamentalismus, die gesellschaftlich wie ökonomisch bedenkliche Megafusionswelle, neue Formen des Kolonialismus als outsourcing von Produktionsstätten und benötigten Dienstleistungen in billigere und rechtlich weniger geschützte Entwicklungsländer sowie der Trend zunehmender Ökonomisierung aller Lebensbereiche belegen, wie mit einer Denkweise von vorvorgestern die aktuellen Herausforderungen der Gegenwart und der Zukunft angegangen werden. "Shareholder Value" als einzige Wegleuchte muß kurz über lang zum Irrlicht werden.[2]

Längst haben sich indessen in der Praxis Ansätze einer Unternehmensauffassung entwickelt, die mit dem Modell Unternehmung 1900 so wenig gemeinsam haben wie ein Porsche mit einer Postkutsche. Das hier dargestellte Modell Unternehmung 2000 ist nur insofern idealtypisch, als es folgerichtiger als die Praxis überlebte Elemente des Modells 1900 eliminiert. Ob die Praxis tatsächlich unterwegs zum Typ 2000 ist oder bloß den Typ 1900 immer wieder neu kostümiert, läßt sich konkret leicht an der Konsistenz der normativen Leitvorstellungen sowie deren strategischen und operativen Umsetzungsgrad ausmachen.

2.1.2 Das Modell 1900

Als Hauptmerkmale des Handlungsszenarios können gelten:

1. Relativ stationäres Umfeld
2. Begrenztes Umfeld
3. Eindeutiges Werteumfeld
4. Unbegrenztes Wachstum des Marktes
5. Systemische Selbstbegrenzung
6. Eindimensionales Legitimationsbewußtsein
7. Intradeterminiertheit und Intratransparenz
8. Solo-Entrepreneurship
9. Lineare Konfiguration
10. I-tools als Hilfsmittel
11. Weitgehend fremdbestimmte Führung
12. Überwiegend additive Kreativität

Relativ stationäres Umfeld

Sieht man von außergewöhnlichen Ereignissen, wie Börsenturbulenzen, Kriegen, Debitorenausfall, ab, so verändern sich die unternehmensrelevanten technischen, ökonomischen und sozialen Daten zumeist nur partial und in einem langsamen Tempo. Innovationen haben eine lange Anlaufzeit bis zu ihrer Durchsetzung und Nachahmung. Bezeichnend sind auch lange Produktlebenszyklen.

Begrenztes Umfeld

Gelegentlich wird mit Blick auf Goldstandard und Freihandel festgestellt, daß bereits vor 1914 die Welt das Aktionsfeld der Unternehmung darstellte. Unter diesem spezifischem Aspekt trifft das zwar grundsätzlich zu, doch ist jene Globalität in keiner Weise mit heutiger globaler Entgrenzung gleichzusetzen. Für die traditionale Unternehmung, ob groß oder klein, gelten zwei Begrenzungen des Aktionsfeldes: Erstens sind es die *Transportkosten* im Verhältnis zu den Erlösen, die den Einzugsbereich der Unternehmung limitieren; zweitens bildet der vorelektronische Stand der *Informationstechnologie* eine entscheidende Barriere. Je wertvoller und innovativer die Güter sind, wie einst bei Elektroindustrie, Maschinenbau und Chemie, und je rationalisierter das Vertriebssystem, wie z.B. einst pionierhaft bei Libbys und Cadbury, desto eher läßt sich die traditionale Grenzlinie ausweiten. International renommierte Unternehmen, wie Siemens und Philips um 1900, waren also keine global players im heutigen Sinn.

Eindeutiges Werteumfeld

Das Werteumfeld ist in Deutschland, auch wenn man für 1933 - 1945 gewisse "Wertberichtigungen" vornehmen muß, etwa bis in die 1960er Jahre (Drehpunkt 1968) überschaubar und in Traditionen wurzelnd, die bereits im Kaiserreich dem Nimbus "Made in Germany" und nach 1948 dem Wirtschaftswunder förderlich waren. Trotz den Errungenschaften betrieblicher Mitbestimmung bleibt, verbreitet bis in die Gegenwart, an der Basis die Akzeptanz einer Betriebshierarchie gewahrt. Daran haben auch die in den 1970er Jahren staatlich geförderten Bemühungen um eine "Humanisierung der Arbeitsplätze", mit dem demokratischen Kern "teilautonome Gruppenarbeit" wenig geändert. Wichtigste Stellschraube, daß die traditionale Betriebshierarchie gewahrt bleibt und trotzdem alles klappt, ja sogar hervorragende Leistungsbereitschaft möglich ist, ist die deutsche Besonderheit des Meisters, einem Führungszwischenglied mit hoher Qualifikation und Verantwortungsbereitschaft.[3]

Unbegrenztes Wachstum des Marktes

Einerseits bedarf es seit Ende des neunzehnten Jahrhunderts noch einiger Jahrzehnte, bis eine allgemeine Wohlstandssättigung und damit auch ein schwächerer Steigungswinkel der Nachfragekurve zu verzeichnen ist. Zwei Weltkriege verlängern der Wirtschaft diese Goldenen Zeiten. Andererseits müssen, eine typische Barriere des Modells 1900, Umsatzchancen und Kosten der Produktivitätssteigerung in ihrer Wechselbeziehung beachtet werden. Die Fixkostendiskussion der 1920er bis 1940er Jahre ist symptomatisch für diese Problematik.

Obwohl in jenen Goldenen Zeiten des Verkäufermarktes die noch heute weltweit führenden Marken entstanden sind - diese Art von Verkaufsförderung war weit leichter einzuführen als heute, wo das Risiko eines Flops sehr groß ist -, hat Marketing im traditionalen Unternehmen nur eine Randbedeutung. Ein Produkt macht seinen Weg, wenn Qualität und Preis stimmen.

Systemische Selbstbegrenzung

Das systemische Selbstverständnis entspricht weitestgehend dem eines offenen statischen Systems (wobei anzumerken ist, daß entgegen des verbreiteten Sprachgebrauchs "stationär" und nicht "statisch" die zutreffende Bezeichnung wäre). Zwar bewirkt der Leistungsprozeß eine Transformation von input zu nachfragegerechtem output, und hier wird jede überlebensfähige Unternehmung nicht um eine gewisse Dynamik herumkommen, die sich aber auf das System selber kaum auswirkt. Es kann als typisch gelten, daß erworbene Mitarbeiterqualitäten langfristig wertbeständig bleiben, daß Maschinen jenseits erfolgter Abschreibung noch Jahrzehnte genutzt werden und daß das Werktor die Systemgrenze darstellt.

Eindimensionales Legitimationsbewußtsein

Die Unternehmung kann es sich leisten, ihr Handeln ökonomisch reduktionistisch ausschließlich an der optimalen Faktorkombination, also schlußendlich an Gewinnoptimierung und sonst nichts, und dieses im reinen Shareholder-Interesse, auszurichten. Lohn- und Prämiensysteme sind die maßgeblichen Motivierungsinstrumente, und tayloristische Rationalisierungsmaßnahmen, besonders bei Fließfertigung, werden von den Mitarbeitern, wenn es sich für sie auszahlt, hingenommen. Andere Mittel zur Effizienzsteigerung kennt das Modell 1900 nicht.

Intradeterminierbarkeit und Intratransparenz

Die Wahrnehmungskategorie Unternehmung à la 1900 erschöpft sich in der ingenieurmäßigen Vorstellung von der Unternehmung als Mensch-Maschine-System und der betriebswirtschaftlichen Analogsteuerung im Rechnungswesen als Geldumwandlungsprozeß. Da man sich diese Ausgrenzungswelt mittels den Organisationsprinzipen Standardisierung, Spezialisierung, Arbeitsteilung, Synchronisierung, Konzentration, Maximierung und Zentralisation selber zusammengebaut hat, wozu man zuvor unternehmenskulturelle Ganzheiten auf brauchbare Elemente hin sorgfältig analysiert haben muß, um dann als Synthese ein mechanisch höchst effizientes Uhrwerk zustande zu bringen, gelingt es solchem Denken, tatsächlich, *nichts* alles, *aber in der Regel* alles *"Wünschenswerte"* zu erfassen. Ethische, soziologische und psychologische Wahrnehmungsfelder und der weite Bereich nicht ökonomischer Rationalität, wie er sich schon allein kraft der sozialen Reflexivität jedes menschlichen Denkens und Handelns entfaltet, bleiben außen vor.

Solo-Entrepreneurship

Alfred Krupp hat Ende des neunzehnten Jahrhunderts als patriarchischer Herrscher an der Spitze eines Weltunternehmens das Wesen von Solo-Entrepreneurship recht treffend auf den Punkt gebracht: Im "Hauptkontor" laufen alle Fäden zusammen, vom Hauptkontor gehen alle Fäden aus, im Hauptkontor hat nur einer das Sagen. Der Mann im Hauptkontor hält sich für den eigentlichen Könner, die Untergebenen haben ihm alles zu verdanken. Da er die Letztverantwortung trägt, kümmert er sich nicht etwa nur um die übergeordneten Dinge, sondern, soweit nur irgend möglich, um kleinste Einzelheiten.

Bereits in den 1950er Jahren war diese Führungsauffassung, obwohl von Erfolgsgründern der Wirtschaftswunderzeit neu belebt (allerdings nach spätestens drei Jahrzehnten unternehmensschädlich), für viele deutsche Großunternehmen nicht mehr haltbar. Das Harzburger Modell, Wehrmachtserfahrungen erfolgreich vermarktend, versucht, ohne das Hierarchie- und Alleinbestimmungsprinzip grundsätzlich anzutasten, eine Entlastung der Führungsspitze, vor allem durch die Unterscheidung in Führungs- und Handlungsverantwortung, Stellenbeschreibungen und eine dem Russenpuppenprinzip ähnelnde Delegationsstaffelung. Das Modell beschert den Unternehmen zwar mehr echte Transparenz, aber auch viel mehr Bürokratie. Vor allem wohl, weil das Harzburger Modell psychologisch nie up to date war, wird das traditionale hierarchietypische Liniendenken nicht aufgebrochen. Es finden sich keine Kristallisationspunkte für Selbststeuerung und konkreative Effekte. Es muß den Außenstehenden voreinnehmen, wenn er im Jahre 2001 der Führungsauffassung einer Unternehmung nachgeht und dabei auf Spuren des Harzburger Modells trifft. Ich wenigstens habe diese Erfahrung gelegentlich noch unlängst machen müssen. Selbstverständlich sind diese Restbestände stets mit neueren Managementkonzepten eine pragmatische Mischung eingegangen, aber damit wird eine Überprüfung erforderlich, ob es sich im konkreten Fall vielleicht nur um ein modifiziertes Harzburger Modell, sprich eine verbesserte Unternehmung 1900, handelt.

Lineare Konfiguration

Indem die lines of command weitestgehend die formale Organisations- und Kommunikationsstruktur bestimmen, sichern sie den status quo und blocken jede eigenläufige Entwicklung ab. Statt dessen entstehen bisweilen eigenwillige informale Grauzonen, denen allein oft die betriebliche Funktionsfähigkeit zu verdanken ist. Bekanntlich manifestiert sich in der linearen Konfiguration ein mechanistisches Systemdenken. Ich möchte dieses Denken anhand der von Gharajedaghi und Ackoff entwickelten essentials kurz in Erinnerung bringen, denn damit wird deutlich, wie stark unsere Merkmale des Modells 1900 in toto lineares Denken widerspiegeln:[4]

- Die Welt und ihre Erscheinungen, einschließlich der sozialen, werden als Maschine verstanden.
- Die Welt kann vollumfänglich verstanden werden.
- Beziehungen zwischen Einzelementen eines Systems lassen sich stets als eindeutige Ursache-Wirkung-Beziehung klären.
- Regressionen auf eine letzte Ursache (hier die eindimensionale ökonomische Leitidee) sind möglich.
- "Mechanistisch gestaltete Institutionen sind hierarchisch strukturiert und werden durch eine vollständig autonome Instanz kontrolliert."
- Die Operationen einer idealen Maschine bleiben immer die gleichen. Daher ist ein mechanistisch verstandenes soziales System weder lernfähig noch flexibel. Es fällt einem solchen System nicht nur schwer, auf eine veränderte Umwelt zu reagieren, sondern auch zu verstehen, was es möglicherweise in der Umwelt anrichtet.

I-tools als Hilfsmittel

Selbstverständlich bedient sich die traditionale Unternehmung inzwischen längst auch elektronischer Hilfsmittel, und paradoxerweise ist es gerade die traditionale Unternehmung, welche die neuen Möglichkeiten, oft global brachial, zu nutzen weiß. Auf Grundlage der eindimensionalen Zielsetzung und der überwiegend linearen Denkweise werden hier nur die sich bietenden völlig neuen Chancen hinsichtlich instantaner Raum-Zeit-Überbrückung, Automatisierung, Konzernverbund, Optimierung des Finanzmanagements, wahrgenommen, ohne Gedanken darüber zu verlieren, daß dergleichen tools als technisch-organisatorische Herzstücke der Institution Unternehmung erst dann voll greifen, wenn ihnen eine auch sozial netzwerkorientierte Unternehmensphilosophie vorgelagert ist.

Den größten Schaden nimmt die Unternehmensidentität. Je stärker das Unternehmen wächst und je breiter seine Dependancen weltweit gestreut sind, desto mehr *verflüchtigt sich konkretes Identitätsbewußtsein als virtuelle Identität ins Internet.* Fusionen, wie bei Mannesmann durch Vodafon und Prestige-Deals wie BMW - Rover mit fatalem Ausgang, zeigen, daß in konkreten Unternehmenskulturen gewachsene Mitarbeiterverbundenheit (Identität) und die daraus resultierende kooperative Stärke als Unternehmensidentität keinerlei Chance hat, als Aktivposten erkannt zu werden. Es ist hier nicht Thema und wohl auch schwerlich zu befinden, ob solch grassierende Mode des Gegen-den-Strich Bürstens von Unternehmensidentität Folge oder Ursache des Turbo-Kapitalismus ist. Hier ist nur festzustellen: Kurz über lang muß sich das Verwechseln der Unternehmerfunktion mit optimaler IT-Handhabung bitter für die Unternehmung als solche rächen.

Weitgehend fremdbestimmte Führung

Dieses Merkmal ist vor allem als Vergleichskandidat für das Merkmal "Der Führungsprozeß als selbstidentifikatorischer Prozeß" beim Modell 2000 erwähnensbedürftig, aber auch als Ergänzung zur "Solo-Entrepreneurship" wichtig. Seit dem Harzburger Modell und den nachfolgenden Managementkonzepten modifiziert sich Solo-Entrepreneurship zwar zunehmend in gruppenähnlicher Kommunikationsstrukturierung und Einbindung von Betroffenen in Entscheidungen. Dieses ist aber häufig nicht mehr als ein psychologisch immerhin effizientes Beachtungs- und Motivierungsspiel. Nur wo echte Gestaltungs- und Verhinderungsrechte erkennbar sind, die Mitarbeiter also beispielsweise wirklich über die Einführung eines neuen Produktionsverfahrens mit entscheiden können - Bedingung: Kosten, Zeit und Qualität mindestens gleich und besser -, bzw. die Einführung durch ihr Veto verhindern können, wäre die Unternehmung zu "echter" Mitbestimmung unterwegs.

Überwiegend additive Kreativität

Kreativität setzt selbständige Ideen und damit einen Entfaltungsspielraum für freies Wollen und Denken voraus. Der klassische Unternehmer räumt diese Freiräume nicht ein. Der rationalisierende Taylorismus vollendet dann die "Arbeitsteilung" zwischen Befehlen hier, Gehorchen dort, und im Dritten Reich wird schließlich ein blindes "Gefolgschaftverhältnis" propagandistisch zur "Betriebsgemeinschaft" hochstilisiert. In der Nachkriegszeit übernimmt man in Westdeutschland amerikanische Motivationsstrategien und erprobt in den 70er Jahren partial teilautonome Gruppenarbeit. Mit der Ausnahme intrinsischer Motivation bedeutet Motivieren aber nichts anderes als ein kontinuierliches führendes Anschieben durch Vorgesetzte, und teilautonome Gruppenarbeit ist weitestgehend nichts anderes als eine Auflösung bzw. Modifizierung der Fließfertigung. Sie liefert zwar identifikatorische Impulse, aber auf einer rein ausführenden, weitgehend vorgeregelten Ebene. Für einen breiten sozialen, die Unternehmung durchschwingenden kreativen Impuls - eine Art Synergieeffekt, den ich hier in selbstidentifikatorischer Ableitung als Konkreativitätssprung bezeichnen möchte - bietet das Modell 1900 kaum Ansatzpunkte.

2.1.3 Das Modell 2000

Als Hauptmerkmale des Handlungsszenarios können gelten:

1. Stark dynamisches Umfeld
2. Global entgrenztes Umfeld
3. Probleme der Wertorientierung
4. Begrenztes Wachstum des Marktes
5. Systemische Offenheit
6. Mehrdimensionales Legitimationsbewußtsein

7. Intrakomplexität und partiale Transparenz
8. Co-Entrepreneurship
9. Netzwerkkonfiguration
10. I-tools als ganzheitliche Innovationsmessage
11. Der Führungsprozeß als selbstidentifikatorischer Prozeß aller Beteiligten der Unternehmung
12. Das Prinzip Konkreativität

Stark dynamisches Umfeld

Die exponentiale Entwicklungsdynamik hat einen quantitativen und einen qualitativen Aspekt. Die Herausforderungen der Unternehmungen werden immer umfangreicher, komplexer und inhaltlich varianter. Teils ist es die Wirtschaft, die diesen Dynamiksog - impulsgebend auch für die Wissenschaft - selber schafft, teils kommen Unternehmen bei immer kürzer werdenden Reaktionszeiten nicht hinterher. Das häufige Ergebnis: unausgereifte Produkte. So ist im IT-Bereich die Marktlaufzeit neuer Produkte inzwischen derart kurz, daß die Entwicklungszeit oft bedeutend länger ist, Unternehmen also das Risiko tragen, mit einer Innovation zu spät auf den Markt zu kommen. Im Pharmabereich bestehen oft keine Testchancen auf Langzeitnebenwirkungen. Schließlich wird der geschädigten Ökosphäre nicht Zeit gelassen, die ihr innewohnenden Selbstheilungskräfte zu entfalten. Völlig neue Strukturen der Unternehmung und völlig neue Führungs- und Mitarbeiterqualitäten sind also gefragt, wenn die Unternehmung diesem Beschleunigungsprozeß proaktiv gewachsen sein will.

Global entgrenztes Umfeld

Man wird der globalen Entgrenzung nur gerecht, wenn man die Welt nicht nur völlig neu als Aktionsfeld, sondern, vordringlich, auch als *Interaktionsfeld* zu begreifen versucht. Nicht nur jedes Unternehmen - z.B. der kleine Fahrradhändler mit seinen "echten" Hollandrädern, deren Einzelteile in Korea produziert wurden - und jeder Internetteilnehmer: mit Ausnahme weißer Flecken auf der Weltkonsumkarte ist jeder Mensch über seinen wöchentlichen Warenkorb *zwangsinteraktiv* in einen globalen Kontext eingebunden. Wir folgen Giddens, daß sich der Begriff der Globalisierung am treffendsten formulieren läßt "im Sinne einer Intensivierung weltweiter sozialer Beziehungen, durch die entfernte Orte in solcher Weise miteinander verbunden werden, daß die Ereignisse an einem Ort durch Vorgänge geprägt werden, die sich an einem viele Kilometer entfernten Ort abspielen, und umgekehrt. Dies ist ein dialektischer Prozeß, denn solche lokalen Ereignisse können in eine Richtung gehen, die dem Impuls der sie prägenden weit entfernten Beziehungen entgegengesetzt verläuft. Die *örtliche Umgestaltung* gehört nicht weniger zur Globalisierung als die laterale Verbreitung sozialer Verbindungen über Raum und Zeit hinweg."[5]

Wir können mit Giddens' Definition nicht nur die Medienglobalität einfangen, also beispielsweise, daß ein Programmierer in Manila mit dem E-Mail-Virus "I love you" weltweit Computerstörungen bewirken kann, sondern auch erfassen, daß hohe Arbeitslosigkeit in Europa sich nicht nur IT-bedingtem Produktivitätsfortschritt, sondern auch inzwischen längst nicht mehr so neuer globaler Dialektik verdankt. Die nach Asien ausgelagerten Arbeitsplätze, dort eher den allgemeinen Volkswohlstand und eigenständige infrastrukturelle Weichenstellungen durcheinander bringend als fördernd, stehen in dialektischer Relation zu den europäischen Arbeitslosenziffern.[6] Durch Dauerarbeitslosigkeit bedingte Subkulturen in Pariser Wohnvorstädten und Niedrigstlöhne in Indien einerseits und niedrige Konsumgüterpreise sowie hohe Unternehmensrenditen in den westlichen Industrieländern andererseits belegen die "Funktionsfähigkeit" solch globaler Dialektik.

Es ist sowohl zu einfach, pauschale Unternehmerschelte zu betreiben, als auch zu einfach, diese Entwicklung zu verharmlosen. Wie die diversen Konkurse in der norddeutschen Werftindustrie gezeigt haben, haben besonders Großunternehmen, denen es nicht gelingt, global player zu sein - der Schiffbau in asiatischen Schwellenländern ist bedeutend billiger - oft nur die Alternative, überhaupt aus dem Markt auszuscheiden: im Schiffbau mit sozialökonomischen Folgen für eine ganze Region. Es ist Wolfgang Sachs beizupflichten, daß das einzig Schlimme an der Globalisierung ihr ökonomischer Erfolg ist; denn dieser Erfolg ist eindeutig ein Scheinerfolg, hält nur kurzfristiger und mikroökonomisch isolierter Betrachtungsweise stand.[7] Wenn der Unternehmer in altbewährter Weise (Modell 1900) auf die globale Herausforderung reagiert,

o durch Megafusionen und -wachstum, um dem durch die Globalisierung verschärften Wettbewerb zu begegnen;

- durch radikales outsourcing, denn die hohen Produktionskosten in den Industrieländern mindern die Wettbewerbsfähigkeit,

führt seine entgegen Schumpeter "*negativ*" *schöpferische Zerstörung*

- zu einer noch stärkeren Verzerrung des schon bestehenden sozialen Ungleichgewichts in allen Ländern;
- bleiben Entwicklungspolitik und Ökologie für die Dritte Welt auf der Strecke;
- *verflüchtigen sich beim hoch divisionalisierten Multikonzern Kontinuität und Identität ins als "Übersicht" nur noch abstrakt Darstellbare.*

Besonders mit der letztgenannten Folgeerscheinung wird der negativ schöpferischen Zerstörung Tür und Tor geöffnet. Identität bzw. Identifikation als Selbstidentifikation bedeutet ja nichts anderes als die formale Umschreibung des jeweils von Personen und Institutionen selbst mit Inhalt zu füllenden Prozesses, eine Sinnleitlinie zu finden, die alles Handeln erstrebenswert macht. Von dieser Identität ist hier die Rede, nicht von den durchaus sehr nützlichen, aber auf einer anderen Ebene gelegenen Corporate Identity-Konzepten.

Probleme der Wertorientierung

Der gegenwärtige allgegenwärtige Wertewirrwarr läßt sich am treffendsten mit Feyerabends "anything goes" auf den Punkt bringen. Dabei steht nicht zur Diskussion, daß es, auch in der Bundesrepublik, nach wie vor einen ethischen Minimalkonsens gibt, ein lockeres gemeinsames Wertraster, das so locker, mini und durchlöchert es auch sein mag, unsere Gesellschaft vor dem Zusammenbruch schützt.

Eine höchst wichtige Schiene, auf der sich Werte transkulturell ausbreiten, stellt zweifellos die globale Interaktionsintensivierung dar. Doch das ist nur eine Schienenspur. Bereits im neunzehnten Jahrhundert bahnt sich in Europa ein Werteumbruch an, wie er laut Tarnas in solchem Ausmaß zuletzt beim Untergang des Imperium Romanum zu verzeichnen gewesen sein dürfte.[8] Ich habe an anderer Stelle den Wertewandel und damit die unvermeidliche Gefahr gesellschaftlicher, institutionaler wie individualer

Sinnkrisen ausführlicher behandelt und werde in diesem Buch im vierten Kapitel, angelehnt an Max Webers Entzauberungsthese, näher hinterfragen, welcher Stellenwert im Szenario der gegenwärtigen Sinnkrise die gelockerten Beziehungen zu unserer eigenen christlichen Religion dabei einnehmen könnte.[9]

An dieser Stelle darf es hinreichen festzustellen, daß die Unternehmung 2000 sich der Wertpluralität entschieden öffnen muß, um in einer Art *kontinuierlichem Wertefloating*, festgemacht an der *konkreten Zielbestimmung* der Unternehmung, mittels integrativem *Diskurs aller Mitglieder* - siehe "Systemische Offenheit" - den eigenen Standort zu finden und weiterentwickeln zu können.

Begrenztes Wachstum des Marktes

Bereits in der 1970er Jahren, also vor dem globalen Umbruch, mehren sich die Anzeichen des Wandels vom Verkäufer- zum Käufermarkt. Zusätzlich wird der Wettbewerb durch die Globalisierung dichter, weil IT und niedrige Frachtraten auch mittleren Unternehmen die Welt als ökonomisches Feld öffnen, zumal der Wettbewerb zunehmend zum Qualitätswettbewerb wird.

Ich habe erwähnt, daß die Unternehmen auf die globale Herausforderung durch verstärktes Wachstum, besonders neuerdings in Form von Megafusionen, reagieren. Dabei wurde auch bereits die für unsere Thematik zentrale Problematik, die vorprogrammierte Identitätsgefährdung, erwähnt. Aber auch eng betriebswirtschaftlich erhält *der psychologische Machtdrang* zur Megafusionierung keine Fundierung.

o Mittelständische Unternehmen können grundsätzlich flexibler reagieren als ökonomische Mammuts.

o Wachstum hat nicht nur eine Umsatz-, sondern auch eine Kostenseite, mit Renditekonsequenzen. Auch wenn die elektronische IT neue Kostenstrukturen schafft, ist der Fixkostenblock, vor sechzig bis achtzig Jahren ergiebiges Bohrfeld für karriereorientierte BWL-Forscher, heute nach wie vor aktuell, sobald es zu plötzlichen Umsatzeinbrüchen kommt, und die proportionalen Kosten haben gerade bei Multis in bestimmten bereichen, wie Logistik, Verwaltung, Forschung und

Entwicklung, Wissensmanagement, die Neigung, in Überproportionalität umzuschlagen.

o Wer als Großunternehmung den Wettbewerb durch Fusionen in Richtung Oligopolisierung auszutricksen trachtet, gefährdet nicht nur den Wettbewerb und damit das Allgemeininteresse. Er läuft Gefahr, selbst kurz über lang zur feindlichen Übernahme zur Disposition zu stehen. Grenzenlose Marktfreiheit tendiert auf eine Art Privatsozialismus hin, wenn sie mißbraucht wird.

Ich bin der Überzeugung, daß ein Geldinstitut, sagen wir von der Größe der Deutschen Bank, aus rein globalen Zwängen betriebswirtschaftlich keinesfalls fusionieren muß. Im Gegenteil! Gigantomanie ist ein Kriterium der Unternehmung 1900. Sie verwechselt Ökonomie mit Imperialismus.

Systemische Offenheit

Systemische Offenheit kann weder soziologisch noch IT-orientiert bedeuten, alles was sich als Systemerkenntnis anbietet, auf Nutzanwendung in der Unternehmung zu hinterfragen und - siehe "Netzwerkkonfiguration" - zu kybernetisieren. Der Hauptstrang systemischen Denkens, wie er mir für die Managementpraxis zukunftsweisend zu sein scheint, ist vor mehr als dreißig Jahren durch organismisches Analogisieren bahnbrechend in St. Gallen gefunden worden. Ich habe an anderer Stelle dargelegt, wie dadurch instrumental mechanistisches Denken integrativ überwunden wird, daß es aber, um einem Abgleiten in einen bloß fortschrittlicheren Determinismus "System und sonst nichts" vorzubauen, zweckmäßig ist, die systemische Dimension zusätzlich in die Sinndimension zu integrieren.[10] Dann ließe sich auch nicht mehr mit Luhmann argumentieren, die Unternehmung als autopoietisches System entwickle ihren systemischen Eigensinn, wobei wir das in praxi als verbreitete "Krankheit" durchaus gelten lassen können.

Konstruktiv wegweisend für die Unternehmung 2000 wird systemisches Denken primär, wenn es sich nicht instrumental, sondern als Erklärungshilfe (hermeneutisches Prinzip) versteht. Ein solches Denken öffnet die Wahrnehmung für die vielfältigen *Wechselwirkungen* zwischen Unternehmung und Umwelt, so daß es wie beim Total Quality Management (TQM) leicht zum Selbstverständnis werden kann, Kunden, Lieferanten und Wettbewerber mit als Systemelemente zu betrachten. Aber spätestens bei der Nutzanwendung droht der Rückfall in traditionale Denkmuster. Soweit ich sehe, herrscht bei Unternehmen fast ausschließlich die Vorstellung, man habe nunmehr nur bedeutend mehr Systemelemente zu integrieren. Von einem "mehrdimensionalen Legitimationsbewußtsein" her muß das Unternehmen aber zugleich lernen, auf welche Weise es *sich auch in andere Systeme einbringen muß*, damit auf die Dauer Wirtschaft und Gesellschaft funktionsfähig bleiben können. Integration ist ein Prozeß der interaktiven Wechselseitigkeit.

Das Systemprinzip ist in seinem Ursprung organismischen *Prozessen* abgelauscht, als in zeitlich qualitativ variante Entwicklungsabläufe eingeordnet. Bereits in diesem Kontext kommt es, auch genetischer Programmierung zum Trotz, zu Brechungen durch intervenierende Ereignisse von außen (Mutationen), aber auch durch intrasystemische Ereignisse (z.B. Krankheiten). Bei der Übertragung auf menschliche soziale Vorgänge kommt hinzu, daß menschliches Bewußtsein und Interaktionsfähigkeit zwar in die Enge systemischer Befangenheit geraten können, es aber keineswegs müssen. Ich werde deshalb in Abschnitt 5.1 aufzeigen, daß die realitätsnähere ganzheitliche Betrachtung der Unternehmung vom Prozeß als Orientierungsmuster ausgehen muß.

Mehrdimensionales Legitimationsbewußtsein

Die Möglichkeit, die Unternehmung in ihrer legitimatorischen Mehrdimensionalität wahrzunehmen, ergibt sich über das soeben skizzierte offene Systemdenken und den darauf bauenden unternehmenspolitischen Dialog.[11] Vier Aspekte durchdringen sich:

- die identifikatorische Orientierung
- die Leistungsorientierung
- die Nachhaltigkeitsorientierung
- die Offenheit der Organisation

Bereits die eindimensionale Unternehmung - "Gewinn und sonst nichts" - ist gut beraten, gelegentlich zu hinterfragen: Was tun wir eigentlich? Wo sind unsere Stärken? Was können wir an Zulieferer ausgliedern, was überhaupt abstoßen, um uns auf das zu konzentrieren, was wir am besten können und uns nachhaltig befriedigende Ergebnisse sichert?

Die Mehrdimensionalität beginnt sich erst zu erschließen, wenn man zunächst akzentuiert:

> Was tun W I R eigentlich?

Man entdeckt dann sehr schnell seine Mitarbeiter als das wertvollste Leistungspotential und kann nachfassen: War uns das bisher bewußt? Haben wir bisher alles getan, was wir diesem wertvollsten Potential schuldig sind, oder haben wir durch unsere Rationalisierungspolitik (Tarnwörter: "Restruktierung","downsizing","lean") zur Imagebildung des "horreur èconomique" beigetragen?[12] Wir sind dann beim nächstgelegenen Legitimator unseres Tuns[13] und gelangen, wenn wir konsequent bleiben, zu einer völlig neuen, identifikatorisch gewendeten Personal- und Führungspolitik.

Aber auch andere Legitimatoren unseres Tun, nämlich Kunden und Lieferanten, können bereits über das "Wir" ins Fadenkreuz unserer Wahrnehmung gelangen. Wir müssen aber auch akzentuieren:

> Was tun wir EIGENTLICH ?

Oder: Unternehmung wozu? Der reine Shareholder Value kann's nicht sein, denn wie Soros, sich selbst bei seiner Kritik ausnehmend, zutreffend feststellt, ist reines Finanzmanagement inzwischen zwar allermeist die rentabelste Spezialisierung. Aber ab einer bestimmten Verbreitung würde derartiges Wirtschaften sich ad absurdum führen. "Was tun wir eigentlich?" führt fundamental auf die verschiedenen vielfältigen Erwartungshaltungen in der Gesellschaft gegenüber der Unternehmung hin. Um dem zu entsprechen, mag es im Einzelfall hoch ehrenwert sein, wie Soros zu verfahren, nämlich zunächst radikal erfolgsorientiert zu handeln und auf dieser Erfolgsbasis dann Philanthrop zu sein. Dergleichen hat höchst ehrenwerte Vorgänger. Man denke an Persönlichkeiten wie Tate, Rockefeller, Nobel, Bosch. Grundsätzlich berührt das aber die eindimensionale Zielsetzung der Unternehmung nicht.

Mehrdimensionale legitimatorische Zielsetzung geht aus von der Frage: Welche außerökonomischen Interessenten und Interessen darf die Unternehmung nicht vernachlässigen, um auf Dauer rein ökonomisch Erfolg zu haben? *Ökonomie und ihre lebensweltlichen Verpflichtungen bilden also eine integrale Einheit.*

Auch Gewinnverwendung, wie Sponsoring, Stiftungen, Entwicklungshilfe, Zwangsarbeiterentschädigung, kann in diesem Kontext gesehen werden, aber das ist nicht hinreichend. Die Frage "Was tun wir eigentlich?" für das Humanpotential von der Gewährung von Freiräumen zu der Frage "Was tue ich eigentlich?" selbstidentifikatorisch in Gang zu bringen, sich als Problemlöser für die Kunden zu begreifen, die Lieferanten dabei als konstruktive Partner einzubinden und die Konkurrenten, wo immer möglich (es ist nicht immer möglich) als Mitstreiter zu gewinnen (Beispiel benchmarking), führt zu einem Wandel der ökonomischen Praxis. Ein Großteil der darüber hinausgehenden gesellschaftlichen Verantwortung erledigt sich so als "Kuppelprodukt", wie im hoch entfalteten und zukunftsrelevanten Ökologiebereich, denn längst tritt eine breite Käuferschicht umweltbewußt als Nachfrager auf. Das klassische Axiom, die Unternehmung habe nicht als Umweltapostel aufzutreten, sondern wertneutral Kundenwünschen gerecht zu werden, ist ernst zu nehmen. Aber es ist eben wirklich ernst zu nehmen. Tatsache ist doch, daß ähnlich wie bei Führungsleitsätzen in Hochglanzbroschüren Kernsprüche wie "Der Kunde ist König" häufig eine rein proklamatorische Funktion haben.

Die Unternehmung muß gerade in ihrer organisatorischen Verfaßtheit (ich gebrauche diesen Ausdruck, um hier die unumgängliche Doppeldeutigkeit von "Verfassung" zu vermeiden) besonders offen sein, um mehrdimensionaler Legitimierung als kontinuierlichem Prozeß (siehe Abschnitt 3.2.4) gerecht zu werden. Leider kann man von außen nur sehr selten eruieren, ob hohe Gewinne das Ergebnis eindimensionaler Orientierung oder die Frucht mehrdimensionaler Zielsetzung sind. Einer *qualitativen* Analyse von Ergebnisrechnungen, Öko- und Sozialbilanzen dürfte jedoch der Nachweis gelingen, daß mehrdimensionale Legitimierung sich auch ökonomisch rechnet, wobei mit H.A. Simon *Satisfizieren* anstatt Optimieren ökonomisches Erfolgskriterium ist.[14]

Intrakomplexität und partiale Transparenz

Bereits Wieser hat darauf hingewiesen, daß der Grad der Komplexität eines Systems nicht von der Anzahl seiner Elemente, sondern von dem

Reichtum ihrer Beziehungen abhängt. Die moderne Unternehmung ist derart komplex und für den Einzelnen schon vom erforderlichen Fachwissen her in weiten Bereichen abstrakt und unverständlich und somit funktional von *kooperativem Vertrauen abhängig* - Vertrauen stiften und schenken können sind signifikante kooperative Qualifikationen -, so daß jeder Versuch eines traditionalen Zentraldirigismus alsbald das Aus jeder Unternehmung bedeuten würde. Entgegen der Tendenz der Soziologen, Systeme primär als Mechanismen der Reduktion von Komplexität zu sehen, ist es der Ökonomie, vor allem den St. Galler Denkrichtungen, gelungen, ein Systemkonzept zu entwickeln, das der Realkomplexität gerecht zu werden bemüht ist, indem die *Gestaltung* eines Rahmens für weitgehende Selbststeuerung zur obersten Managementaufgabe wird.[15]

Co-Entrepreneurship

In der Realität hat sich längst eine recht vielfältige Selbststeuerungslandschaft entfaltet. Diese Landschaft empirisch zu sichten, wäre nur in einem aufwendigen Forschungsprojekt möglich, denn es gibt hinsichtlich des *Ziels*, des *Orientierungskerns*, echter *Führungsinhalte* und den in Betracht kommenden *Hierarchieebenen* höchst unterschiedliche praktische Ausformungen. Will man den Ablauf von Routinearbeit, die nicht computerisierbar ist, so regeln, daß sie zum Selbstläufer wird? Soll Mitverantwortung eingefordert, Kreativität angeregt werden? Liefern qualitativ und quantitativ bestimmte Subziele, der Kundenauftrag (Modell Mettler-Toledo), Unternehmensleitsätze, Vorgaben einer Führungskraft oder eine Mischung aus all dem den Orientierungskern? Durchdringt das Prinzip der Selbststeuerung alle Ebenen oder nur den operativen Basisbereich?

"Führen heißt, jemandem eine Richtung auf ein Ziel weisen, in Bewegung halten auf ein Ziel."[16] Nur wenn der Richtungsimpuls *selbständig*, d.h. identifikatorisch selbständig, von jedem Mitglied der Subeinheit getragen wird, entfaltet sich eine unternehmerähnliche Einstellung. Von hierher ist es ableitbar, daß die Chance der Mitarbeiter zur Selbstidentifikation in ihrer Tätigkeit - erweitert um die Mitwirkung bei der Zielbestimmung - der sicherste Weg ist, daß individuale Ausprägung der Mitarbeiter/innen und *Selbstähnlichkeit*, ein Schlüsselbegriff im St. Galler Modell, kein Widerspruch sind, sondern einen gleichgerichteten und Kooperation, Flexibilität und Kreativität fördernden Sinn ergeben, effektiver als jede bisher motivationsfördernde Anschubmaßnahme.[17] Je mehr dieser Impuls zu einem

Wir-Denken wird, desto wahrscheinlicher ist ein exponentialer Qualitätssprung im Humanpotential, den wir sozial- und persönlichkeitsorientiert exakter als *konkreativen* Sprung wahrzunehmen haben.

Solche identifikatorische Selbstähnlichkeit konkretisiert sich in jeder Subeinheit selbstverständlich an anderen Aufgaben. Erstens ist also Koordination erforderlich, zweitens macht Selbststeuerung nur in Nischen auf die Dauer wenig Sinn und verursacht an anderer Stelle zusätzliche Kosten. Co-Entrepreneurship sollte also möglichst alle Bereiche, auch das Topmanagement, einbinden: Der Co-Entrepreneur "unten" erwartet Co-Entrepreneurship von "oben". Nicht die übergeordnete Funktion von Entrepreneurship als solcher, sondern ihre Modifikation stehen zur Diskussion. Ich verweise auf meine Ausführungen hierzu in den Abschnitten 5.3 und 5.5.

Netzwerkkonfiguration

Integriert man selbststeuernde Subeinheiten zu einer kooperativen Ganzheit, so erweist sich das lineare Verknüpfungsprinzip als ungeeignet. Das würde, nachdem via Selbststeuerung funktionale Kompetenz polyzentrisch in Gang gebracht worden wäre, ein Zurück an die monozentrische Leine bedeuten. Die "Leine", an die sich alle Mitglieder bei sich selbst steuernden Subeinheiten nehmen, ist, auch für das Top-Management, der *Leistungsprozeß*. Um ihn herum *horizontalisieren* sich weitgehend alle Funktionen, auch die oberste Leitung, die mehr als Zentrum, denn als Spitze fungiert. Dieses "mehr als" kennzeichnet die Doppelrolle des modernen Managers. Als Coach und Inspirator braucht er horizontale Qualitäten, als letztverantwortlicher Ganzheitsspezialist, aber auch als Identifikationsfigur, bedarf es zugleich der Fähigkeit, wie dienend auch immer, einen übergeordneten Standort einnehmen zu können.

Die Prozeßorientierung der Organisation erfordert zugleich die Akzeptanz der latent immer schon waltenden Prozeßlogik. Die übliche *Argumentationslogik*, in ihrer rationalistischen Einseitigkeit und Eindeutigkeit, wie sie einer akademischen Vorlesung und einem Lehrbuch gemäß ist, ist eine Sache. Sie ermöglicht einem Studenten der Medizin, der Ökonomie, der Ingenieurwissenschaften, aber auch anderer Disziplinen, Wissen zu erwerben und sich rein wissenschaftliche Denkmethoden einzuüben. Bei der Umsetzung in praktisches Können, beispielsweise als Leiter einer Baustelle, würde mittels des so erworbenen Denkens und Wissens der Bau niemals zur erfolgreichen Fertigstellung gelangen. Die Baustelle als System würde, auch Luhmann zuliebe nicht, keine Autopoiesis entwickeln, sondern ins Chaos münden. Die Baustelle als Prozeß betrachtet harrt ebenfalls auf den sie managenden Veranstalter; jenem, dem versierten Praktiker, offenbart sich durch Hineinhorchen in die "Gesetzmäßigkeit" und die "Stadien", die er beachten muß, um den technischen, ökonomischen, menschlichen und sonstigen Interdependenzen mit ihren planerischen Unwägbarkeiten gerecht zu werden, die *Prozeßlogik*. Die Prozeßlogik stellt also einen Mix als rational argumentativen, interaktiven, intuitiven und situationsadaptiven Qualitäten dar. Sie in der Managementlehre zu benennen, bietet die Gewähr, sie besser erkunden und zu ihrer Professionalisierung beitragen zu können.

Sowohl innerhalb den einzelnen Subeinheiten als auch zwischen ihnen als Polyzentren sind funktionale Verbindungen erforderlich. Die ausschlaggebenden Verbindungen sind die kommunikativen. Als Organigramm dargestellt, erhalten wir dann ein Netzwerk. Doch wäre es zu simpel, zu meinen, ein Organigramm könne hier sämtliche Verbindungsdrähte für ein größeres Unternehmen abbilden. Auch die implementierte IT vermag das nicht. Erstens gibt es eine Fülle wichtiger Rückkoppelungsprozesse, die stark variieren und nicht erfaßbar sind, beispielsweise die zwischenmenschlichen Wirkungszusammenhänge in Besprechungen und Konferenzen; zweitens erfolgen nicht alle für die Unternehmung als soziale Leistungseinheit lebenswichtigen Interaktionen nach dem kybernetischen Prinzip, und zum Teil sind sie sogar "unsichtbar", wie beispielsweise Sympathie und Antipathie, welche teils ihre Botschaften in Rationalisierungen (= verstandesmäßigen Begründungen) tarnen, teils nur in schlüssigen Handlungen mit subjektivem Deutungsschlüssel (sublimierter Tritt ins Schienbein) äußern.

Interaktionen in der Unternehmung sind neben der Kybernetik bestimmt durch die Muster der Reflexivität, der Dialektik, der intuitiven Coincidenz, des double talk und des clique talk. *Reflexivität* ist hier an erster Stelle zu nennen, weil ihr Wirken leicht *alle anderen Interaktionsmuster infizieren kann*.

Wie neuerdings besonders Giddens, den Wirklichkeitsbezug der Soziologie enorm stärkend, herausgearbeitet hat, ist zwischen naturwissenschaftlichen und sozialwissenschaftlichen "Wahrheiten" ein großer Unterschied zu machen. Nur die naturwissenschaftliche Erkenntnis, solange nicht widerlegt und verbessert (Popper), sei eindeutig, wobei ich hier allerdings durchaus Vorbehalte hätte. Die sozialwissenschaftliche Erkenntnis, ob richtig oder falsch, besonders wenn von Prominenz freigelegt, ist, so Giddens, dagegen fast noch einflußreicher auf die Wirklichkeit, denn sie ist in der Lage, zumindest für eine gewisse Zeit, die Wirklichkeit dementsprechend zu verändern und damit *affirmativ* auf die Wissenschaft zurückzuwirken.[18]

Diese reflexive Tendenz läßt sich in allen Lebensbereichen aufspüren. Soros offenbart uns, daß sein Finanzgenie wesentlich darin besteht, die Reflexivität der internationalen Kapitalmärkte zu verstehen und dementsprechend zu unterlaufen.[19] Erfahrene Führungspersönlichkeiten "lösen" das Reflexivitätsproblem durch das Rollenspiel des Daueroptimisten oder wie Greenspan, Präsident der US-Zentralbank, durch absolute Zurückhaltung und Orakelhaftigkeit.

Viele Entscheidungen, Kompromisse und Konsensfindungen in der Unternehmung verlaufen als *dialektische Prozesse* nach dem Prinzip These - Antithese - Synthese, und das in einer oft langwierigen Spirale.

Intuitive Coincidenz kennt Jeder, der mit einem oder mehreren Menschen länger und intensiv geistig verbunden ist. Der Partner sagt etwas, und er sagt es im richtigen Moment. Man hat gerade, ohne gesprochen zu haben, das Gleiche gedacht, und der Partner hat es ausgesprochen, vielleicht sogar die Formulierung gefunden, welche als Lösung die eigene Zunge nicht finden konnte. Bei einer Unternehmung mit einer stark entwickelten Identität ihrer Mitglieder kann sich dieses Phänomen tagtäglich ereignen und gelegentlich sogar ohne Absprache und nonverbal als gleichgerichtetes Handeln an verschiedenen Orten stattfinden.

Als F.J. Roethlisberger 1945 seinen berühmt gewordenen Aufsatz "The Foreman; master and victim of *double talk*"[20] (hervorgeh. von M.-F.) veröffentlichte, ahnte er gewiß nicht, daß einige Jahrzehnte später die Unternehmenskulturwelle viele Unternehmen auf allen Ebenen (schwächer allenfalls auf der untersten Ebene) in den Nebel elaborierter Als-Ob-Diskurse eingehüllt haben würde. Man hat nicht nur nach außen, sondern erst recht gegenüber Kollegen und Vorgesetzten gelernt, die rechte Gesinnung, zumindest optisch und verbal, zur Schau zu tragen. Innerbetriebliche Interaktion als Corporate Identity-Veranstaltung enthält zwar stets auch einen kleinen Schuß Reflexivität, häufig überwiegen auf die Dauer aber die schädlichen Nebenwirkungen: unangenehme Themen werden unter den Teppich gekehrt, und das Gespenst gegenseitigen Mißtrauens, intrapsychisch als double-bind-Syndrom ausmachbar, belastet zunehmend mehr das Betriebsklima.

Ich kenne einige deutsche Großunternehmen, die sich froh wähnten, daß ökonomische Schwierigkeiten und erforderliches Krisenmanagement den Anlaß gaben, den kostspieligen Luxus und Leerlauf des double talk abzuschaffen. Ob das so einfach möglich ist, darf bezweifelt werden. Informal ist double talk, wenn auch nur vereinzelt, ohnehin in vielen Institutionen, angefangen bei der Familie, anzutreffen. Da einerseits identitätsfördernde Kommunikation das Gegenstück von double talk darstellt und damit die Etablierung des letzteren zugleich eine Barriere, werde ich in Abschnitt 5.3 ausführlicher auf double talk und double bind zurückkommen.

Clique talk läßt sich als gruppenegoistische Interaktionstendenz kennzeichnen. Er dürfte sich als Störfaktor am ehesten ausbreiten, wenn einerseits selbststeuernde Tendenzen gefördert werden, integrative Verknüpfungskonsequenzen aber unterbleiben, vielmehr als übergeordnetes Prinzip die Linearität beibehalten wird.

IT- tools als ganzheitliche message

Die gegenwärtige Euphorie "Alles ist in Cyberspace und Internet" übersieht nicht nur, wie die neue Technologie als solche vorerst noch an der allgemein verbreiteten ökonomischen Zeitkrankheit leidet, daß ein unausgereiftes Produkt durch ein neues fortschrittlicher unausgereiftes Produkt abgelöst wird; sie übersieht Entscheidenderes: daß die neuen Möglichkeiten einen Mitläufersog erzeugen und einen qualitativen Sprung evozieren, der den Wettbewerb schlußendlich für alle härter macht. Das Ergebnis läßt sich zunächst für den Arbeitsmarkt recht exakt bestimmen und für die Unternehmung hochrechnen. Wenn alle Stellenbewerber den Pkw-Führerschein haben, zwei Fremdsprachen und IT-Kenntnisse und -Fertigkeiten mitbringen, so sind das nicht mehr erwähnenswerte Ubiquitäten; es werden dann Fähigkeiten gefragt, die weit darüber hinausgehen. IT läuft also alsbald unter "ferner liefen..." Es ist der Trugschluß der Unternehmung 1900, daß sich für sie dank IT der Fortschritt auf IT reduziert, ohne sich um evidente Schwachstellen, wie die Degeneration verbaler Kommunikation bis hin zu sozialem Kompetenzverlust und autistischen Zügen als einer drohenden Nebenwirkung sowie "das ethische Niemandsland" zu kümmern, geschweige denn die alten Zöpfe der bisherigen Organisation abzuschneiden, um eine Vernetzungs*technologie* mit einer netzförmigen *sozialen* Struktur zu einer stimmigen hoch leistungsfähigen Einheit zu assimilieren.

Famulla et alii behaupten, dem Computer wohne eine "emanzipatorische Rationalität" inne.[21] Hier ist etwas Richtiges gemeint, aber unglücklich formuliert. Gegenstände können, wie beispielsweise ein Hammer, nur wertneutrales Werkzeug sein. Ein Hammer kann aber, im Vergleich mit Stein oder Faust, ganz andere Arbeitsqualitäten ermöglichen, egal ob bei Gold- oder Hufschmied, in einer Werkstatt oder einer Strafkolonie. Man kann allerdings sagen, daß sich bestimmte technische Revolutionen erst dann zu voller Wirksamkeit entfalten, wenn man sie in adäquate Organisationsformen integriert. So ließ die Nutzung der Dampfmaschine im frühen neunzehnten Jahrhundert besonders große Fertigungsanlagen als sinnvoll erscheinen, und der Elektromotor ermöglichte seit Ende des neunzehnten Jahrhunderts auch Kleinbetrieben existenzsichernd die Maschinisierung. In beiden Beispielen geht es um *Kostenkompatibilität*, bei IT geht es vor allem organisatorisch um *Freiraumkompatibilität* für das humane Leistungspotential. Um die Möglichkeiten neuer "subjektiver Aneignungspraxis" (Famulla et alli) voll zu entfalten, - ich ziehe es vor, von neuen Identifikationschancen im betrieblichen Tätigkeitsfeld zu sprechen -, muß neben der Bereitstellung von "hohen sachlichen und zeitlichen Dispositionsspielräumen gleichzeitig eine Reduzierung der hierarchischen, fachlichen und funktionalen Arbeitsteilung stattfinden".[22] Die Unternehmung 2000 befindet sich hierzu unterwegs.

Der Führungsprozeß als selbstidentifikatorischer Prozeß aller Beteiligten der Unternehmung

Bei den hier dargestellten Merkmalen der Unternehmung 2000 schimmern selbstidentifikatorische Prozesse als *operatives Prinzip* wiederholt erkennbar durch. Weil Selbstidentifikation dabei aber nicht als übergeordnetes *normatives Prinzip*, von dem sich alle weiteren Auffassungen von Management systematisch ableiten, angegangen wird, bleiben die Errungenschaften ein pragmatischer Mix, offen für ein Abgleiten in einen lediglich weitaus weicheren und effizienteren Instrumentalismus als ihn die Unternehmung 1900 zur Verfügung hatte.

Das Prinzip Konkreativität

Mit Konkreativität wird hier eine neue Leitidee in die Managementlehre eingeführt. Sünnemann et alii formulieren als Praktiker: "Sinnmanagement ist Zusammenwirken" und propagieren "Mehr Effizienz durch Zusammenwirken".[23] Als Ergebnis berührt Konkreativität mit Sicherheit auch die Effizienz, allerdings ohne die Effektivität dabei zu vernachlässigen. Entscheidend ist aber, daß konkreativem Zusammenwirken ein spezifischer Impuls zugrunde liegt: Es erfolgt ein *selbstidentifikatorisches Zusammenwachsen auf ein frei bejahtes und mitgestaltetes Ziel hin* zu einer Gemeinschaft, mit der Tendenz, in Fähigkeiten und Einsatz *über sich hinauszuwachsen*. Daß es sich hier um selbstidentifikatorische Sozialgenese und nicht um ein identifikatorisches *Aufgehen* in einem Kollektiv bzw. einer "Betriebsgemeinschaft" handelt, scheint mir entscheidend. Die engagierte Verbindung von Members mit einer Aufgabe wird dabei gleichsam zum "Katalysator".

2.2 Neue ökonomische und gesellschaftliche Herausforderungen als Sinnherausforderungen

Als in den frühen 1980er Jahren sich die ersten Vorboten der Globalisierung anzeigten, aber noch die politische Blockbildung Ost-West und damit noch der Bedarf bestand zu demonstrieren, daß im Westen die ökonomisch erfolgreichste und zugleich sozial verträglichste Wirtschaftsordnung zu finden sei, schienen viele Unternehmen im Aufbruch zum zukunftsweisenden Umbruch. Divisionalisierung und Neubestimmung der Mitarbeiterqualifikationen ließen eine Verabschiedung des Unternehmensmodells 1900 erhoffen. Teilautonomie, Flexibilität, lebenslange Lernfähigkeit, soziale Kompetenz, intuitives und vernetztes Denken sind hier zum ersten Mal in Richtung Modell 2000 angedacht.[24] Theoretisch unterfüttert sind jene Maßnahmen weitgehend vom Ideengut der Unternehmenskultur, wie in der Bestseller-Literatur verbreitet von Ouchi, Pascale/ Athos, Deal/Kennedy, sowie vom *weichen* und *offenen* Systemdenken, popularisiert vor allem durch Peters/Waterman und Checkland.[25] Daß die Mitarbeiter bereitwillig mitmachten, ist nicht zuletzt darauf zurückzuführen, daß das Management Development explizit oder schlüssig von dem glaubhaften Selbstverständnis der Unternehmen geleitet ist, zumindest ihrer hoch qualifizierten Stammbelegschaft einen Arbeitsplatz bis zum Erreichen der Altersgrenze zu sichern. Heute sucht man selbst bei weltbekannten Vorreitern des "Lebenslänglich", wie IBM und HP, vergeblich nach solchem Selbstverständnis.

Inzwischen wurde Globalisierung als Orientierungsschlagwort Nr. 1 hochgepuscht. Die harten *Systemelemente* zählen. Als theoretische Denkvorgabe hat sich das Einbahnstraßendenksystem New Economics, wie neu auch nimmer, fast monopoloid, etabliert. Die Gründe für dieses roll back sehe ich darin, daß ein wirkliches "back to the basis" und ein wirklicher "Aufbruch zu neuer Theorie" keineswegs erfolgten, sondern lediglich piecemeal-Reaktionen. Gerade Peters/Waterman jr., die beide Schlagworte prägten, bieten keinerlei theoretische Bündigkeit, bei aller Brauchbarkeit ihrer selektiven Tips im einzelnen.[26]

Die Blickausweitung durch das neue Fenster Unternehmenskultur wurde nicht genutzt. Durch das neue Fenster wird einsichtig, daß überall, wo Menschen miteinander zu tun haben, also auch in der Unternehmung, im Zeitverlauf "Gebräuche" entstehen, d.h. Normen, Wertmuster, Rituale sich entfalten, die *nicht durch Erdenken, sondern praktizierendes Leben*, gekennzeichnet sind. So verstanden hat jede Unternehmung ihre Kultur, ob tiefgreifend im Sinne eines identitätsfördernden "Unternehmung wozu?" oder nur das formal bestimmte Miteinander glättend, harmonisierend, ergänzend. Die Botschaft des Kulturparadigmas an das Management lautet: Beachte bei all Deinen Maßnahmen, soweit es irgend möglich ist, Deine Unternehmenskulturdaten als Nebenbedingungen, wenn Du etwas erreichen willst! Passe Dich der Unternehmungskultur möglichst an, ordne Dich in sie ein! Versuche Dich *nicht als Schöpfer* von Unternehmenskultur! Versuche allenfalls behutsam ihren Eigen-Sinn zu fördern. Daß die Kulturwelle verebbt ist, ist weitestgehend den Machbarkeitsillusionen namhafter Unternehmen zu verdanken, denen dabei etwas Ähnliches wie die Produktion von Unternehmensidentität und Sinngleichrichtung vorschwebte. Hierzu Habermas, schon 1973: "Es gibt keine administrative Erzeugung von Sinn... Die Legitimationsbeschaffung ist selbstdestruktiv, sobald der Modus der Beschaffung 'durchschaut' wird."[27]

Das zweite neue Fenster, das offene Systemszenario, verdunkelt sich sofort, wenn die für H. Ulrich systemintegrierende Sinndimension verkürzt so verstanden wird, Sinn*vorgaben* seien die oberste Aufgabe des Managements. Verbreitet ist außerdem das Mißverständnis, die der Systemoffenheit innewohnende Integrationsfähigkeit erschöpfe sich darin, andere Systeme zu integrieren, also beispielsweise Kunden und Lieferanten mit zu umfassen. Nicht minder überlebenswichtig kann es sein, *sich* selber in andere systemische Kontexte, wenn vielleicht auch nur partial, zu integrieren. Beispiel: Strategische Allianzen.

"Back to the basis!" kann nur gelingen, wenn wir die aktuellen Herausforderungen in ihrer säkularen Bedeutung erfassen, damit der Sinnherausforderung auf die Spur kommen und diese Herausforderung für *Mensch und Unternehmung als Einheit* sehen: Menschen bilden die *Unternehmung*, um die Bedürfnisse anderer Menschen via Marktgesetzlichkeit zu befriedigen. Allgemeine Entwicklungstendenzen verschonen keinen gesellschaftlichen Bereich. Nur scheinbar können mächtige Institutionen als Schutzwall dienen. Ihr Wandel hinkt lediglich hinterher, aber sowohl für die Unternehmung als auch die Menschen in ihr gilt, daß Wandlungstrends bedeutend schneller und unmittelbarer durchschlagen.

Zwar macht es Sinn, von der Unternehmung auch als Institution zu sprechen, beispielsweise um die "Eigengesetzlichkeit" und Dynamik ihrer Traditionsbestände zu berücksichtigen. Aber wenn Marktwirtschaft gelten soll, verdankt die Unternehmung, wenn sie erfolgreich, also überlebensfähig bleiben will, diesen Erfolg nur ihrer Fähigkeit zu kontinuierlicher Marktanpassung. Als offenes dynamisches System in einer sich wandelnden Umwelt besitzt die erfolgreiche Unternehmung, Institution hin, Institution her, um der Marktanpassung gerecht zu werden, zugleich feine Meßfühler für jeweils erforderlichen internen Strukturwandel. Anders gesagt: *Je schwächer die institutionale Kruste*, desto größer die Chance der Unternehmung für Wandel und Wahrnehmung von Erfolgschancen.

Im Unternehmen erfolgt menschliches Handeln weitgehend *objektiviert*. Die Akteure können sich *rollenkonform* verhalten und dadurch zwar Distanz, aber auch, was die Rollentheorie übersieht, *Persönlichkeitsspaltung* erlangen. Um solches kompensierend und regenerativ auszubalancieren, bleibt dem Einzelnen der sogenannte Privatbereich. Dieser Privatbereich, wenn er auch zunehmend öffentlicher wird, ist nicht zu unterschätzen, und ihm kommt bei immer kürzerer Wochen- und Lebensarbeitszeit zunehmende Bedeutung zu. Doch schlagen gerade hier die modernen Herausforderungen besonders stark durch, weil die elementare Institution Familie keinen Schutzdamm mehr bietet. Die "bewährte" Struktur ist längst weggespült worden. Als Familienmitglied steht der Einzelne im Zentrum moderner Wandlungsprozesse. Während Unternehmen mit Modifikationen sich teilweise immer noch eine Weile mit dem Modell 1900 durchwursteln können, würde eine Familie, die versuchen würde, sich an einem Modell 1900 zu orientieren, falls sie überhaupt zustande käme, nach einer Woche auseinanderbrechen. So weltfremd verhalten sich Menschen selbstverständlich nicht. Aber auch wo Partner mit gutem Willen und sozialem Gespür auf dem Weg zu einem "reembedding" sind, bietet die Familie nur einen sehr provisorischen Schutzdamm! Konkret: wenn nach fünfzehn Jahren vermeintlich glücklicher Ehe der eine Partner unverhofft aussteigt, begreift der andere Partner höchst existentiell, was ein Identitätsproblem ist, und um so stärker treffen ihn alle übrigen lebensweltlichen Herausforderungen.

In *Abb. 1* haben wir die wichtigsten verallgemeinerbaren Herausforderungen von Mensch (links) und Unternehmung (rechts) gegenübergestellt. Dabei stehen identische Bezeichnungen für rechts und links keineswegs stets für völlig gleiche Inhalte. Aber unschwer lassen sich grundlegende Gemeinsamkeiten erkennen. Das Schaubild will deshalb vor allem einsichtig machen, daß Mensch und Unternehmung in demselben Boot sitzen. Die Unternehmung, hat es in der Hand, die linke Spalte außer Betracht zu lassen. Sie ist aber gut beraten, sollen identitätsfördernde Maßnahmen wirklich greifen, die linke Spalte mit zu bedenken.

Über die Rangordnung in beiden Spalten zu diskutieren, ist müßig, denn es bestehen derart vielfältige und qualitativ unterschiedliche Interdependenzen, daß, analog meiner Ausführungen zum Modell 2000, Vernetzung, auch hier umfassender gemeint als im IT-Gebrauch, die zutreffendste Bezeichnung ist. Inwieweit die Einzelfaktoren sich systematisch in Ursachen- und Folgenstränge einfügen sowie in ihren reflexiven Fakultäten bestimmen lassen, ließe sich nur in einem voluminösen Arbeitsvorhaben thematisieren, ohne zu einem eindeutigen und validen Ergebnis gelangen zu können.

Nehmen wir exemplarisch die Herausforderung der Unternehmung "Raum-Zeit-Explosion". Sie ist zwar vordergründig die Herausforderung Nr. 1, im Wirkungskontext aber multivalent. Einerseits stellt sie das Tüpfelchen auf dem "i" einer Umbruchentwicklung dar, die geistig seit dem vierzehnten Jahrhundert beginnt, seit dem neunzehnten Jahrhundert als Umbruch auch dinglich sichtbar wird und seitdem interdisziplinär Forschungsgegenstand ist. Andererseits wirkt dieses "Tüpfelchen" auf die anderen Faktoren zurück, ohne ihnen - sonst keine global-lokale Dialektik! -

Abb. 1

Herausforderungen
für
Mensch und Unternehmung

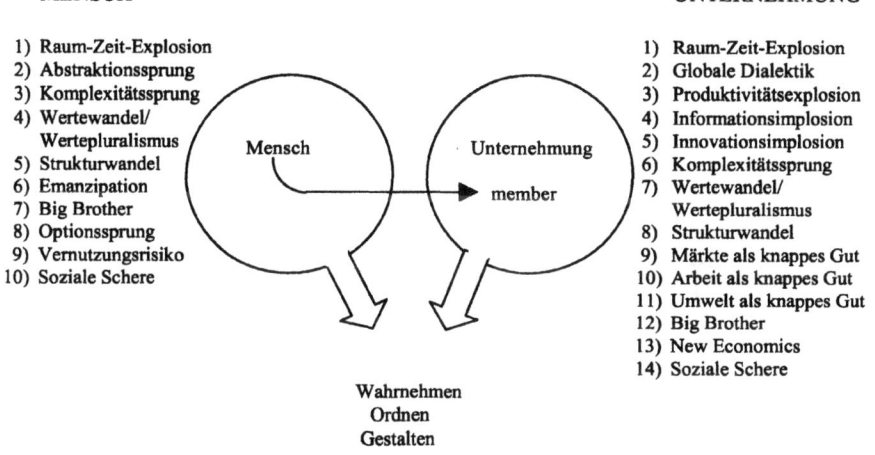

ihre Eigendynamik zu nehmen. So hätten wir es auch ohne die Herausforderung Nr. 1 mit Komplexitätsanstieg, exponential technischem Fortschritt, Wertepluralismus, der Ambivalenz emanzipatorischer und technischer Prozesse, dem Nord-Süd-Gefälle und ökologischer Gefährdung zu tun, Faktoren, welche die neue Art von Globalisierung erst ermöglichten und hochschaukelten und nun ihrerseits einem völlig neuen dialektischen Szenario ausgesetzt sind.

Hinsichtlich der einzelnen in Abbildung 1 aufgeführten Herausforderungen können wir uns kurz fassen. Als Schlagworte gehören sie längst, wenn auch in anderem Kontext, zum common talk. Ich brauche hier deshalb nur selektiv auf einige der genannten Herausforderungen einzugehen. Der schillerndste Faktor auf der linken Seite ist wohl die Emanzipation. Die *Emanzipation* verhilft einerseits dem Einzelnen zur Fähigkeit, lebensweltliche Zusammenhänge kritisch zu durchdringen, andererseits bedeutet sie im lateinischen Wortsinn von "emancipatio" lediglich Aus-der-Hand-Gabe, Freilassung, Ent-Bindung von Sklaven aus herrschaftlicher Gewalt. Sie schafft, wie das Beispiel Frauenemanzipation weltweit demonstriert, zwar das Tor zur Identitätsfindung, aber eben nur, indem sie identifikatorische Offenheit schafft. Umgeben von den Turbulenzen des disembedding und reembedding ist vieles möglich: seinen eigenen Weg zu finden, die Orientierung zu verlieren, in Freiheit zu neuen Bindungen zu gelangen, sich in eigener Hörigkeit zu verfangen. Für die Unternehmung spiegelt sich die verbreitete Emanzipation im *Wertewandel*, d.h. der Einstellung der Mitarbeiter zu ihrer Tätigkeit wider. Identitätsfokussiertes Management weiß dieses Tor als Vordergrund zu nutzen, um als Perspektive Entwicklungsmöglichkeiten aufzuzeigen, die der Sinnfindung förderlich sind.

Betrachten wir noch kurz einige Herausforderungen mit gleicher Benennung. Die neue *Zeit-Raum-Entgrenzung* (Faktor 1) ist, soweit unternehmensrelevant, längst im Blickfeld der Globalisierungsforschung. Beim Einzelnen erweckt sie ein neues Weltverständnis: festgemacht am Surfen im Internet, selbstverständlichen Auslandsreisen, Auslandsfreunden, der Bereitschaft, Ausbildungs- und Berufschancen in einem anderen Land wahrzunehmen. Faktor 1 schaukelt also zusätzlich die ohnehin schon multiplen Optionen (Faktor 8) hoch. Der *Strukturwandel* berührt den Einzelnen, wie bereits erwähnt, besonders hinsichtlich der Institution Familie, statistisch durch die Single-Reaktion der jüngeren Generation belegbar. Hinzu kommt, bedingt durch Strukturwandel in der Unternehmung, das seit einigen Jahrzehnten zunehmende Berufsfeld- und Arbeitsplatzrisiko (Überschneidung mit Faktor 9). Die Unternehmung wird in ihrem eigenen Selbstverständnis ihren internen Strukturwandel, wie berechtigt auch immer, nicht als das Kernproblem betrachten, sondern dem Strukturwandel der Märkte als dem bedeutendsten Wandel Aufmerksamkeit schenken. Hier puschen zunehmende Entstaatlichung und die Deregulierung der Finanzmärkte ihrerseits zusätzlich die quantitativ globalen Möglichkeiten hoch, nur gelegentlich integriert in globales Verantwortungsbewußtsein. Das Stichwort "Big Brother" will beim Leser nicht an TV-Erlebnisse anknüpfen, sondern an die Vision Aldous Huxley's von einer totalen Erfaßbarkeit und Manipulierbarkeit des Einzelnen. Huxley irrte insofern, als er dabei nur an die Macht des Staates und nicht an privatwirtschaftliche Datenbanken und Medienkonzerne, und das in globaler Vernetzbarkeit, dachte. Die Unternehmung dagegen fürchtet den "Big Brother" Staat in mehr konservativem Sinne als hoheitlichen Einmischer. Konträr zu Tendenzen der Entstaatlichung mehren sich öffentlich-rechtliche Aufsichten, Meldepflichten, fiskalische Kontrollen, wuchert das Dickicht arbeitsrechtlicher, marktregelnder, lebensmittelrechtlicher, gesundheitsrechtlicher, haftungserweiternder und ökologischer Bestimmungen auf National- und EU-Basis. Eine Unternehmung ist gut beraten, genuin unternehmerische Aktionen juristisch ex ante so sorgfältig vorzubereiten, als handle es sich um den hoheitlichen Verwaltungsakt einer höheren Instanz.

Werfen wir noch einen Blick auf die *Soziale Schere*, mit dem Schlagwort "80 : 20 Gesellschaft" als Tendenz nicht unzutreffend erfaßt. Für den Bürger in europäischen Industrieländern ist dies vorerst Menetekel, falls er nicht zu den Personen gehört, welche zum sprunghaften Anstieg der Kurve "Sozialhilfeempfänger" beiträgt. Solange Länder mit Sozialem Netz dieses trotz mancher Abstriche im wesentlichen aufrechterhalten, ist in Europa bis auf weiteres nicht zu befürchten, daß 80 % der Bevölkerung zu Habenichtsen würde. Der psychischen *Verunsicherung* ist damit aber nicht beizukommen. Für den Einzelnen stellen sich somit die Fragen: Wie werde ich mit der Unsicherheit meines derzeitigen Wohlstandsstatus fertig? Ist die Verunsicherung überhaupt gerechtfertigt? Was kann ich dagegen tun? Ganz anders stellt sich die Frage für die Unternehmung: In wieweit sind Unternehmen, vor allem als global players, hauptverantwortlich dafür, daß weltweit, insbesondere in Schwellen- und Entwicklungsländern, die Kluft zwischen arm und reich zunehmend größer wird? Trotz mancher schönen internationalen Charten und Deklarationen nehmen bisher nur sehr vereinzelt Großkonzerne wirklich global orientierte Unternehmensverantwortung wahr.

Die hier abstrakt aufgelisteten Herausforderungen sind in der Realität stets in Situationen und damit *Mischungen* aus diversen Herausforderungen, meistens auch Traditionsbestände enthaltend, eingelagert. Wie erwähnt, haben sowohl die Einzelnen im außerbetrieblichen Raum als auch die Unternehmen recht begrenzte Möglichkeiten, generellen gesellschaftlichen Wandel abzubremsen. Auch wurde berührt, daß sich der Einzelne in der Privatsphäre anders verhält als *in* der Unternehmung (also verhält sich *die* Unternehmung anders). Stellenbeschreibungen, Organisationsgefüge, Rollenerwartungen und umhüllende Unternehmenskultur haben wichtige Stütz- und Schutzfunktionen, um den Handlungserfolg zu gewährleisten. Angelehnt an das Modell 1900 ist nach *Führenden* und *Beschäftigten* zu unterscheiden. Die Führenden stützt das Erwartungsmuster distanzierter und spezialisierter Rationalität bei zur Schau getragenem Macheroptimismus sowie ein hoher Status, die Beschäftigten trägt die Bewährung in einer organisatorisch abgesicherten vertrauten Routine. Im privaten Raum fällt der Einzelne aber, auch wo materielle und familiäre Abfederung das etwas mildern mögen, auf seine ganz *persönliche Eigentlichkeit* zurück. Vor sich selber hilft kein Rollenspiel, vielmehr gilt zusätzlich: Sowohl die erfolgreichen als auch die mißlungenen Rollenspiele in anderen Lebensbereichen fordern ihren Tribut im privaten Bereich.

In Betrieb/Unternehmung können dank der genannten Vorgaben übliche Reaktionen auf situative Herausforderungen wie

- Kritisch erkennendes Wahrnehmen
- Ordnen
- Gestalten als Agieren, Reagieren, Proagieren

durchaus funktionieren, ohne daß es in jedem Fall echter Handlungskompetenz = Handeln aus persönlicher Sinnorientierung bedarf, *Sinn ist ja vorgegeben*. Im privaten Raum dagegen muß der Einzelne sich seinen Sinn selber vorgeben können, bzw. auf die Wegsuche begeben. Das Wahrnehmen, Ordnen, Gestalten, das am Arbeitsplatz bewältigt wurde, verlangt ein eigenes Sinn-Apriori, denn bereits das Wahrnehmungsfeld der Lebenswelt stellt sich hier *ungefiltert* dar. Es bietet in rasantem Wandel eine Fülle von Unbekanntem, Verwirrendem, Widersprüchlichem. Ein derartiges Wahrnehmungsfeld. kann, wenn man von dem Syndrom "Abstumpfung" absieht, leicht als Bedrohung und Gefahr empfunden werden.

Angst, Verunsicherung, Ersatzbefriedigungen (Konsum, Sex), Aggressionen, Minderwertigkeitskomplexe, können die Folge sein. Soweit diese Reaktionen ins Neurotische gehen, ist mit V.E. Frankl von noogener Neurose (nous, griech. = Geist) zu sprechen.[28]

In den "Grundlagen" habe ich aufgezeigt, daß eine Reihe positiver Reaktionen, wie "neue Offenheit", "neue Geistigkeit", "back to the basis" denkbar sind. Ich möchte das hier nicht vertiefen.[29] Es darf aber als gesichert gelten, daß positive Bewährung gegenüber den neuen Herausforderungen, ob nun lebenspraktisch intuitiv oder gedanklich präzisiert, auf die *ontologische* Orientiertheit hinausläuft: *Mensch sein, wozu?* Stellen wir dem analog die Unternehmung gegenüber, so gelangen wir alsbald zu der *Legitimationsfrage: Unternehmung wozu?* Da eine solche Frage nicht von einer Institution sondern nur von Menschen gestellt werden kann, ist eine Unternehmung gut beraten, wenn sie diese Frage nicht patriarchalisch/matriarchalisch *für* ihre Mitarbeiter, sondern *mit* ihren Mitarbeitern stellt, und damit lebensweltlichen und unternehmensrelevanten Sinnfindungsbedarf ineinander verschränkt.

---

[1] Rieger, W.: Einführung in die Privatwirtschaftslehre, 3. unv. Aufl., Erlangen 1964; 1. Aufl., Erlangen 1928.

[2] Zur Kritik der New Economy siehe vor allem Chomsky, N.: Profit Over People. Neoliberalismus und Globale Weltordnung, 4. Aufl., Hamburg 2001.

[3] Siehe hierzu Fukuyama, F.: Konfuzius und die Marktwirtschaft, München 1995.

[4] Gharajedaghi, J., Ackoff, R.L.: Mechanistische, organismische und soziale Systeme, in: Probst, G.J.B., Siegwart, H. (Hrsg.): Integriertes Management. Bausteine des systemorientierten Managements. Festschrift zum 65. Geburtstag von Prof. Dr.Dr.h.c. H. Ulrich, Bern/Stuttgart 1985: 281 - 298.

[5] Giddens, A.: Konsequenzen der Moderne, 2. Aufl., Frankfurt a.M. 1997: 85 f.

[6] Siehe hierzu Ulrich, P./Maak, Th. (Hrsg.): Die Wirtschaft in der Gesellschaft. Perspektiven an der Schwelle zum 3. Jahrtausend, Bern/Stuttgart 2001.

7   Erwähnt bei Mander, J.: The Case against the Global Economy, in: Brand et alii (Ed.): The Art Academy of the 21th Century, Bedum NL 1999: 135 - 143, hier 137.

8   Tarnas, R.: The Passion of the Western Mind. Understanding the Ideas That Have Shaped Our World, New York 1993.

9   Meyer-Faje, A.: Grundlagen des Identitätsorientierten Managements, München/Wien 1999: besonders 32 ff.

10 Meyer-Faje (1999: 140 ff., 219 ff.).

11 Initiativ hierzu Ulrich, H.: Die Unternehmung als produktives soziales System, 2. überarbeitete Aufl., Bern/Stuttgart 1970: 186 ff. - Ulrich, P.: Wirtschaftsethik und Unternehmensverfassung: Das Prinzip des unternehmenspolitischen Dialogs, in: Ulrich, H. (Hrsg.): Management-Philosophie für die Zukunft, Bern/Stuttgart 1981: 57 - 75.

12 Forrester, V.: Der Terror der Ökonomie, Wien 1997. Originalausgabe: L'horreur économique, Paris 1996. Ferner Forrester, V.: Die Diktatur des Profits, München 2001. Originalausgabe: Une étrange dictature, Paris 2000.

13 Genau in diesem Sinne begründete mir in den 80er Jahren Dr. Haag, damaliger Geschäftsführer der Lindt & Sprüngli GmbH, Aachen, die von ihm eingeführte Maßnahme, daß die oberste Geschäftsleitung einmal jährlich sich der Beurteilung durch ihre Mitarbeiter zu stellen habe.

14 Es war mir möglich, in Diplom-Arbeiten (mit Verschlußvermerk) anhand von Ökobilanzen Partialanalysen hierzu erfolgreich durchführen zu lassen.

15 Auch hier ist H. Ulrich bahnbrechend.

16 Besonders Gomez, P./Zimmermann, T.: Unternehmensorganisation. Profile, Dynamik, Methodik, Frankfurt a.M./New York 1992: 129 ff.; ferner Bleicher, K.: Das Konzept Integriertes Management, Frankfurt a.M./New York 1991: 30 ff. Siehe außerdem den späteren mehr naturwissenschaftlich-technologischen Fraktalansatz von Warnecke, H.-J.: Die fraktale Fabrik, Revolution der Unternehmenskultur, Berlin/Heidelberg 1992: 144 ff.

17 Zit. nach Zander, Knebel, Pillat: Führungssysteme in der Praxis, Heidelberg 1972: 26.

18 Siehe neben Giddens (1997: besonders 52 ff.) grundlegend Giddens, A.: New Rules of Sociological Method, London 1974.

19 Soros, G.: Die Krise des globalen Kapitalismus. Offene Gesellschaft in Gefahr, Berlin 1998.

20 Roethlisberger, F.J.: The Foreman; master and victim of double talk, in: Harvard Business Review, 1945.

[21] Famulla, G.-F., Gut, P. et alii: Persönlichkeit und Computer, Opladen 1992: 283.

[22] Famulla et alii (1992: 283).

[23] Siehe Meyer-Faje (1999: 225).

[24] In Skandinavien und nachahmend in den 70er Jahren in Deutschland wurden entsprechende Modellversuche staatlich gefördert.

[25] Zur Unternehmenskultur siehe hierzu Meyer-Faje, A.: Identitätsorientierte Menschenführung. Ein Beitrag zum Paradigmawechsel in der Führungspraxis, Bern/Stuttgart 1990: 59 ff. - Zum weichen Systemdenken siehe vor allem Checkland, P.: Systems Thinking. Systems Practice, Chichester/New York 1984.

[26] Peters, T., Waterman jun., R.H.: Auf der Suche nach Spitzenleistungen. Was man von den bestgeführten US-Unternehmen lernen kann, Landsberg a.L. 1984.

[27] Habermas, J.: Legitimationsprobleme im Spätkapitalismus, Frankfurt a.M. 1993: 99.

[28] Frankl, V.E.: Der Wille zum Sinn. Ausgewählte Vorträge über Logotherapie, 2. Aufl. der erw. Neuaufl., München 1994. Zur Noologie siehe auch Eucken, R.: Die Einheit des Geisteslebens in Bewußtsein und Tat der Menschheit (1888), 2. Aufl. 1922.

[29] Siehe Meyer-Faje (1999: 32 ff.). Einen umfassenden Überblick mit sowohl soziologischem als psychologischem Verständnis bietet: Giddens, A.: Modernity and Self-Identity, Self and Society in the Late Modern Age, Stanford 1991.

3 Identitätsorientiertes Management

3.1 Leitfragen selbstidentifikatorischer Prozesse

Bei Identifikation handelt es sich um eine Zuordnungsbestimmung, die Menschen sowohl Objekten, anderen Personen und Vorgängen gegenüber, aber auch rein selbstbezüglich vornehmen. Das Ergebnis einer solchen Bestimmung bezeichnen wir als Identität. Im Unterschied zu der Identifikation eines Stuhls als Stuhl kann die einmal vorgenommene Selbstbestimmung nicht als ein für alle Mal abgeschlossen gelten, sondern sie stellt sich immerwährend neu. Deshalb verwenden wir, falls nicht unbedingt eine Akzentuierung geboten erscheint, die Begriffe Identität, Identifikation und Selbstidentifikation hier weitgehend synonym.

Wir beschränken uns hier in anbetracht der erläuterten turbulenten Herausforderungen für Mensch und Unternehmung ausschließlich auf die identifikatorischen Prozesse, in denen Menschen, die Identifikation auf sich selber beziehen, wohl wissend, daß biologische und sozialökonomische Vorgaben und Gewordenes, aber auch soziale Zuschreibungen dabei zu berücksichtigen sind. Kein Mensch kann diese Einflußgrößen umgehen. Sie sind aber nicht einseitige Determinanten, sondern Stellungnahme erheischende *Provokatoren*, soweit die identifikatorische Kompetenz des Einzelnen nicht verschüttet ist. Jeder Mensch ist in ein einmaliges Identifikationsszenario gestellt. Schon die Stellungnahme zu den Provokatoren ist aktives, freies Gestalten.

Zu den *harten* Vorgaben gehört vor allem das Geschlecht und die sonstige biologische Ausstattung, die schichtspezifische Sozialisation, insbesondere die frühkindliche Sozialisation, welche entscheidende, aber nicht völlig rigide Wahrnehmungsmuster einschleift, außerdem folgenschwere biographische Einschnitte, wie schwere und teils unheilbare Krankheiten, der Verlust nahestehender Menschen durch Tod. *Weiche* Vorgaben, weich, weil zumindest durch konkrete Mitwirkung initiiert und mitunter auch veränderbar, sind vor allem Berufswahl, Wahl des Ehepartners, Milieu des Wohnquartiers, Karrierechancen in einem Betrieb. Die Übergänge hart-weich sind fließend, und auch die harten Vorgaben unterliegen als solche einem Wandel. So wird die harte Zuschreibung Alter durch das Zusammenspiel von biologischer Gesetzmäßigkeit, medizinischem Fortschritt und sozialer Zuschreibung bestimmt. Ähnlich wie dank Rousseau im neunzehnten Jahrhundert Kindheit und Jugend, auch in ihrer entwicklungspsychologischen Ausprägung, eine Neubestimmung erhalten, ja geradezu entdeckt werden, führt die Einführung des gesetzlichen Rentenalters zu einem neuen Altersstatus. Heute sind der Gesundheitsstatus der über Fünfundsechzigjährigen besser und ihre Lebenserwartung höher denn je zuvor, das soziale Ansehen dagegen geringer als je zuvor. Bereits Vierzigjährigen kann es als Arbeitslosen passieren, nicht mehr, bzw. nur mit großen Statusabstrichen, ins Berufsleben zurückzufinden. Der Fünfundfünfzigjährige muß bei angestrebtem Firmenwechsel feststellen, daß nichts mehr geht. Der Neunundfünfzigjährige Topmanager weiß zumeist, daß es ihm nicht bestimmt ist, seine Position bis zum fünfundsechzigsten Lebensjahr zu halten. Neidvoll mag er auf japanische Kollegen in den obersten Rängen schauen, wo das Alter nach wie vor seinen Erfahrungs- und Weisheitswert und damit seine traditionale Würde behalten hat.

Status- und Rollenzuschreibungen können zu harten Vorgaben werden, indem sie präjudizieren, welche Verhaltensweisen und Ansprüche jeweiligem Alter, Geschlecht, Berufsprestige, Vermögen, Bildungsgrad, der Rasse, Konfession, Herkunft, Schichtzuordnung usw. gemäß sind. Von der Soziologie werden die sozialen Zuschreibungen als harte Determinanten bzw. Begrenzungsfaktoren besonders betont, wird Personalisation weitgehend als Sozialisation betrachtet, für die Ökonomie insofern tröstlich, weil sie somit im Konstruieren fiktiver Menschenbilder eindimensionalen Zuschnitts nicht allein steht. Der Kern solcher fehlleitenden Menschenbilder besteht aus fehlleitenden naturwissenschaftlichen Analogien oder materialistischen Verallgemeinerungen. Das Entscheidende der Personalisation und damit der Freiheit zur Selbstidentifikation wird nur ganzheitlich erfaßbar. Weil der Mensch nicht nur ein genetisch codiertes und sozial vernetztes, sondern darüber hinausweisend ein geistig autonomes Wesen ist, eröffnet die "Trotzmacht des Geistes" (Frankl) oder einfacher gesagt die identifikatorische Kompetenz jedem Einzelnen einen breiten Freiheitsrahmen für seine Persönlichkeitsfindung. Er kann, ob nun Portier, Witwer, Generaldirektor, Krankenpfleger oder Chefarzt, seine Provokatoren interpretierend und interaktiv gestaltend annehmen, kritisch dazu Stellung beziehen und auch über sie hinauswachsen.[1]

Baumeister weist zutreffend darauf hin, im Prozeß der Selbstidentifikation gehe es für den Einzelnen darum, erstens in seine Biographie einen einheitlichen Sinn, eine *Kontinuität*, einen Einklang mit sich selbst, zu bringen, zweitens darum, sich von anderen zu *differenzieren*.[2] Doch mindestens ein drittes Kriterium gehört bei einer Minimalkennzeichnung dazu. Der Mensch sucht nicht nur seine Sinnleitschiene "Menschsein wozu?" und damit zugleich eine lebensbejahende Kontinuität seiner Biographie. Er fragt nicht nur "Wer bin ich unter Millionen?". Er findet zu beiden Fragen keine Antwort, wenn er nicht uno sono fragt "Wo gehören ich hin?", sich also, sei es nun Nation, Familie, gesellschaftlicher Schicht, Freunden und Feinden, *sozial zugeordnet*. Ohne diese *Bindefähigkeit*, die zugleich *Interaktionsfähigkeit* und *Verantwortungsbewußtsein* impliziert, kann aus jedem Identifikationsprozeß nur ein egoistischer Neurotiker, angewiesen auf diverse Sinnsurrogate, herauskommen.

Ohne zu übersehen, daß es sehr wohl soziale Rollenzwänge geben mag, ist festzuhalten, daß *nur so verstandene soziale Identität*

o Wie sehe ich meine Beziehung zur Mitwelt?
o Was kann ich für die Mitwelt tun?
o Worin sehe ich aufgrund meiner persönlichen Wertskala meine gesellschaftliche Mitverantwortung?

für die hier abzuhandelnde Thematik ausschlaggebend sein kann. Solche soziale Identität als echte *Selbst*zuordnung kann übrigens tradiert eingeschliffenen sozialen Rollenerwartungen diametral zuwider laufen. Für uns Deutsche mag der 20 Juli 1944 ein treffendes Beispiel hierfür sein.

Ich habe in Abschnitt 2.2 herausgestellt, daß die aktuellen säkularen Herausforderungen sowohl für den Einzelmenschen als auch für die Unternehmung auf den Punkt gebracht Sinnherausforderungen darstellen, die sich jeweils nur anders einkleiden. Nur scheinbar profitiert die Unternehmung, daß sie Globalität als Chance unter dem Aspekt des Modells 1900 interpretiert und ihr Kernproblem, die Legitimationsfrage der Unternehmung in einer völlig veränderten Welt neu zu stellen, nicht erkennt.

Jene Fundamentalherausforderungen der Unternehmung lassen sich ebenso wie die Fundamentalherausforderungen des Einzelnen nur in konstruktive identifikatorische Provokatoren transformieren, wenn man sie mit den drei erwähnten interdependenten Leitkriterien identifikatorischer Prozesse in Verbindung bringt:

o Wer sind wir? Wo stehen wir? Weiter so wie bisher? Unternehmung wozu?

o Wie kann sich die Unternehmung unverwechselbar von Konkurrenten unterscheiden? Bei zunehmend weltweiter Transparenz und Vergleichbarkeit der Unternehmensleistungen (ISO 9000) oft eine Überlebensfrage, die mit bloßer Corporate Identity-Kosmetik verbreiteten Stils nicht zu lösen ist.

o Worin sieht die Unternehmung ihren genuin sozialen Auftrag, ohne den sie als Institution gesellschaftlich überflüssig wäre? Das Soziale und das Ökonomische sind dabei untrennbar miteinander verbunden, so wie es in Müller-Armacks Begriffsfindung "Soziale Marktwirtschaft" treffend zum Ausdruck kommt.

Während sich für den Einzelnen die Sinnfrage letztlich auf eine ontologische Fragestellung reduzieren läßt, und der Einzelne, wenn er bei der Sinnfindung scheitert, nicht unbedingt krank wird oder gar den Freitod wählt, die Sinnfindung zudem keineswegs immer streng analytisch erfolgen muß, sondern sich aus selbstkritischem Gespür für die eigene Betroffenheit und nachfolgend schlüssiges Handeln ergeben kann, ist die Sinnfrage der Unternehmung weitestgehend eine Frage der Legitimation, die kontinuierlich sorgfältiger analytischer Überprüfung bedarf. Sobald die Gesellschaft diesen Legitimationsanspruch der Unternehmung nicht absegnet, kommt kurz über lang der Verlust der Eigenständigkeit oder der Konkurs. Daß der Markt die Absegnungsstelle darstellt, besagt nicht, alles sei Ökonomie, sondern daß mehrdimensionale Sinnorientierungen sich letztlich rechnet, rein eindimensionale "Ökonomie pur" dagegen irgendwann an ihre Erfolgsgrenze stößt. Selbstverständlich ist mit "Ökonomie pur" nicht Stümperhaftigkeit gemeint; diese, durchaus auch die Ursache so manchen Unternehmensexitus, bildet nicht unser Thema.

"Ökonomie pur" bedeutet dagegen, auf der Welle von New Economics, "Die Diktatur des Profits" (Forrester), d.h. gesellschaftliche Legitimation mit gesteigertem Shareholder Value gleichzusetzen, mit anderen Worten: alle Lebensbereiche so weit wie nur irgend möglich, zu ökonomisieren.

Die Wurzeln liegen in der "Biographie" der Wirtschaftstheorie und eingeschliffenem Fortschreiben "bewährter" Praxis aus Urgroßväterzeit. Als die Volkswirtschaftslehre im 19. Jahrhundert Bedürfnisse von Bedarf abspaltete und nur letztere als ökonomisch relevant deklarierte, konnte die Praxis bis weit ins 20. Jahrhundert hinein durchaus mit der Orientierung an der Bedarfsreduktion erfolgreich zurechtkommen: Für eine Gesellschaft jenseits von Überfluß, wellness, event, performance und fun ist die Unterscheidung zwischen Bedürfnissen und Bedarf eine rein theoretische, so wie in der Gegenwart für Länder der Dritten Welt.

Auch die fatale Weichenstellung der Theorie des 19. Jahrhunderts, Natur und Kultur als freie Ressourcen zu betrachten, beginnt sich erst im letzten Quartal des 20. Jahrhunderts sichtbar auszuwirken: Folgeschäden ökonomisch-technischer Kolonialisierung. Ökobilanzen und Sozialbilanzen signalisieren hier die Wende zu einem neuen legitimatorischen Selbstverständnis, und zwar im eigenen langfristigen Überlebensinteresse der Unternehmung.

Neben der ökonomischen Einseitigkeit bilden die vermeintlichen *institutionalen Sachzwänge* eine Art Denkkäfig, so daß die Antwort auf "Unternehmung wozu?" ausgetretenen Pfaden folgt. Unbestritten gibt es solche Sachzwänge, geprägt durch die Firmengeschichte, das Produkt, die Rechtsform, den Standort, die Unternehmensgröße, die Unternehmenskultur; aber weit mehr als für staatlich sanktionierte Institutionen, wie Parlamente, Schulen, Gerichte, gilt, daß es *Menschen* sind, *welche die Institution Unternehmung geschaffen haben* und sie deshalb auch *zu ändern vermögen*. Der Grundbuchbeamte kann rigide Sachzwänge geltend machen, der Unternehmer und Manager nicht. Gerade der private *Gestaltungsfreiraum* macht die Besonderheit, ja das *Privileg* der Unternehmung aus, so daß wir für unser Anliegen vereinfachen dürfen: Die Unternehmung ist eine Institution, aber eine Institution, die sich *durch Menschen als Leistungsgesamtheit konstituiert*. Wir unterscheiden hier nicht zwischen Menschen und Menschen, sondern betrachten alle Menschen in der Unternehmung als deren konstituierende Glieder (Members), also auch diejenigen Mitarbeiter, die nicht explizit Führungskräfte sind. Je substantieller die Glieder als Mitglieder ihren Gestaltungsbeitrag für das Ganze leisten können, desto eher besteht die Chance, daß Unternehmensidentität sich als echte Identität einer Sozietät zu entwickeln vermag. Rombach sieht, wie schon erwähnt, in seiner phänomenologischen Soziologie dann die Chance eines konkreativen Leistungssprungs.[3]

Mehr Gestaltungsfreiraum für die Mitarbeiter als Mitglieder bedeutet zunächst mehr Selbstidentifikationschancen für jeden Einzelnen. Weil, wie dargelegt, Sinnfindung ohne soziale Zuordnungsbereitschaft nicht denkbar ist, wird es nicht nur zweckmäßig sein, dem Einzelnen und dem Team mehr Kompetenzen zu gewähren, sondern ihn auch in den *übergeordneten Zielfindungsprozeß*, dieser legitimatorisch, also über MbO hinausgehend verstanden, soweit es nur irgend möglich ist, einzubinden und soweit es "noch nicht" möglich ist, die Kompetenz hierfür zu fördern.

Wir betrachten also nicht wie wissenschaftlich üblich, die Fragen "Unternehmung wozu?", "Menschsein wozu?" als zwei verschiedene, sondern als ein Paar Schuhe. Die Tragfähigkeit einer solchen Verknüpfung läßt sich wohl am überzeugendsten demonstrieren, wenn wir die gemeinsame Schnittmenge Mensch - Unternehmung konkreter differenzieren. Zehn W-Fragen helfen uns weiter:

1. Wer sind, wir?
2. Wohin führt uns das?
3. Was wollen wir?
4. Was erwarten wir?
5. Was können wir?
6. Was müssen wir?
7. Was dürfen wir?
8. Wen. brauchen wir?
9. Wer braucht uns?
10. Wem schulden wir?

Dem Fragenreigen liegt eine logische Rangfolge zugrunde. "Wer sind wir?" meint zunächst eine schonungslose Ist-Analyse. "Wohin führt uns das?" vollzieht ein Hochrechnen der Folgen dieses Befundes in einem (ceteris paribus) Zukunftsszenario. "Was wollen wir?" kann zunächst nur ein Entwurf sein. Aber er ist entscheidend für den Inhalt der Antworten, die wir auf die nachfolgenden sieben Fragen erhalten können; sie bestimmen die Suchperspektive. Erst nach solcher Feinabstimmung findet der Rohentwurf "Was wollen wir?" seine verbindliche Fassung.

Wer sind wir? Wohin führt uns das?

Wo der Einzelne bewußt eine solche Ist-Analyse für sich angeht, gehören selbstverständlich auch identifikatorisch die Bereiche Vermögen, Beruf, Familie, Gesundheit usw. dazu. Entscheidend ist aber, wie er all das mit seiner Lebensphilosophie in Verbindung bringt, der Präferenzskala seiner inneren Wertungen. Das abwägende Vergleichen von bisherigem Wollen, tatsächlichem Tun und Erreichtem wird um so eher gelingen, je mehr der Einzelne dazu in der Lage ist, zugleich seine kritische Kompetenz zu hinterfragen. Es gilt nicht nur Anspruch und Können, Illusionäres und Mögliches, Schein und Sein zu unterscheiden, sondern auch der Besonderheiten des Widerstreits "verschiedener Seelen in einer Brust" gewahr zu werden. Ein solcher Wille zur Wahrheit vor sich selber bedarf charakterlicher Stärke. Bei Unternehmen sind diese "verschiedenen Seelen" nicht nur als divergierende Zielvorstellungen einzelner Führungskräfte und anderer Mitglieder ausmachbar, sondern häufiger noch in gleichsam zu Unternehmenskultur gewordenen Konfliktparteiungen zwischen Abteilungen, Statusgruppen und Tochtergesellschaften. Dergleichen muß mit bedacht, d.h. proaktiv als interaktives Spannungsfeld ausgegangen werden.

Bereits die traditionale Ist-Analyse der Unternehmung bleibt häufig hinter dem zurück, was auf bewährten Denkschienen leistbar wäre. Jahresbilanz und zunehmend verbreitet auch Sozialbilanz und Ökobilanz stellen einerseits eine unerläßliche Basis dar, um zur Frage "Wer sind wir?" zu finden. Aber auch eine noch so professionelle Bilanzanalyse sagt über die Zielsetzung der Unternehmung kaum etwas aus. Es wäre selbst bei eindimensionaler Zielsetzung "Gewinnmaximierung" stets nach der konkreten Modifizierung des Einzelfalles zu fragen. So können im Interesse künftiger Ertragssicherung Reinvestitionen, Forschung und Produktentwicklung, aber auch Wissensmanagement als Aufwand den Vorrang haben. Ebenso kann Umsatzausweitung, bezogen auf Marktsegmente oder als absolute Größe, der Unternehmung über Jahre hinaus wichtiger sein als eine Gewinnsteigerung. Nicht minder wichtig vermag für die eindimensional orientierte Unternehmung der cash flow zu sein. Wer die Frage "Wer sind wir?" als Bilanzanalytiker stellt, stößt also alsbald an Grenzen. Gelegentlich evozieren Rote Zahlen immerhin ein Tiefer-Bohren.

Das Tiefer-Bohren kann nur ansetzen mit der Frage: "Was tun wir eigentlich?" Und hier gilt es als erstes, Nebelwanderungen zu vermeiden. Wenn beispielsweise die Jenoptik AG das Kerngeschäft der ehemaligen Carl-

Zeißwerke mittels eines jahrelangen Karussells von Rationalisierung und Zukäufen derart saniert, daß 1999 von dem 1.396 Mio. Euro Jahresumsatz nur 179 Mio. Euro auf Photonics und 1.001 Mio. Euro auf Clean Systems sowie 39 Mio. Euro auf Asset Management entfielen, so wird nicht nur ein alter Zeißianer es schwer haben, eine Antwort auf die Frage "Wer sind wir?" zu finden.[4] Ein zweites Beispiel dafür, wie schwierig es sein kann, bereits im Vorfeld den Nebel zu verscheuchen, bietet die Daimler-Chrysler AG. Handelt es sich um eine echte Fusion unter Gleichen, wie Stuttgart vorgibt, oder um eine Übernahme, wie man in Detroit zunehmend befürchtet?[5] Können solche Zweideutigkeiten nicht ausgeräumt werden, gefährden sie von vornherein den selbstidentifikatorischen Prozeß. Nur vordergründig scheinen mir Jenoptik und Daimler-Chrysler nicht vergleichbar zu sein. Von der Ausgangsfrage "Was tun wir eigentlich?" können die Produkte auch bei Daimler-Chrysler kein einheitliches Band knüpfen. Es geht in beiden Unternehmen zwar um Autos, aber um völlig andere Autos und eine völlig andere Produktphilosophie.

Wir gelangen zum identifikatorischen Durchbruch, wenn wir "Wer sind wir?" anders akzentuieren, nämlich hinterfragen: "Wer sind WIR?" Man gewinnt alsbald unternehmensintern und -extern eine neue Sichtweise. In der Binnenbetrachtung ist es dann nicht mehr möglich, nur den Unternehmer, das Top Management und allenfalls weitere Führungskräfte in dieses WIR einzubeziehen, sondern es gehören alle WIR, das gesamte humane Leistungspotential in der Unternehmung, dazu.

Es ist erstens unbestritten, daß dieses gesamte WIR benötigt wird, um die Leistung zu erbringen. Gerade heute gilt das mehr denn je, wo Wettbewerb weitestgehend zum Qualitätswettbewerb geworden ist und jeder "überflüssige" Mitarbeiter längst entlassen worden wäre.

Es sei zweitens nicht bestritten, daß zwar eine große Anzahl, aber eben nicht alle Mitarbeiter mit einer solchen WIR-Umstellung mitziehen würden. Soweit es dabei um Kompetenzfragen geht, ist zwischen fachlicher und identifikatorischer Kompetenz zu unterscheiden. Die fachliche Kompetenz, eingeschlossen das Verständnis für Gesamtzusammenhänge, läßt sich schulen, und zwar entgegen nicht ausrottbarer Vorurteile auch bei älteren Mitarbeitern, wenn man die altersgemäßen lernpsychologischen Voraussetzungen dafür schafft. Die identifikatorische Kompetenz läßt sich, wie ich noch in diesem Kapitel aufzeigen möchte, nur fördern; denn in jedem Menschen ist ein Sinnbedürfnis seines Lebens veranlagt, mag es auch noch so verschüttet sein. Man kann aber entgegen dem russischen Sprichwort Pferde nicht einmal immer zur Tränke führen. Schon das dorthin Wollen muß bei Menschen völlig autonom erfolgen. Der Einzelne muß selber entscheiden, ob und inwieweit er sich in das WIR der Unternehmung integriert. Doch dieses kann kein Argument sein, das sich Identitätsorientiertem Management entgegensetzen ließe. Wir lehnen ja auch nicht die Demokratie als Staatsform und Gestaltungsform des öffentlichen Lebens ab, weil üblicherweise ein erheblicher Prozentsatz der wahlberechtigten Bevölkerung ihr Wahlrecht nicht nutzt, geschweige denn sich politisch engagiert. Der Mitarbeiter muß das Recht haben, *seine* Auffassung von Lebenssinn zu entwickeln, und diese kann sich auf andere Lebensbereiche als die Unternehmung beziehen. Doch machen wir mit unserem Demokratievergleich nicht nur unsere Argumentation plausibel, wir treffen einen zentralen Nerv des Unternehmensmodells 1900. Die Unternehmung; mit ihrer Entscheidung zwischen Oben und Unten, Befehl und Gehorsam, spiegelt allen Überbrückungsversuchen zum Trotz immer noch ihren historischen Entstehungszusammenhang wider, das autokratische Selbstverständnis des Unternehmers als Herr im Haus. Weil dem so ist, haben es Länder mit demokratischer Tradition, wie die USA, Skandinavien, die Schweiz, die Niederlande, Großbritannien, bei gleichzeitig kapitalistischer Tradition weitaus leichter, wirklich neue Managementkonzepte zu entwickeln und anzuwenden.

Nach außen bereitet die Akzentuierung "Wer sind WIR?" die Bahn für *Identifikatorische Allianzen* mit Kunden, Lieferanten, Dienstleistern, gelegentlich sogar, wie bei Strategischen Allianzen und Joint Venture, mit Mitwettbewerbern. Dank Offenem Systemdenken und Quality Management ist zwar ein WIR-Denken verbreitet, aber es gründet weniger in Identität als in Interessenkomplementarität. Wo solche Interessenkomplementarität asymmetrisch ist, wie bei einem Kleinkunden und einem Großlieferanten, greift deshalb beispielsweise das identifikatorische WIR einer übergeordneten integrierten Interesseneinheit nicht.

Was wollen wir? Was erwarten wir?

Wir stellen uns vor: Eine Klausurrunde von Top-Managern beschäftigt sich für einige Tage an geeignetem Ort, fern von Alltagspflichten, damit, neue Leitvorstellungen für ihr Unternehmen zu erarbeiten. Von dem identifikatorischen Defizit abgesehen, daß hier Mittel- und Unterbau nicht vertreten sind,[6] wird die Chance, eine tragfähige Leitlinie zu finden, ex ante dadurch erschwert, daß unter sachlichem Aspekt eine Trennung von Ökonomischem und Sozialem in nur sehr begrenztem Umfang möglich ist und unter personalem Aspekt die verschiedenartigen Persönlichkeitsausprägungen der Teilenehmer bereits von Anbeginn differente Wahrnehmungsvoraussetzungen des "gemeinsamen" Problems darstellen.

Wie ich in Abschnitt 3.2.2 aufzeigen werde, ist es zwar logisch möglich, sauber zwischen Zielen, Mitteln und Zwecken zu unterscheiden. Doch egal, ob wir uns für Ökonomie als "reiner" Ökonomie oder für Ligaturen, wie Politische Ökonomie (Adam Smith) oder Sozialökonomie (Schmoller, Max Weber, Schumpeter) entscheiden, sind Ziele, Mittel, Zwecke als *pure* entweder ökonomische oder soziale Kombination erfolgsrelevant nicht zu haben. Von den sechs in *Abb. 2* aufgezeigten Kombinationsmöglichkeiten greifen nicht nur Kombination 4 und 6, sondern, überordnet gedacht, auch Kombination 1 alsbald zu kurz. Selbst "härteste" Ökonomie wird sich zumindest an Kombination 2 orientieren, also soziale Parameter berücksichtigen müssen. Die Kombinationen 4 und 6 kommen nur für nichtökonomische Institutionen in Betracht. Kombination 4 könnte beispielsweise für sozialpädagogische Einrichtung stimmig sein. Kombination 6 wird sich aufspüren lassen bei genossenschaftlichen Kooperationen, die der Ursprungsidee von Genossenschaft noch verhaftet sind. Kombination 3 entspricht in etwa der vereinfachten Vorstellung des Liberalismus, daß das Prinzip Eigennutz zugleich sozial optimalen Nutzen stiftet. In einem gesellschaftlichen Kontext sich pluralistisch aufbröselnder Ethik ist allerdings auf das Zustandekommen eines sozialen Nutzens nur Verlaß, wenn er explizit in der Zielsetzung mit formuliert und auch bei Mitteln und Zwecken mit berücksichtigt wird.

Wir stellen uns vor, der Klausurrunde sei ihr Vorhaben, neue Leitlinien für ihr Unternehmen zu erschließen, gelungen. So weit, so gut. Doch die besten Leitlinien lassen in ihrer formulierten Objektivierung nicht erkennen, was sich beim interaktiven Entstehungsprozeß bei jedem Teilnehmer innerlich abgespielt hat, als er seinen Beitrag zum Zustandekommen eines solchen "Produkts" leistete.

Abb. 2

Ziele - Mittel - Zwecke

Kombination 1: Ökonomische Ziele Ökonomische Mittel Ökonomische Zwecke	Kombination 2: Ökonomische Ziele Soziale Mittel Ökonomische Zwecke	Kombination 3: Ökonomische Ziele Ökonomische Mittel Soziale Zwecke
Kombination 4: Soziale Ziele Soziale Mittel Soziale Zwecke	Kombination 5: Soziale Ziele Ökonomische Mittel Soziale Zwecke	Kombination 6: Soziale Ziele Soziale Mittel Ökonomische Zwecke

Kant definiert die Autonomie des individuellen freien Willens als "ein Vermögen, nach Prinzipien der reinen, von Sinnlichkeit unabhängigen Vernunft, nach reinen moralischen Gesetzen *a priori* zu handeln ..."[7] Obwohl für uns die autonome Willensfreiheit außer Frage steht, denn sonst würde identifikatorische Kompetenz, aber auch rechtliche Schuldfähigkeit des Einzelnen sich ad absurdum führen, dürfen wir als Wirklichkeitsbedingungen zweierlei nicht außer Betracht lassen: Die "reinen moralischen Gesetze a priori" pluralisieren sich, unabhängig vom Erosionssyndrom, bei fortschreitender Individualisierung, mögen auch von außen religiöse, kulturelle und rechtliche Traditionsbestände den gesellschaftlichen Minimalkonsens sichern. Daß sich über diese individuale Einzigartigkeit der Wertskalen via Kooperation, Diskurs und Zugehörigkeitsbedürfnis dennoch in Gemeinschaften, also auch in der Unternehmung, eine gemeinsame Sinnleitlinie identifikatorisch einpendelt, halte ich damit - man bräuchte nur auf die Erkenntnisse moderner Chaosforschung zurückgreifen - keineswegs für verbaut, und daß eine derart zustande gekommene Sinngemeinschaft sich auch jederzeit von einem jedem der Beteiligten rational hinterfragen lassen muß, ist eher ein Vorteil als ein Nachteil.

Das Problem liegt vielmehr darin, daß es entgegen Kant in Personen eingelagert weder Moral noch Vernunft *pur* gibt. Unser vernunftgeleitetes Wollen und Handeln muß sich in ein Verhältnis bringen mit unserer emotionalen und triebhaften Tiefenstruktur, beispielsweise mit Ängsten,

Geltungsbedürfnis, Sympathien, Antipathien, Machttrieb. Ich werde im fünften Kapitel erörtern, wie einer der stärksten sinnlichen Antriebe unternehmerischen Handelns, ähnlich wie in der Politik, die Freude an Machtausübung darstellt: eine Barriere für Identitätsorientiertes Management oft schon deshalb, weil das Machtbedürfnis sich selten als solches darstellt, sondern in rationale und verantwortungsethische Argumentation eingelassen ist. Ferner werde ich im fünften Kapitel unter auf die analytische Untrennbarkeit von ratio, Emotion und Trieb in der Lebenswirklichkeit zurückkommen; denn für den selbstidentifikatorischen Entwicklungsprozeß ist es entscheidend, wie die Vernunft Denken, Werten, Wollen sowie sinnliches Empfinden und Verlangen in Einklang bringt.[8]

Je grundsätzlicher "Was wollen wir?" gefragt wird, desto geringer ist das Risiko, Ziel mit Weg zu verwechseln; anders formuliert: desto breiter erschließt sich daraus das Spektrum der Optionen. Je nachhaltiger "Was wollen wir?" den gerade aktuellen sozialen und ökonomischen Mainstream trifft, desto leichter läßt sich zunächst das Wollen realisieren, weil dank der Gesetzmäßigkeit der *Reflexivität* eine interaktive Verstärkung der Leitmeinung von "richtig" und "erfolgreich" erfolgt. Je mehr Mitläufer ihr Handeln an solcher Leitmeinung orientieren, desto eher besteht allerdings die Gefahr des dialektischen Umschlagens in den faktischen Mißerfolg.

Für zu eng an New Economics angelehntes "Was wollen wir?" steht der dialektische Umschlag mit um so größeren Folgen bevor, je weiter er mit ökonomisch verfeinerter und technologisch unterstützter Vorgehensweise hinausgeschoben wird. Bisher steigert sich dank des ökonomischen Erfolgs und der Stütze durch eine Weltelite der Wirtschaftswissenschaftler hier die reflexive Spirale. Doch ist der Wirkungsmechanismus von New Economics nicht nur in der Verbreitung durch eine Spirale reflexiver Verstärkung, sondern auch zugleich durch eine Spirale der *Rekursivität* bestimmt. Jene Spirale kommt durch das eindimensionale Verständnis der Unternehmung als Gewinnmaximierungsmaschine zustande. Gibt es Gewinneinbrüche, wird nicht nach extraökonomischen Ursachen geforscht - allenfalls nimmt man politische Wandlungen zur Kenntnis -, sondern es werden immer wieder "neue" ökonomische Auswege gesucht. Steigende Arbeitslosenziffern, gelungene, aber ebenso häufig mißlungene Megafusionen, aber auch die immer kürzere Laufzeit neuester Managementkonzepte können das Rohmaterial für entsprechende Kennziffern liefern. Kurz, Ökonomie bleibt stets nur auf Ökonomie bezogen, das derart entstehende "Wachstum" wird angeblendet, die derart sich kumulierenden Folgen werden ausgeblendet, bzw. als linke inkompetente Polemik abgetan. G. Ortmann bringt als besonders eindringliches Beispiel für ökonomistische Zirkelschlüsse solcher Art die sogenannte "End"-Lagerung von Atommüll.[9]

Die Dialektik reflexiver Prozesse läßt sich, wie der Finanzmagier Soros zeigt, leicht durch antizyklisches Verhalten unterlaufen. Bei den Milliardenbeträgen, um die es bei Soros geht, darf man ihm Glauben schenken, wenn er seinen Erfolg nicht mit Mut und sicherem Börseninstinkt allein, sondern ausschlaggebend mit einer über die Ökonomie hinausgreifenden Vorstellung von Ökonomie begründet.[10]

Ebenso läßt sich der Denkzirkel ökonomistischer Rekursivität aufbrechen. Man denke nur an die zunehmende Primitivisierung und das Nachfrageunbehagen in deutschen Lebensmittelsupermärkten. Durch eine Neubestimmung des "Was wollen wir?", das den Kunden nicht nur werbepsychologisch zum Souverän deklariert, sondern ihn so ernst nimmt, wie man es mit seinem Freund, seinem Ehegefährten, seinen Kindern tut, würde man sehr schnell die Nummer Eins im deutschen Lebensmitteleinzelhandel werden können. Das wäre dann ein Lebensmittelsupermarkt, der seine Verantwortung hinsichtlich Ökologie, Entsorgung, Kundennähe, Breite und Tiefe des Sortiments, Qualitätsstandards, Frische, Herkunftstransparenz, Preisauszeichnung, Inhaltsdeklaration, freundlicher Beratung und Kassierung sowie einer die Stammbelegschaft fördernden Personalpolitik voll wahrnehmen würde und sich einer guten Ertragslage sicher sein dürfte. Weil aber ein solches aufbrechendes Umdenken - Aufbrechen hier in einem Doppelsinn verstanden - zunächst mit enormen Ausgaben und tiefgreifenden Umlernprozessen des Managements verbunden wäre, was wieder zunächst einmal viel Geld kosten würde, kommen in meiner Beispielbranche, erzwungen durch den Wettbewerb, nur Preiswettbewerb plus einiger partieller und werbepsychologischer Innovationsschnörkel zustande, bzw. man weiß sich des Wettbewerbs durch Fusionen zu erwehren. Die unternehmerische Pionierleistung Gottlieb Duttweilers, dem Gründer von MIGROS, demonstriert eindrucksvoll, in welchem Umfang in unserer als Beispiel gegriffenen Branche gesellschaftlich verantwortliches Wollen Profitmentalität aufzubrechen vermag und dadurch erst recht, und zwar nachhaltig, sich den Profit sichert. Ähnlich ließe sich von Tesco und Sainsbury's lernen.

Was können wir?

Beim Einzelnen, der beim Hobby sein Können entfaltet, ist das Zusammenfallen von Sinn, Wollen, Identifikation und Fähigkeitspotential zumeist offensichtlich; er hat *sich* dann gefunden. Wenn das Wollen der Mitglieder einer Leistungskooperative zur *Vorschrift* wird, ist solches Zusammenfallen keineswegs gesichert. Motivationsstrategien können zwar wertvolle Antriebshilfen sein, aber das identifikatorisch frei entfaltete Engagement nicht ersetzen. Wie verfeinert auch immer, Motivieren heißt letztlich konditionieren: Wenn Du X leistest, erhältst Du Y, von dem wir wissen, daß es für Dich sehr wichtig ist, als Belohnung.

Jenseits des Schlüsselparadigmas Identität hat vor allem Pümpin mit seinem Konzept Strategischer Erfolgspositionen die Frage des Könnens als das Ergründen dessen, was die Unternehmung am besten kann und willentlich daraus macht, eindrucksvoll differenziert und praxisnah miteinander in Verbindung gebracht. Er kommt unserem Anliegen insofern nahe, als er im Vorfeld die Kernfaktoren der jeweiligen Unternehmenskultur hinterfragt.[11] Fehlt nur noch die Frage nach dem identifikatorischen missing link.

Wenn wir Können und Wollen identifikatorisch abgleichen, werden die Freiheitsgrade geringer als bei Pümpin, die Erfolgschancen des so herausgefilterten Bestmöglichen aber größer. Nur jene Stärken zählen dann, welche Freiheitsgrade Sachpotential und Marktchancen auch zu bieten vermögen, wo das Humanpotential außerdem selbstidentifikatorisch in der Lage wäre, eine Bestleistung zu erbringen, bzw. darüber hinauszuwachsen. An einigen Negativbeispielen läßt sich das demonstrieren. Als Daimler Benz sich in den achtziger Jahren als Mischkonzern versuchte und auf Synergieeffekte setzte, hat das Unternehmen gleichsam das Benzin im Blut seiner Mitarbeiter, bis hinauf ins oberste Management, ignoriert und ist deshalb gescheitert.

Ähnliche Erfahrungen, wenn auch eher der Not gehorchend als hochfliegenden Visionen folgend, mußten notleidende Werften in Norddeutschland machen, als sie sich - nur einige mittlere Unternehmen handelten rechtzeitig - nach neuen Standbeinen umsahen. Sie nutzten gezielt das grundsätzlich breit angelegte all-round-Potential für den Einstieg in den Maschinenbau und Zuliefererbereiche im Maschinenbau und Elektronik. Der Schiffbau aber ist eine in Jahrhunderten gewachsene Welt für sich.

Von den nicht rückfließenden Umrüstungsinvestitionen abgesehen, wo Ursache und Folge kaum zu trennen sind, muß als ausschlaggebend gelten: das Humanpotential fand "umsteigend in die anderen Welten" nicht jene identifikatorische Bindefähigkeit, die gerade beim Neueinstieg in eine Branche so wichtig ist. Nicht zuletzt landeten deshalb die meisten wagemutigen Standbeinexperimente beim Beinbruch. Den hoch identifikatorischen Weg aus der Krise, "Vorwärts mit Bestleistungen", hat dagegen die Meyer-Werft in Papenburg gefunden.

Die identifikatorische Bindefähigkeit an ganz spezifische Leistungssituationen bestimmt also Möglichkeit und Grenzen für Wachstum und Innovation. Diese Bindefähigkeit ist des Könnens Kern. Sie zeigt sich selbstverständlich nicht nur im Produktionsbereich. Wer "mit Leib und Seele" Pkw verkauft, wird "Leib und Seele" kaum mit dem Verkauf von Lokomotiven, Panzern und Rohstahl oder elektronischen Bauteilen verbinden können.

Was müssen wir?

Die Antwort "uns im Rahmen der Rechtsordnung bewegen" wäre nicht hinreichend. Teils ergibt sich identitätsbezogenes Müssen aus moralischer Selbstverpflichtung, teils verweisen die realen Zwänge der Lebenswirklichkeit auf Gestaltungsaufgaben, die mit eigenen Sinnvorstellungen in Einklang zu bringen sind. Der Einzelne wird beispielsweise abwägen müssen, ob er seine Berufskarriere als sekundär betrachtet, wenn seine kränkelnde ältere Mutter erwartet, daß er sie so lange wie nur irgend möglich selber betreut und nicht in ein Pflegeheim abschiebt. Der junge Aufsteiger wird vor Entscheidung über die gebotene Aufstiegschance in einem anderen Bundesland entscheiden müssen, ob das mit der Karriere seiner Partnerin vereinbar ist.

Die Sachzwänge der Unternehmung führen ebenfalls zumeist in Konfliktsituationen. Die Wahlfreiheit besteht oft nur zwischen dem kleinsten ökonomischen und dem kleinsten moralischen Übel. Hier einige Situationen:

o   Wie mit der Konkurrenz umgehen?
o   Auf welche Weise den erforderlichen Jahresgewinn realisieren?
o   Wie das Problem zu hoher Lohnkosten angehen?

o Welche Prioritäten setzen, wenn man vor dem Problem steht, ein Zweigwerk (welches?) zu schließen?

o Inwieweit Wachstum wagen und sich damit als Kandidat für feindliche Übernahme interessant zu machen?

Identifikatorisch geht es dabei nicht nur um Verantwortung, sondern auch um Glaubhaftigkeit den Mitgliedern gegenüber. Letzteres um so mehr, wenn Zielleitlinien, Unternehmensleitbild oder Unternehmensphilosophie explizit Vorgaben setzen.

Was dürfen wir?

Privat darf sich eine Einzelperson den Luxus leisten, Sinnerfüllung in einer Aufgabe zu wählen, die keinen Kapitaleinsatz erfordert und den bescheidenen Lebensunterhalt nicht gefährdet. "Mein Lohn ist, daß ich darf." So lautete einst die Losung der Diakonissinnen in Neuendettelsau. Aber ebenso darf die Privatperson ein großes Vermögen einsetzen, um Gutes zu tun und zu fördern.

Die Unternehmung als solche handelt nie als Privatperson. Ihr Dürfen wird deshalb von außen, mit Recht, legitimatorisch interpretiert. Ihr Dürfen ist mit ihrer ökonomischen Potenz verbunden, hat eine soziale Perspektive, schmälert gelegentlich den Gewinn, zahlt sich aber auf die Dauer, gerade wenn die Gewinnerzielung nicht Intention Nummer Eins ist, um so mehr aus. Ich komme hier nicht auf das Sponsoring zu sprechen, das unter "Was müssen wir?" angemessener betrachtet werden kann. Es seien hier nur einige Wegrichtungen des Dürfens genannt:

o Produkte ohne gesundheitliche Nebenwirkungen herstellen.

o Ökologische Verantwortung wahrnehmen.

o Lebensdauer der Produkte und Serviceleistungen verbessern.

o Soziale und ökologische Verantwortung bei Herstellung/Bestellung in Entwicklungsländern wahrnehmen.

o Familienfreundliche Arbeitszeitregelungen einführen.

o Die Gleichberechtigung von Mann und Frau nicht bloß propagieren, sondern leben.

o Demokratische Gestaltungsformen wagen.
o Die identifikatorische Kompetenz der Mitarbeiter fördern.
o Gesellschaftliche Effektivität und betriebswirtschaftliche Effizienz in Einklang bringen.

In solchem Dürfen verbindet sich untrennbar soziale Legitimation mit betriebswirtschaftlicher Vision. Es verbessert sich der gemeinsame Leistungswille, es eröffnen sich neue Marktchancen. Damit bekenne ich mich zu einer Marktauffassung, die beispielsweise von der F.A. von Hayeks Auffassung abweicht. Seine Feststellung, daß es allein der Markt sei, der die bestmögliche Versorgungsqualität in einer Gesellschaft sichere, kann nur gelten, wenn es Menschen gibt, die so autonom sind, die liberalistische Freiheit verantwortlich zu zügeln, d.h., die sich bewußt Adam Smith's Vorstellungen von *sozial verschränktem* Selbstinteresse zu eigen machen. Viele Marktbereiche unterliegen dem Trägheitsprinzip des Unternehmensmodells 1900 und verklemmen sich im globalen Zeitalter zunehmend monopoloid. Sozialökonomischen Visionen des Dürfens stehen deshalb wohl unbegrenzte Möglichkeiten offen.

Wen brauchen wir? Wer braucht uns?

Indem wir eingangs bei der Frage "Wer sind wir?" das WIR betonen, finden wir zurück zu der Grundtatsache, daß der Mensch ein soziales Wesen ist, dessen zwischenmenschliches Eingebundensein sowohl ein Nehmen als auch ein Geben darstellt. Personale Selbstfindung vollzieht sich also in *sozialer Dialektik*. Die Art und Weise, wie der Einzelne seine Beziehung zu Freunden, dem Ehepartner, Verwandten, Kollegen, Vereinskameraden findet, sagt etwas aus über sein identifikatorisches Selbstverständnis und die Stimmigkeit seiner Persönlichkeit.

Für die Unternehmung verlangt die Berücksichtigung der sozialen Dimension, zu "*natürlichen*" Interaktionsformen zu finden, d.h. zu partnerschaftlicher freier Meinungs- und Willensbildung, Prozeßgestaltung und Leistungsvollzug. Die Brücke zum erweiterten WIR wird nicht nur didaktisch hilfreich geschlagen, wenn sich im Leistungsprozeß die Mitarbeiter auf allen Ebenen wechselseitig als Kunden würdigen lernen, sondern besonders auch, wenn das Produkt es ermöglicht, die externe Bestellung explizit als Kunden*auftrag* zu organisieren und damit den Leistungsprozeß ganzheitlich zu personalisieren.

Unsere Kunden, unsere Lieferanten, unsere Kapitalgeber, unsere politischen Förderer bilden einen Verbund, von dessen Zusammenwirken der Leistungserfolg schlußendlich abhängt. Entscheidend scheint mir, daß dieser Verbund nicht als opportunistische Option fallweise greift, sondern wie in japanischen Unternehmen üblich, als längerfristiges Partnerschaftsverhältnis gesehen wird.[12]

Man sucht also nicht ständig - ISO 9000 könnte da leicht fehl leiten - nach dem jeweils preisgünstigsten Lieferanten, sondern pflegt die bewährte Zusammenarbeit im Erfahrungsaustausch, in gemeinsamen Entwicklungsvorhaben, im Benchmarking, in der Risikobeteiligung, indem man den Partner nicht verläßt, wenn er marktbedingt höhere Preise fordern muß. In Krisenzeiten des Unternehmens werden solche Partner dann auch ihrerseits bereit sein, das Risiko mit zu tragen und Preiszugeständnisse zu machen. Hier paßt weit über Marketing hinausgehend die Bezeichnung *Corporate Identity* im eigentlichen Wortsinn.

Die Nagelprobe liegt bei der Glaubhaftigkeit des WIR im Binnenverhältnis. Wo der Produktionsfaktor Arbeit mittels fallweiser Entlassungen und Neueinstellungen als einfachstes, weil elastischstes Kostenregulativ genutzt wird, muß sich jede WIR-Deklaration der Unternehmung dem Verdacht, doppelzüngig zu sein, aussetzen, von den Chancen für ein Identitätsorientiertes Management gar nicht zu reden.

Wem schulden wir?

Sicherlich sind die Grenzlinien zwischen müssen, dürfen und schulden fließend; sie ergeben sich jeweils aus identifikatorischer Selbstbestimmung. Ich halte eine Thematisierung hier aber für hilfreich, weil durch unsere Unterscheidung die Wollensbestimmung exakter erfolgen kann. Müssen steht für harte Unausweichlichkeiten, Dürfen für Gestaltungschancen, Schulden für moralisches Verdanken.

Aus dem moralischen Verdanken kann sich die Unternehmung prinzipiell ungestraft und ohne ökonomische Folgen davonstehlen. Ob sich Sponsoring jeweils als ein derartiges Schuldabtragen versteht, läßt sich von außen nicht erkennen. Daß es sich, zusätzlich zur steuerlichen Abzugsfähigkeit, auszahlt, kann kein Kriterium sein. Aber als wirklich zuverlässige Probanden für das Dank schuldende Selbstverständnis der Unternehmung können nur jene Leistungen in Betracht kommen, die sich eindeutig nicht auszahlen und/oder kaum bekannt werden. So zahlt es sich nicht aus, Einrichtungen und Veranstaltungen für die ehemaligen Betriebsangehörigen (Rentner) aufrechtzuerhalten und sich hinsichtlich seiner Steuerpflichten nicht nach einem rechtlich günstigeren Standort umzusehen. Wenn man bedenkt, was wäre, wenn die Mehrzahl der Unternehmen das "Wem verdanken wir?" übersehen würde, käme man zum Ergebnis: Das würde zum Ruin der Gesellschaft führen.

3.2 Gestaltungsgrundlagen

3.2.1 Membership-Führung

Die Imago von Unternehmensführung ist traditional belastet von einem Unternehmer-/Managertyp, der, sei es durch Eigentum, Herkunft, besondere fachliche Qualifikation, Machtlibido, mitreißende Visionen, legitimiert ist, alleinbestimmender *Herrscher* zu sein, der sich auch Sonderrechte und Sondergratifikationen herausnehmen darf. Gemäß dem Modell 1900 gibt es für ein solches Führungsverständnis ein klares Oben und Unten. Die oberste Führung kann selbstverständlich selbst alles am besten und muß sich nur notgedrungen "mit weniger fähigen" Mitarbeitern umgeben. Sie ist als Kontrollorgan, Antreiber und selbsternannter Nothelfer allgegenwärtig. Die Arbeitnehmer sind Untergebene. In der Fachliteratur sind jene Führungsmuster als autoritative, patriarchalische und pionierhafte Führung ausführlich beschrieben. Oberflächlich betrachtet haben sich jene Muster, vor allem in Großunternehmen, schon aufgrund *so nicht* zu bewältigender Komplexität, überlebt. Unterschwellig ist indessen davon auszugehen, daß gerade in einer vaterlosen Gesellschaft der krude Macho- und Machertyp als Manager sich insgeheim breiter Sympathie bei Mitarbeiterinnen und Mitarbeitern sicher sein kann, wie geschlechtsspezifisch unterschiedlich die Begründung hierfür auch ausfallen mag.

Das in den 1930er Jahren von Kurt Lewin empirisch bei Jugendverbänden entdeckte kooperative Führungsprinzip versteht sich zwar grundsätzlich als demokratische Antithese, stellt aber in managerieller Vereinnahmung einen zweckorientierten Mix dar, dem es vor allem darum geht: Weil wir als Management nicht alles selber erledigen können, ist es angebracht, *partial zu delegieren* und mit Motivation sowie Synergie fördernder Absicht selektiv interaktive Wechselseitigkeiten zu berücksichtigen. Der *Untergebene* wird zum *Mitarbeiter* und im Rahmen von quantifizierbaren Zielabsprachen auch zum *Mitdenker*. Gruppenarbeit wird teilautonom und in "geeigneten Bereichen" praktiziert. Gegenüber dem autoritativen Konzept stellt kooperative Führung zweifellos einen nicht nur betriebswirtschaftlichen Fortschritt dar, und die Mehrheit der Unternehmen dürfte nicht nur hier einzuordnen sein; nicht wenige Unternehmen sind auf dem Weg, die kooperative Führung weiterzuentwickeln, um den aktuellen und zukünftigen Herausforderungen gewachsen zu sein. Doch nicht ein Weiterentwickeln, nur ein fundamentales Neuverständnis von Führung, eine Denk*wende*, hilft weiter.

Die Grenzlinie verläuft zwischen zwei Vorstellungen von Autonomie. Der autoritative Führer kennt nur seine technisch-ökonomischen Ziele. Wie beim klassischen Automobil sind Steuerung und Lenkung allein sein Werk. Kooperative Führung simuliert Teilautonomie, das bedeutet in die Automobilanalogie übersetzt, Servolenkung und allerlei elektronischer Komfort erleichtern das Steuern und Lenken. Des weiteren versagt unser Vergleich, denn es liegt bisher keine völlig neue Automobilkonzeption, wohl aber eine völlig neue Vorstellung von Unternehmensführung vor.

Es verbreitet sich hinsichtlich Führung und Organisation die Auffassung, daß die Unternehmung den exponentialen Herausforderungen hinsichtlich Komplexitätsbewältigung, Zeitexplosion und Umfeldveränderungen am ehesten gewachsen ist, wenn sie sich als *ganzheitliches Zusammenspiel komplementärer und sich autonom steuernder Module gestaltet*. Eine solche Unternehmung *wird nicht veranstaltet, sie veranstaltet sich*. Die entscheidenden Anstöße zur modularen Führungswende kommen aus der Kybernetik, der Zellbiologie und der fraktalen Mathematik.[13] Doch müssen sich die signifikanten Einzelmerkmale der Module oder Subsysteme, wie Selbstreferenz, Rekursion, Redundanz, Überlebensfähigkeit, Autonomie, in Einklang bringen lassen mit dem Apriori der *geistig-moralischen Autonomie eines jeden Einzelmenschen*. In Bezug auf dieses Apriori gilt ein Doppeltes: Erstens sind hier alle Menschen, so faktisch ungleich bei rechtlicher Gleichheit auch immer, einander *ebenbürtig*. Zweitens kann kein noch so ausgeklügeltes Imitat von Fraktal, Zelle oder ähnlichem dieses Apriori einbringen, denn es ist in dergleichen Vorlagen einfach nicht angelegt. Der "Einklang" stellt sich in praxi also nicht her, weil die simulierten Freiräume ihn bewirken, sondern wenn die Beteiligten als *konkrete Menschen* mehr zu bieten haben für das sinnorientierte Zusammenspiel zu einem integrativen Ganzen, das seinen zum Erfolg führenden Sinn gelegentlich erst *in* der Handlung findet.

Ich bezeichne solches sinnbemühte Zusammenwirken der Menschen in der Unternehmung als selbstidentifikatorische Prozesse; mit den Gestaltparametern (oder Eckparametern)

o   Handeln auf der Basis selbstidentifikatorischer Kompetenz;

o   Zielbestimmung als Resultante sozial vernetzter selbstidentifikatorischer Prozesse;

o   Virtualisierung der Organisationsstruktur.

Doch wenn die Gestalter konkrete Menschen sein sollen, müssen sie zuerst als solche gesehen werden. Mit anderen Worten: Die Unternehmensleitung (zumeist Kapitaleigner inbegriffen) muß sich auf eine *wirkliche Verflüssigung* der bisherigen Grenzen von "Oben" und "Unten", "Führern" und "Geführten" einlassen. Führung in übergreifender Dimension wird damit keineswegs *überflüssig*, sie läßt sich allerdings auf das Wagnis einer grundsätzlichen Neubestimmung ein. Daß hier die Angst vor dem Verlust von Besitzständen bremsend zu wirken vermag, ist menschlich verständlich.

Selbstidentifikatorische Prozesse, als sich zugleich frei entfaltender Membership öffnende Prozesse kommen vor allem wie folgt in Gang:

1. Alle fest angestellten Menschen in der Unternehmung handeln als Members mit *funktional gleichberechtigten*, wenn auch *inhaltlich differenzierten* und aufs Ganze gesehen *komplementären* Kompetenzen. Die Komplementärverknüpfung tritt an die Stelle der Hierarchieverknüpfung. Die Führungsfunktion *verflüssigt* sich. Jedes Member führt sich weitestgehend selber und kommt, auch wo es nicht explizit formal Führungskraft anderen gegenüber ist, situativ immer wieder dazu, aufgrund interaktiv sich erweisender Bestkompetenz, andere zu führen.

2. Es müssen Gestaltungsfreiräume des Entscheidens und Handelns gewährleistet sein, und die Organisationsstruktur muß sich weitestgehend *virtualisieren*.

3. Die vertikale Dimension muß so flach wie nur irgend möglich sein.

4. Die Mitglieder müssen zu einem neuen Verständnis von Macht, Freiheit und Kommunikation in der Unternehmung finden. Siehe meine Ausführungen hierzu im fünften Kapitel, Abschnitt 5.3.

5. Die Führungskräfte, und das gilt besonders für die Top-Positionen, verstehen sich als *Delegierte der Members*. Delegation erweitert sich zu *bilateraler* Delegation. Siehe meine Ausführungen dazu im fünften Kapitel, Abschnitt 5.3.[14]

Es lassen sich leicht Beispiele für Unternehmen finden, die erfolgreich zu selbstidentifikatorischen Prozessen unterwegs zu sein scheinen. Ich greife hier W.L. Gore &. Associates heraus, weil sie bereits in den 80er Jahren das Unternehmen zu kleinen aufeinander abgestimmten Leistungsmodulen abstimmten. Die Grenzüberschreitung kommt in der Aussage von Bill Gore (1982) zum Ausdruck:

"Wir managen hier keine Menschen, die Menschen managen sich selbst."[15]

Gore bietet in seinem Commitment den hierfür erforderlichen Freiraum: "Jeder bestimmt seine Verpflichtungen selbst und hält sich daran. Wir organisieren uns um freiwillig übernommene Aufgaben herum." Es gibt keine Stellenbeschreibungen und starren Organisationspläne. Eine "Führungspyramide" gibt es nicht. An die Stelle linearer Hierarchie ist vernetzte *Hetrarchie* getreten. Die "waterline" wird zum Eingriffskriterium von "oben": Wenn durch autonomes Handeln dem Schiff Gore Unterwasserschäden drohen oder entstehen, so daß das Schiff sinken könnte, sind höhere Führungsebenen kooperativ involviert.

Das computerisierte Briefkastensystem Gore-COM ermöglicht es, sich selbst steuernde Betriebseinheiten zu kreieren, die in keinem Fall mehr als 150 Mitglieder haben. Das sind außerordentlich günstige Voraussetzungen für Gruppendynamik und Selbstidentifikation. Sie erscheinen mir für den Erfolg bei Gore weit wichtiger als die Tatsache, daß die Mitarbeiter echte Teilhaber sind. Vielmehr scheint umgekehrt die überschaubare Modularität, anders als bei traditional organisierten Großunternehmen, eben auch das Teilhaber-Engagement zu fördern.

Eindeutig gelingt dem Gore-Konzept die Verflüssigung der Führungsfunktion. In einer 1987 bei 2000 amerikanischen Teilhabern durchgeführten Befragung betrachteten sich 47 Prozent als leader. Obwohl nach außen ein klarer rechtlich verbindlicher Kompetenzausweis meist unverzichtbar bleibt, sind es nach innen, unabhängig von Besitzständen und Titeln, die *situativen Herausforderungen*, die bewirken, daß sich "*natürliche Führung*" ständig interaktiv neu einpendelt, d.h. sich in den jeweils kompetenten Personen manifestiert. Deshalb kann beispielsweise in einem Leistungskontext B Vorgesetzter von A, gleichzeitig aber in einem anderen Leistungskontext Untergebener von A sein.

Das Ergebnis bei Gore: hohe Leistungsbereitschaft, Flexibilität und ein Kreativitätsschub, bzw. nach unserer Bezeichnung ein hoch kreativer Sprung. Alles in allem sind wichtige Elemente eines identitätsorientierten Managements erfolgreich in Aktion, und wir dürfen, obwohl uns eine empirische Überprüfung nicht möglich ist, davon ausgehen, daß selbstidentifikatorische Prozesse zwar nicht thematisiert sind, aber implizit den eigentlichen Erfolgsbackground darstellen. Nur noch ein signifikanter Schritt, der uns berechtigen würde, im strengem Sinne von identitätsorientiertem Management zu sprechen, läßt sich in der Selbstdarstellung von Gore vermissen, die Einbindung aller Mitglieder in den finalen Zielbestimmungsprozeß. Weil die finale Zielbestimmung für alle weiteren normativen und strategischen Managementfunktionen das Fundament absteckt, mag es zwar möglich sein, einen sehr weitgehenden Rahmen der Selbstidentifikation zu gewähren, aber nach Belieben das Identitätsspiel abzublasen und durch ein neues "effizienteres" Managementkonzept zu ersetzen.

Das Selbstverständnis des Managements, besonders der Spitze, als Delegierte der Members, darf also nicht das eines Als-Ob-Spiels sein. Da Identitätsförderung als Führungsmittel viel *existentieller* den Persönlichkeitskern der Mitarbeiter berührt, wiegt *Vertrauensverlust*, wenn ein Als-Ob als solches durchschaut wird, noch schwerwiegender als bei anderen Managementkonzepten. Über die Dunkelziffer derart Geschädigter setzen sich die Erfinder neuer Management by ...-Konzepte geflissentlich hinweg.

Der Manager als Delegierter, besonders an der Spitze, hat bei Identitätsorientiertem Management keineswegs an Bedeutung verloren. Teils ändern sich aber die Aufgaben, und teils stehen für gleiche Aufgabenbezeichnungen andere Inhalte:

1. Selbstverständlich wird von der Unternehmensleitung erwartet, daß sie die Rahmenbedingungen des Leistungsprozesses fördert, aber *mit* den Betroffenen und nicht über deren Köpfe hinweg. Für einen greifenden identitätsfördernden Prozeß gilt als Voraussetzung die Bereitschaft, sich auf einen *gemeinsamen Zielfindungsprozeß* einzulassen, was Vorschläge der Unternehmensleitung hierzu keineswegs ausschließt. Des weiteren erhält *Personalentwicklung*, inzwischen längst eine Hauptmanagementfunktion, eine völlig neue, identitätsfördernde Akzentuierung. Auch die Schwerpunkte des Organisationsanliegens verändern sich. Organisation muß nach wie vor den Ablauf sichern, zugleich aber "by doing" Sinnorientierung ermöglichen. Dieses ist beispielsweise gegeben, wenn man sich als task-forces-team wertgeschätzt weiß oder wenn, wie bei Mettler-Toledo, der konkrete Kundenauftrag zum Organisationsprinzip und damit zur Identifikationsleitschiene wird.

2. Besonders bei selbstidentifikatorischen Prozessen ist es entscheidend, daß die oberste Führungsspitze, hervorgehoben die/der Vorsitzende, die herausragende Fähigkeit besitzt, *Identifikationsfigur* für das Unternehmen zu sein, d.h. durch Vorleben, Ausgleichen, Helfen, Beraten, Anregen, Glaubhaftigkeit die Gewißheit des richtigen Weges rüberzubringen. Solches Rüberbringen erhält seine besondere Bedeutung mit zunehmender Unternehmensgröße und bei global gestreuten Standorten, wo die Chance eines echten face to face für die Mehrzahl der Mitarbeiter gleich Null ist. Diese *virtuelle* Reichweite setzt andere kommunikative Fähigkeiten voraus als bei der traditionalen Unternehmung. Die Führungspersönlichkeit als solche wird zur entscheidensten identitätsfördernden Botschaft.

3. Auch der de jure nicht delegierbare Rest von Entscheidungen, welche die Unternehmungsleitung letztendlich alleinverantwortlich treffen muß, wenn sie die Haftung, Wechsel der Eigentumsverhältnisse, das Finanzierungsgleichgewicht, das Risiko neuer Technologien, Produkte und Märkte

betreffen, erhalten vom bilateralen Delegiertenverständnis her eine neue Qualität. Je mehr der Leitung die Profilierung als Identitätsfigur gelingt, desto eher dürfen die Entscheider ihrer *gewachsenen Autorität* vertrauen, also mit konstruktivem Verständnis bei den Mitgliedern rechnen. Wo nur irgend möglich, wird aber auch diesen Entscheidungen ein Dialog mit den Betroffenen bzw. deren Vertretern vorausgesetzt. Ich denke dabei an mehr als nach dem BVG ohnehin geboten ist. Eine Unternehmensleitung, die sich als Delegierte der Mitarbeiter verpflichtet sieht, wird sich den Shareholder-Interessen zwar nicht entziehen können, aber wohl eher zu einer konvergenten kompromißbereiten Perspektive Shareholder-Stakeholder gelangen als ein AG-Vorstandsvorsitzender der alten Schule.

4. Unverzichtbar bleibt als übergeordnete Führungsaufgabe, den in Membership zustande gekommenen Unternehmenszielen mit Nachdruck zum *Durchbruch* zu verhelfen, Nachdruck hier identifikatorisch verstanden. Besonders hinsichtlich der Begrenzung des vierten Kriteriums scheiden sich die Geister. Auch Tom Peters, der mit viel pragmatischem Verständnis für Identität ein Unternehmen propagiert, "das nur aus Unternehmern besteht", wenn es die Zukunft meistern will, denkt nur in vorgegebenen Handlungs- und Entscheidungsspielräumen und nicht daran, diese neuen "Unternehmer" in die übergeordnete Zielfindung einzubeziehen.[16] Zur Unternehmerfunktion gehört das Gewohnheitsrecht der Zielfestsetzung nicht minder wie das Wagnis erwerbswirtschaftlichen Kapitaleinsatzes. Peters kann also den "Unternehmer" im strengen Sinn nicht meinen und nähme deshalb besser einen anderen Begriff. Wie Peters halten wir allerdings für das Zustandekommen selbstidentifikatorischer Prozesse die Kapitalbeteiligung der Mitarbeiter, die sozialpolitisch durchaus wünschenswert und auch motivatorisch nicht völlig wirkungslos ist, nicht entscheidend. Nur in Kleinunternehmen, bzw. Unternehmen mit relativ geringem Kapitalbedarf könnte echter Shareholder-Einfluß gelingen und damit sich auch echte Shareholder-Identität herausbilden. Diese spezifische Situation behandle ich hier schon deshalb nicht, weil damit leicht vernebelt werden könnte, daß Kapitalpotential und Humanpotential der Unternehmung zwar einander bedürfen, aber dennoch eine jeweils unverwechselbare Eigengesetzlichkeit aufweisen.

Die Einbindung der Mitarbeiter in die Zielfindung erscheint mir als das signifikante Nadelöhr, will man integrativ durchschwingend identifikatorische Prozesse für die Unternehmung einfädeln. In der systematischen

Darstellung im nächsten Abschnitt setze ich die gemeinsame Zielbestimmung deshalb an die erste Stelle. Simultan ist aber mit zu bedenken, daß erstens Wille und Fähigkeit zu solchem Mitwirken die Voraussetzung ist und zweitens die Organisationsstruktur mitziehen muß. Wie hier mehrfach demonstriert, ist das Modell Unternehmung 2000 kein Papierskonstrukt; ein "Stream" Richtung Selbststeuerung und Horizontalisierung, mag auch die Vernetzung überbetont IT-orientiert sein, ist unverkennbar. Da dürfte es in der Praxis kein völlig neues Implementierungsproblem geben, wohl aber ist vom Grundsätzlichen her ein neues Selbstverständnis der Organisation gefragt.

Hinsichtlich des Setzens auf hinreichende identifikatorische Kompetenz der Mitarbeiter, den Zielfindungsprozeß gemeinsam mit zu tragen, ist Skepsis verbreitet. So schließen Latham und Locke "aus erschöpfenden Literaturanalysen", daß Miteinbindung in die Zielfindung "keinen konsistenten und starken Effekt auf Mitarbeiterleistung hat.[17] Dieses ist schon deshalb anzuzweifeln, weil nachweislich in nicht betrieblichen Lebensbereichen die Mehrzahl der Menschen "notgedrungen" einen *von der Unternehmung nicht eingeforderten* technischen, ökonomischen und sozialen *Kompetenzüberschuß* auslebt, sich also extern, sei es in der Familie, der Freundschaft, der Politik, dem Verein, tragenden Lebenssinn erschließt.

Die Unternehmung wird sich fragen müssen, wie weit ihre bisherigen Sinnangebote gingen, ob es nicht um bloße Motivierungsstrategien und *Anpassungsangebote* ging, wie größere Unternehmen sie von ihren Führungskadern identifikatorisch *verlangen*. Falls wirklich Arbeitnehmer bei der gemeinsamen Zielfindung nicht mitmachen und die Chance, die darin für sie liegt, nicht erkennen, so trifft die Schuld hieran nicht unbedingt jene konkrete Unternehmung, in der es mißlingt. Mit zu bedenken wäre eine mehr als zweihundertjährige gesellschaftliche Denkschablone, die den Arbeitnehmer zum Befehlsempfänger entmündigt hat und ihm das Ergebnis dann als negatives Qualitätskriterium anlastet. Ich bezeichne das als das Remanenzproblem.

Jene Ideologie-Remanenz hat bisher entscheidend dazu geführt, daß alle neueren Managementerrungenschaften über den Taylorismus nicht hinaus gelangt sind. Es bleibt das Selbstverständnis eines *Oben*, welches ein *Unten* zu instrumentalisieren trachtet, bzw. bestenfalls auf eine Selbstinstrumentalisierung des Unten zugunsten des Oben setzt. Ich verweise auf meine Ausführungen im fünften Kapitel, Abschnitt 5.5.

Kant hat bereits 1785 den damaligen politischen und kirchlichen "Oberaufsehern" den Spiegel vorgehalten: "Nachdem sie ihr Hausvieh zuerst dumm gemacht haben, und sorgfältig verhüteten, daß diese ruhigen Geschöpfe ja keinen Schritt außer dem Gängelwagen, darin sie sie einsperreten, wagen durften; so zeigen sie ihnen nachher die Gefahr, die ihnen drohet, wenn sie es versuchen, allein zu gehen. Nun ist diese Gefahr zwar eben so groß nicht, denn sie würden durch einigemal Fallen endlich gehen lernen; allein ein Beispiel von der Art macht doch schüchtern, und schreckt gemeiniglich von allen ferneren Versuchen ab."[18] Die Unternehmung, welche identitätsorientiertes Management wirklich will und nicht im ersten Versagen ein willkommenes Alibi sieht, wird sich engagiert auf die Förderung identifikatorischer Kompetenz einlassen müssen.

Hiermit haben wir die Eckparameter benannt, die den identifikatorischen Prozeß in der Unternehmung konstituieren.

Abb. 3

Die Eckparameter identitätsorientierten Managements

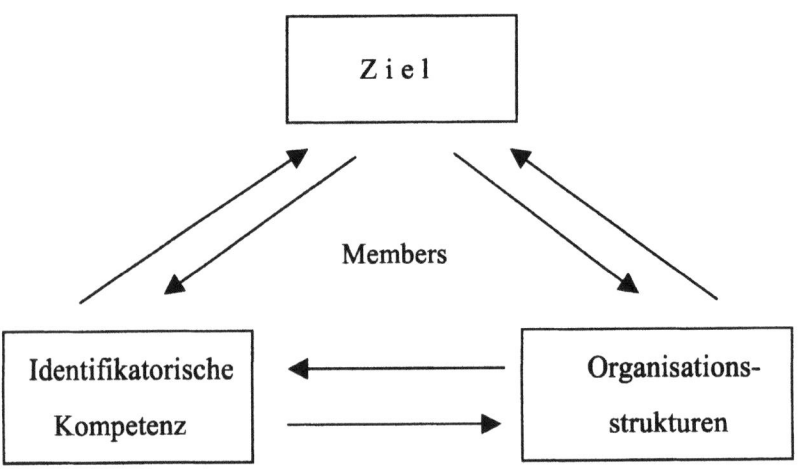

3.2.2 Zielfindung als selbstidentifikatorischer Prozeß

Noch bis in die 1960er Jahre galt für die Anhänger der Rieger-Schule dessen Verdikt von 1928:
"Die Unternehmung ist eine Veranstaltung zur Erzielung von Geldeinkommen - hier Gewinn genannt - durch Betätigung im Wirtschaftsleben. Wenn wir also von einem Zweck der Unternehmung reden, so kann es nur dieser sein, Gewinn zu erzielen, und zwar für den Unternehmer. Die Aufgabe oder Tätigkeit, der sie sich im Rahmen der Gesamtwirtschaft unterzieht, ist für sie oder besser für die Unternehmer ausschließlich Mittel zum Zweck."[19]

Vordergründig scheint diese klassische Zielauffassung, die auch "fortschrittlich" aufgeweicht reine Spekulationsgeschäfte als "Betätigung" zuläßt, abgelöst worden sein durch

o Behavioristische Zielkonzessionen in motivatorischer Absicht.
   Beispiele: der Aushandlungsprozeß (bargaining) der Anreiz-Beitragstheorie (Barnard 1938), MbO (1950er Jahre).
o Sozialpolitische Konzessionen gegenüber genuinen Individualzielen.
   Beispiel: Mitbestimmungsmanagement.[20]
o Konzessionen des Komplexitätsmanagements.
   Beispiel: St. Galler Modell.

Doch auch ernstgemeinte Teileinbindung aller Mitarbeiter in die Zielbestimmung bleibt, wie Ortmann schon 1976 feststellte, widersprüchlich und zu recht ideologieverdächtig. Selbst wenn man, die individualistische Reduktion ablehnend, mit Simon (zuerst 1945) der organisatorischen, also der institutionalen Projektion den Vorzug gibt und hier in der Tat anforderungsbegrenzt ein interaktives Zusammenspiel der Mitarbeiter fördert, so hat dieses schlußendlich, wie auch bei Management by Objectives, nur etwas mit dem "partizipativen Aspekt kooperativer Führung" (Wunderer/ Grunwald) zu tun. Die übergeordnete finale Zielbestimmung bleibt ausgeklammert.[21]

Daß die Organisation als Objektgebilde Ziele haben oder setzen kann (neuerdings kann sie sogar "lernen"), ist ohnehin ein Gerücht. "Unten" wirken Mitarbeiter zwar in einem gesetzten Rahmen hinsichtlich des Wie,

Wann und der Zumutbarkeit der Leistungsbelastung mit, aber die übergeordneten Ziele setzt nach wie vor ausschließlich der Unternehmer bzw. das oberste Management. Staehle konstatiert also durchaus im Riegerschen Sinn: "Handelt es sich ... um eine Unternehmung in einem kapitalistischen Wirtschaftssystem, so ist die Annahme einer Unternehmenszielbildung aus den Individualzielen von Organisationsteilnehmern völlig wirklichkeitsfremd. Das *Formalziel Gewinnerzielung* steht überhaupt nicht zur Disposition."[22] Ähnlich wie schon Ortmann kritisierte, wird hier jedoch eine ökonomische Rationalität weitergehäkelt, die einfach nicht haltbar ist. Besonders zweierlei ist unsinnig; erstens: was sind denn die Ziele der Unternehmer bzw. der Shareholders anderes als auch bloße *Individualziele*, vertreten von einer minimalen Zahl der Mitglieder? Zweitens hat das Ziel Gewinn, das als solches selbstverständlich unbestritten bleibt, kurz über lang nur noch Chancen realisiert zu werden, wenn es seine Eindimensionalität aufgibt und in einem *gleichrangigen* Zielbündel aufgeht, mit dem sich die Unternehmung vor Mitarbeitern, Kunden, Lieferanten und der Gesellschaft als Ganzem glaubhaft legitimieren kann.

Ziele und *Zwecke* sind bei isolierter Betrachtung nicht immer klar unterscheidbar. Unproblematisch ist es, wenn man wie Rieger nur ein einziges Ziel der Unternehmung kennt und dieses dann auch als Zweck bezeichnet. Vom Mittelhochdeutschen "zwec", dem Holzpflock inmitten der Scheibe, die es beim Bogenschießen zu treffen galt, abgeleitet, ist in der Alltagssprache der synonyme Gebrauch durchaus geläufig. Doch ist mit genanntem Holzpflock nicht nur die Intention zu zielen, sondern kausal zugleich die Chance des Treffens semantisch mit umfaßt.

Betrachten wir eine vereinfachte "Zielhierarchie" des Unternehmenstyps 1900
1. Einkommen
2. Rentabilität
3. Gewinn
4. Umsatz
5. Kundenzufriedenheit
6. Qualität
7. Wirtschaftlichkeit
8. Produktivität

Heinen hat die "Zielkette" folgerichtig als das bezeichnet, was sie de facto darstellt, eine gefächert aufeinander bezogene *Mittel-Zweck-Beziehung*.[23] So ist Produktivität in unserem Beispiel nur sinnvolles Mittel zum Zweck, wenn sie das Oberziel Wirtschaftlichkeit berücksichtigt und so fort, und Kundenzufriedenheit ist nur dazu dienlich, den Umsatz zu erhöhen und so fort. Will man die Unterziele aus ihrer Mittel-Zweck- Funktion ausklinken, so müssen sie *gleichrangig* und *nicht isolierbar* in das übergeordnete finale Zielbündel eingehen, also beispielsweise das Unternehmensziel "Kundenzufriedenheit - Qualität - Sustainable Development" bilden.

Allerdings würde das modifizierte "Zielbündel" unseres Beispiels, so eindeutig darin bereits gesellschaftliche Verantwortungsbereitschaft evident wird, nicht davor schützen, daß die Mitarbeiter, wie teilautonom auch immer an der Zielerreichung mitwirkend, nicht mehr als nur nützliche Hilfsmittel zieldienlicher Zwecke wären. P. Ulrich: "Es ist gerade die normative Funktion des Zweckbegriffs, die Vorentscheidung über normative Handlungsorientierungen ethisch zu neutralisieren und das rationale Denken auf die Mittel zu konzentrieren."[24] Aus dieser instrumentalen Verkettung sind nur die Oberzielssetzer ausgeklammert. Soll der Mitarbeiter aus der Instrumentalisierung entlassen werden, so muß seine Chance als Member gleichrangig im finalen Zielbündel der Unternehmung formuliert werden. Nebengleise wie Leitbilder und Unternehmensphilosophie wären nicht hinreichend.

Es ist abwegig zu behaupten - und affirmativ empirischen Befunden hierzu ist mit äußerster Skepsis zu begegnen -, der durchschnittliche Mitarbeiter sei weder fähig noch bereit, sich auf den finalen Zieldiskurs einzulassen. Siehe die erwähnte Bemerkung Kants zu den "Oberaufsehern".

Es kann hier nicht darum gehen, konkrete Vorgehensweisen zu entfalten, wie dieser Prozeß in einzelnen Schritten in Gang gesetzt werden könnte. Hier geht es um das Grundsätzliche, nämlich daß wenn Menschen sich selber Ziele setzen, sie sich nicht nur ganz anders engagieren und auch die dadurch keineswegs aus der Welt geschafften Alltagszwänge, -engpässe, Konflikte usw. von einer völlig anderen Einsicht her zu einer *aktiven* Identifikationsaufgabe machen. Es besteht nun nicht nur die Chance, daß sich das Unternehmensziel kontinuierlich aktualisiert und jener Selbstgestaltungsprozeß sich in Gang setzt, den Rombach in seiner "Phänomenologie des sozialen Lebens" als Soziogenese bezeichnet: "Ein Ganzheitsentwurf wird von den Einzelelementen der Struktur aufgenommen und positiv zurückgespielt. ... Keine Sozietät kann (von außen) "gemacht" werden, sie muß sich (von innen heraus) selbst konstituieren."[25] Bezeichnenderweise behandelt Rombach im Folgekapitel sodann den Dimensionssprung der Konkreativität als Folge der qualitativen Verdichtung und Spiralisierung des Selbstgestaltungsprozesses.

Kommt das Zurückspielen in Gang, so könnte nur für einen oberflächlichen Betrachter manches genauso erscheinen wie zuvor. Man würde auf Führungskräfte bereitwilliger eingehen als früher. Alle Mitglieder könnten sich nun wechselseitig und ebenbürtig als Delegierte betrachten, das Unternehmensziel, auf das man sich gemeinsam geeinigt hat, bestmöglich zu verwirklichen. Und es käme endlich jener "vernünftige" Diskurs in Gang, von dem die Diskursethiker träumen, denn double talk und double bind-Syndrome fänden weniger Nährboden.

Unbegreiflich ist mir der Hinweis von Malik, man dürfe ein Unternehmen nicht mit einem demokratischen Gebilde verwechseln.[26] In der Tat vertragen auch in einer Demokratie nicht alle gesellschaftlichen Strukturen und Institutionen einen formalistischen Transfer der konstitutiven Elemente einer demokratischen Staatsverfassung. Wohl aber gibt es eine ganz bestimmte *Wertauffassung* von Freiheit, Gleichheit, Ebenbürtigkeit, Gerechtigkeit, Achtung der Menschenwürde, in allen Lebensbereichen, welche eine demokratische Gesellschaft auszeichnet. Die Institution Unternehmung hat hier enormen Nachholbedarf. Dadurch daß das Unternehmensziel zum selbstgestalteten Wir-Ziel, mit hoher identifikatorischer Bindefähigkeit, wird und somit die Existenz von mindestens zwei verschiedenen Menschengruppen vom Hierarchischen ins Komplementäre wendet, bricht sich eine Geisteshaltung die Bahn, die sich stimmig in ein demokratisches Grundverständnis von Gesellschaft einfügt.

3.2.3 Identifikatorische Kompetenz als Vehikel

Mit der Integration identifikatorischer Kompetenz in den Begriffskanon der Managementtheorie wagen wir eine Grenzüberschreitung in die Psychologie. Zwar fand bereits vor sieben Jahrzehnten, als die Managementtheorie aus Betriebswirtschaftslehre, Organisationsforschung und Arbeitswissenschaften sich zu einer eigenständigen Disziplin zu entfalten begann, eine Grenzüberschreitung zur Psychologie statt. Jene war allerdings kein Wagnis, weil dominant damit eine behavioristische Psychologie intendiert war, die im Extremfall Skinner ausschließlich im Handhaben von Wenn-Dann-Kausalitäten besteht und, wie ich in den "Grundlagen" aufgezeigt habe, auf dem nämlichen philosophischen Unterbau ruht wie die Wirtschaftswissenschaften seit statu nascendi im siebzehnten Jahrhundert: der mechanistischen Monokausalität. Während jedoch die Wirtschaftswissenschaften bis heute die geistige Dimension des Menschen, wie alles, was nicht Ökonomie heißt, zwar nicht explizit abstreiten, sondern lediglich nicht thematisieren, stellt Geist für Skinner nichts weiter als eine abhängige Variable körperlich-neurologischer Beeinflussung dar. Alle motivatorischen und kommunikativen Nutzanwendungen seitens der Managementtheorie und -praxis beruhen auf solch verkürzten Machbarkeitsvorstellungen.

Die Ausgangsfrage, um der personalen Selbstidentifikation gerecht zu werden, lautet nicht: *Was muß man mit dem Menschen anstellen,* damit er ein höchst fähiger und engagierter Mitarbeiter wird? Sondern: *Was muß der Mensch mit sich anstellen?* Genauer: Über welche Fähigkeiten muß ein Mensch verfügen, damit er als Mitglied eines Unternehmens autonom Entfaltungs- und Integrationseinsichten für seine Tätigkeit gewinnt und in dieser Tätigkeit nicht nur isoliert, sondern bezogen auf das Lebensganze, ihn existentiell treffenden Sinn zu finden vermag? Das Machen kann also nur das Member jeweils in Eigenregie tun oder lassen. Dagegen erhält das *Fördern identifikatorischer Kompetenz* eine zentrale Bedeutung als Führungsaufgabe. Anders als bei den behavioristischen Richtungen der Psychologie gilt als Voraussetzung, daß jeder Mensch seine geistig-moralische Autonomie besitzt, die zwar durch Umwelt, Herkunft, Leiblichkeit usw. ihre Herausforderungen und Begrenzungen erhält, aber in diesen Begrenzungen nicht reduktionistisch aufgeht. Also Autonomie trotz Dependenz, wie Frankl es pointiert formuliert hat.

Wir meinen hier eine phänomenologische Psychologie. Eine solche Psychologie vermag dem "Phänomen" Identität in besonderer Weise gerecht zu werden, denn ehe sie sich auf "Reduktionen" einläßt, die man anders als Husserl, besser als *Fundamentalbestimmungen* eines Phänomens bezeichnen sollte, bemüht sich die phänomenologische Psychologie als erstem entscheidendem Schritt darum, Wirkungszusammenhänge in ihrer Komplexität transparent zu machen; weiter noch, und für die Frage nach dem Sinn, die eine zentrale philosophische Frage ist, von außerordentlicher Bedeutung: Die phänomenologische Psychologie hat sich von ihrer philosophischen Herkunft keineswegs abgenabelt, so daß philosophische Seitensprünge, wie ich gelegentlich mit Bezügen wie auf Heidegger, Scheler, Rombach, vornehme, keineswegs Argumentationen quer Beet darstellen.[27]

Es darf deshalb nicht als Zufall gelten, daß ich entscheidende Anregungen zur Konzeption des fundamentalen Bündels von identifikatorischen Kompetenzfaktoren Walter Herzogs Untersuchung: "Das moralische Subjekt. Pädagogische Intuition und psychologische Theorie" verdanke, die interdisziplinäre Weitläufigkeit und phänomenologische Sichtweise undoktrinär zu verbinden weiß. Da Herzog einen Beitrag zur "pädagogischen" Psychologie leistet, liegt sein Verwertungsinteresse in einer gewissen Nähe zu dem unserigen.[28] Pädagogik hat, bleibt sie einer freiheitlichen demokratischen Grundauffassung treu, keine andere Funktion, als sich fachmännisch bedacht, schrittweise immer mehr überflüssig zu machen. Sie ist aufgrund der Entwicklungstatsache des homo educandus erforderlich und entläßt ab einem bestimmten Alter den Menschen auf den dann selbständig zu bewältigenden Lebensweg. Das ausschlaggebende Rüstzeug, das die Pädagogik hierzu vermitteln vermag, ist die Förderung identifikatorischer Kompetenz. Je mehr Bildungseinrichtungen, die sich so nennen, zu bloßen Wissensvermittlungsagenturen geraten, desto geringer ist allerdings die Chance, daß die mit Zeugnis/Diplom ins Leben Entlassenen über ein solches Kompetenzbündel verfügen.

Die Unternehmung wird im Einzelfall zu prüfen haben, ob sie bei Neueinstellungen, Auszubildenden und Trainees auf ein entwickeltes Kompetenzbündel zurückgreifen kann oder, wie bei einer sicherlich nicht geringen Anzahl der vorhandenen Mitarbeiter, vordringlich die Kompetenzförderung angehen sollte. Obwohl spezifisch pädagogische Fähigkeiten auch in der Personalentwicklung gefragt sind, sollte man Personalentwicklung nicht mit Pädagogik verwechseln. Versäumnisse von Schule, Fachhochschule, Universität können bei Erwachsenen nicht durch Reduktion zum homo educandus nachgeholt werden. Aber auch die pädagogisch gelungenste Einrichtung bliebe defizitär, nämlich Schonraum.

Der entscheidende Unterschied zwischen Unternehmung und Bildungseinrichtung: Die Unternehmung kennt keine Schonräume, sondern nur die

Ernstsituation. Etwas anderes räumen ihr Markt und Gesellschaft ja auch nicht ein. Doch gerade die Herausforderung, sich in Ernstsituationen zu bewähren, vermag existentielle *Aufwacheffekte* zu provozieren, an welche die Identitätsförderung in der Unternehmung leicht und effektiv anknüpfen könnte. Hier geht es allerdings nicht darum, diese praktischen Möglichkeiten darzustellen, sondern darum, Umfang und Inhalt des Identitätsbündels aufzudecken.

Unter der Voraussetzung, daß der Mensch zu geistiger Autonomie fähig ist und über eine dementsprechende Erkenntnisfähigkeit und Entscheidungsfähigkeit verfügt, lassen sich in wechselseitiger Konstituierung fünf identifikatorische Kompetenzfaktoren analytisch - in Wirklichkeit ein nicht auftrennbares Bündel - unterscheiden:

1. *Handlungskompetenz*
   als die Fähigkeit und der Wille, selbständig und zugleich reflexiv auf Objekte, andere Menschen, umhüllende Situationen und das eigene Gewissen zu agieren.

2. *Moralische Kompetenz*
   als die Fähigkeit, ethische Werte selbstverpflichtend zu erkennen und in Handlungen einzubringen.

3. *Soziale Kompetenz*
   als die Fähigkeit, sich aus eigenem Willen sozial zu integrieren und an der Integration anderer Menschen verantwortungsvoll mitzuwirken.

4. *Neotenische Kompetenz*
   als die Fähigkeit, lebenslang lernen zu können, was im weiteren Sinn geistig und mental Wesensmerkmale des Jungbleibens mit umfaßt. Nur so auch wird Selbstidentifikation als autobiographischer Prozeß möglich.

5. *Selbstüberschreitungskompetenz*
   als die doppelte Fähigkeit, einerseits bei Zielen von existentieller Betroffenheit über sich hinauszuwachsen, andererseits kritisch zu seiner Vita und ihrem Umfeld, auch wo sie nicht veränderbar zu sein scheint, Stellung zu beziehen.

Abb. 4

Die identifikatorischen Kompetenzfaktoren

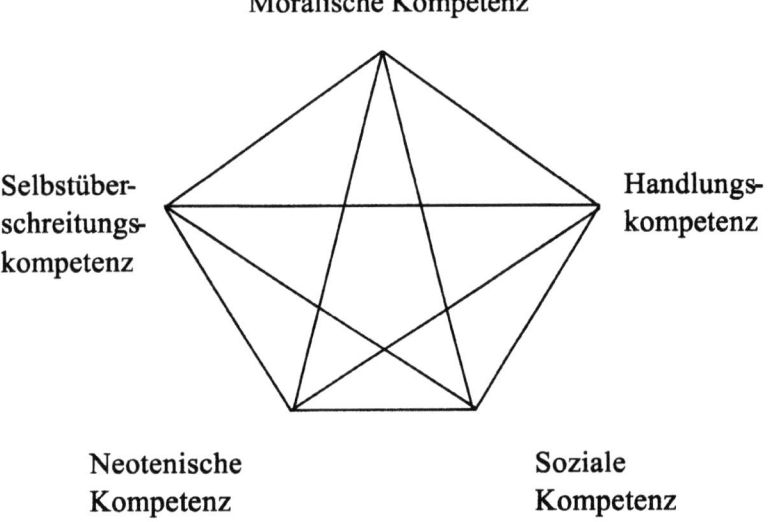

Voraussetzung: Geistige Autonomie

Gemeint ist mit Geist nicht jene einseitig rationalistische Autonomie, die von Descartes' "Cogito, ergo sum" ihren Ausgang nimmt, sondern eine, wie von Kant formuliert, das Sittliche mit berücksichtigende "Praktische Vernunft", also eine umfassendere *kognitive Rationalität*. Wie rationale und sittliche Autonomie vernunftbestimmt zusammengehören, scheint mir glänzend an Elsters Beispiel des in freier Entscheidung an den Mast gebundenen Odysseus veranschaulicht.[29] Die aktuelle "deutsche" Genforschungsdebatte traut offensichtlich Forschung und Wirtschaft die Fähigkeit zu derart autonomer Selbstbindung nicht zu. Anscheinend legen Ethikkommissionen einen Rationalitätsbegriff zugrunde, der dem ökonomischen Reduktionismus sehr nahe kommt. Wie sich dieser Reduktionismus überwinden läßt, werde ich in Abschnitt 5.2 behandeln.

Handlungskompetenz

Auch im einundzwanzigsten Jahrhundert ist die Handlungslehre des Aristoteles als Grundorientierung von Nutzen. Aristoteles unterscheidet

o mit pragmatischer Akzentuierung: das Machen,

o mit ethisch-moralischer Akzentuierung: das Handeln,

o mit dramatischer Akzentuierung: die Tat.[30]

In ökonomischen und technischen Lebenszusammenhängen spezifiziert sich aus abgegrenzter Mittel-Zweck- Beziehung heraus Aktivität häufig zum *Machen*. Chancen zur *Tat* stellen sich weit seltener ein, denn in den "Akten" des Alltags geht es anders zu als in den Akten eines Dramas, eben um die Bewältigung von Alltäglichem, und so kann beispielsweise die Sinnherausforderung für die Kassiererin eines Supermarktes und eines Maschinenführers einer Produktlinie in der tagtäglichen moralischen Bewältigung (siehe Interdependenz mit moralischer Autonomie) ein unsichtbares, weil intrapsychisches Drama verbergen. Diese tagtägliche situative Bewährung, der Prädikate wie "zuverlässig", "Durchhaltevermögen" zukommen und nicht nur die Bewältigung "großer" Aufgaben des Managements in außergewöhnlichen Situationen, demonstrieren die Breite des Handlungsspektrums in einer Unternehmung. Dabei *hat* jede Handlung für *jedes* Subjekt, soweit sie sinnorientiert ist, ihren hohen *inkompatiblen Eigenwert*.

Nicht zufällig haben wir soeben die *Situation* erwähnt. Menschliches Handeln ist stets situativ eingebunden. Die Situation hat durch ihre dinglichen, rechtlichen, technischen, sozialen und sonstigen Umstände eine zwar interpretierungsbedürftige, aber wie auch immer unausweichliche *Struktur*, mit der sich auseinanderzusetzen der Handelnde nicht umhinkommt."[31]

Die Herausforderung kann darin bestehen, eine Routineanforderung zu bewältigen, extemporiert mit. neuen Situationen fertig zu werden oder auch darin, neue Situationen anzubahnen, beispielsweise die Markteinführung eines neuen Produkts mit vorzubereiten. Gerade in dem letztgenannten scheinbaren "Freiraum" stößt der Handelnde auf einen Komplex nicht von ihm strukturierter Situationen, die nicht nur, miteinander in Beziehung gebracht, widersprüchlich sein können, sondern sich überhaupt dem Handlungsziel widersetzen.

Rombach schlägt die Unterscheidung *Handeln* und *Grundhandeln* vor und veranschaulicht dieses an einem Autofahrer. "Sein Handeln ist gewissermaßen in den Sachverhalt "Straße" eingebaut, so daß er nur noch dem Sachzwang "folgt". Es versteht sich, daß jetzt mit "folgen" nicht nur die räumliche Linienführung gemeint ist, sondern der ganze Begriff des Autofahrens, das eine komplizierte Verarbeitung von stradalen, motorischen, witterungsmäßigen usw. Vorschriften bedeutet."[32]

Dieses Beispiel demonstriert zugleich, daß sich Handeln und Grundhandeln schwerlich voneinander trennen lassen. Hinter der "komplizierten Verarbeitung von ..." steckt stets mehr als Habitualisiertes. Die willensmäßige Bereitschaft, das Kraftfahrerethos, die Reagibilität, insbesonders auch die Interaktionsfähigkeit den anderen Verkehrsteilnehmern gegenüber (beachte die Kompetenzinterdependenzen) sind beim Fahrer für keinen Augenblick suspendiert, und es können eine Vielzahl situativer "Überraschungen" in eine Autofahrt eingelagert sein.

Grundhandeln als habitualisierte Attitüde, wie es dem Persönlichkeitsnaturell entsprechen mag, aber auch Kulturkonventionen entspricht (einschließlich der Unternehmenskultur), möchte ich als *routinierte Tiefenstruktur* bezeichnen.[33] Grundhandeln beeinflußt die aktualisierbare Handlungskompetenz. Holleis berichtet von dem Unverständnis einer japanischen Mutterbank für das äußerst geringe Entfalten von Eigeninitiative der Manager ihrer amerikanischen Tochter.[34] Das Mißverständnis ergibt sich, weil das Urhandeln in japanischen Unternehmen informal und nicht an konkreten Direktiven orientiert ist.[35] Man "weiß", was zu tun ist.

Die Unternehmung benötigt beides: eine Handlungskompetenz, die sowohl vorgegebene Situationen durchsteht, sich aber auch in völlig neuartigen Situationen bewährt. Außerdem genügt zur erfolgreichen Handlung bereits aus traditionaler "Verwertungssicht" der Unternehmung - also gewissermaßen vor-identifikatorisch gedacht - nicht bloßer Handlungswille und fachliche Qualifikation, sondern es sind zugleich moralische und soziale Kompetenz gefragt. Demgemäß orientiert sich die betriebliche Personalentwicklung an komplementären Qualifizierungsvorstellungen, wie

- o funktionale - extrafunktionale Qualifikation
- o fachliche - charakterliche Qualifikation
- o operative - kommunikative Qualifikation.

Bereits die Pseudokomplementarität solcher Differenzierung zeigt, daß hier Qualifikation nicht identifikatorisch gemeint sein kann, denn die drei Komplemente gehören elementar ganzheitlich jeweils *zusammen*, wie es in wirtschaftshistorischer Betrachtung das Handwerk und die Industrialisierung ante Taylor zu belegen vermag.

Brater et alii stellen Maßnahmen der beruflichen Qualifikation auf Schlüsselqualifikationen ab. Ausgangspunkt für die Berufsausbildung ist für sie nicht das Berufsbild, sondern der handlungsfähige Mensch. "Es genügt nicht mehr, einfach ein Berufsbild zu vermitteln, sondern es ist jetzt nötig geworden, berufliche bzw. (berufs)biographische Handlungsfähigkeit zu entwickeln gegenüber einer relativ unbekannten, in Ausbildungsordnungen inhaltlich nicht antizipierbaren Zukunft."[36]

In ihren didaktisch-methodischen Konzepten wird das Anliegen, explizit als *Bildung* verstanden, vom *Subjekt ausgehend* und von der Tätigkeit in der postmodernen Arbeitswelt zum *Subjekt zurückdenkend*, konsequent durchgezogen. Damit demonstrieren Brater et alii exemplarisch eine zeitgemäße *identitätsorientierte* Qualifikationsförderung. "Die früher hochgelobte "Identifikation mit dem Beruf" wird heute eher als Problem erkennbar, und an die Stelle dieser entfremdeten Identitätsstruktur tritt die Notwendigkeit, sich mit sich selber bzw. mit der eigenen individuellen Entwicklung zu identifizieren, in der die verschiedenen Berufe und Tätigkeiten nur konstitutive Elemente sind."[37]

Brater et alii folgern dann, der Erwerb von Schlüsselqualifikationen sichere den Entwicklungspfad. Doch dergleichen Konstrukte können sich nur als durable Passepartouts in einer relativ statischen technisch-ökonomischen Umwelt bewähren. Identifikatorische Kompetenz hingegen, wenn sie voll entfaltet ist, ermöglicht es den Einzelnen, falls die Handlungsherausforderung für ihn von existentieller Bedeutung ist, jeweils die erforderlichen Schlüsselqualifikationen *selber zu entwickeln*. Dabei reduziert sich der Einzelne, wenn er als existentiell Betroffener schwierige, völlig neue, in ihrem Ausgang ungewisse Arbeitsherausforderungen annimmt, nicht zum bloßen Arbeitswesen. Handeln als ein Sein, das auf dem Weg zu Sinn ist, umfaßt weit mehr als Arbeit, vermag aber gerade dadurch in die Arbeitswelt völlig neue Sinnqualitäten hineinzutragen.

Abb. 5

Handlungskompetenz

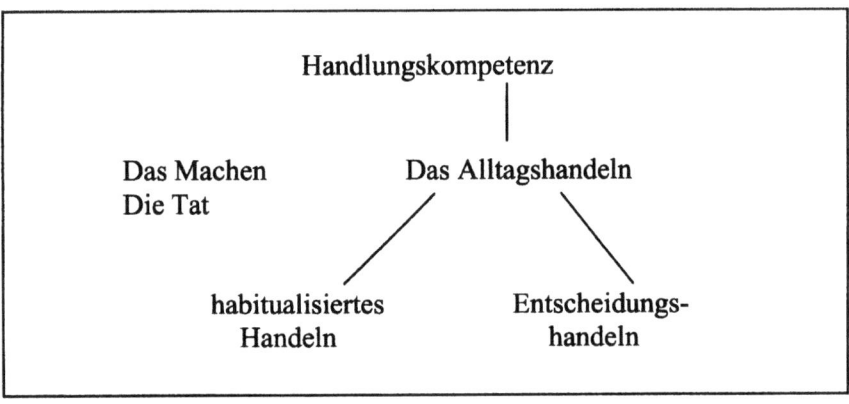

Moralische Kompetenz

Würde moralische Kompetenz nicht die Fähigkeit des Menschen umfassen, in *freier* Verantwortung sittliche Wertungen zu treffen und sich daran zu binden, bräuchten wir uns hier damit nicht zu befassen. Wir hätten es entweder mit bloßer Anpassungskompetenz oder mit der Fähigkeit zu opportunistischer Moral-Handhabung zu tun.

Es ist angebracht, zwischen *Ethik* als sozial allgemein gültigen Sittennormen und dem intrapsychischen individualen Vorgang des Wertens sowie des daraus folgenden *moralischen* Handelns zu unterscheiden. Um beide Brennpunkte entfaltet sich die sittliche Handlungsellipse. Kierkegaard markiert den ersten Brennpunkt, wenn er sagt: "Das Ethische ist als solches das Allgemeine, und als das Allgemeine das, was für jedermann gültig ist, und das läßt sich andererseits so ausdrücken: daß es jedem Augenblick gültig ist."[38] Adam Smith dagegen betont mit der intrapsychischen Selbstbespiegelung und Kant mit "dem moralischen Gesetz in mir" den zweiten Brennpunkt der Ellipse. Smith und Kant konnten dabei einen allgemein gültigen, nicht zur Disposition stehenden Sittlichkeitskanon voraussetzen. Daß die Voraussetzung im neunzehnten Jahrhundert zunehmend dahinschwand, haben so unterschiedliche Denker wie Marx, Nietzsche und Max Weber schonungslos aufgedeckt.

Die Folge ist, daß es, von hauchdünnen Traditionsbeständen abgesehen, immer schwieriger wird, über ein durchaus vorhandenes moralisches Engagement von Millionen einzelner Bürger in einer Gesellschaft zu einem übergreifenden Wertekonsens zu gelangen. Rechtsnormen und soziologische Kommutarismuslehren wuchern, wo ethische Normen zerbröseln. Verschiedene "Ethiken" suchen, auch spezifisch als Wirtschaftsethik, nach einem Lösungsweg, ohne bisher zu einem allgemein tragfähigen Ergebnis gelangt zu sein.

Wenn wir uns hier auf den zweiten Brennpunkt der ethischen Ellipse beschränken, den dem Einzelmenschen inne wohnenden "Willen zum Sinn" (Frankl), so bringt das Mitglied der Unternehmung als Gesellschaftsmitglied zwar keinen ethischen Generalkanon mehr mit, wohl aber provozieren in der recht konkreten Kooperative Unternehmung situative, interaktive und sachliche Herausforderung tagtäglich eine handlungsverbindliche individuale Stellungnahme und damit auch moralische Betroffenheit. Die Chancen in einem solchen gesellschaftlichen Subgebilde, im Einklang mit ebenfalls entfalteter sozialer Kompetenz, zu einem übergreifenden Sinnkonsens, wir können auch sagen, einer "Unternehmensidentität", zu gelangen, sind deshalb trotz des geschwächten ersten Brennpunktes nicht verbaut.

Es gelten allerdings meine Ausführungen zu den Unternehmenszielen. Eine vorgesetzte "Unternehmensethik" wäre in keiner Weise zweckmäßig; allenfalls hätte sie die Negativwirkung, double talk in der Unternehmung zu fördern. Nur im offenen gemeinsamen Sinnorientierungsprozeß bringt das Mitglied sich als Ganzes, d.h. die volle lebensweltliche Komplexität, ein, und es ziehen die Wertorientierungsmuster, dem Wandel der Herausforderungen entsprechend, verhältnismäßig schnell nach. Anders formuliert: Nur im freien sozial-genetischen Prozeß können völlig *neue Sach*herausforderungen auch zu völlig *neuen moralischen* Herausforderungen werden.

Betrachten wir einige grundlegende Versuche, die individuale Sinnautonomie als anthropologische Ausstattung wissenschaftlich zu demonstrieren. Frankls Jahrzehnte lange Erfahrungen und Erfolge mit seiner Logotherapie belegen, daß hier mehr vorliegt als ein ideelles Apriori. Die Krankheitsgeschichte des noogenen Neurotikers läßt sich eindeutig von der psychogenen Neurotikers unterscheiden. In den "Grundlagen" findet man Frankls höchst bedeutenden Beitrag zur Identitätsthematik ausführlich von mir gewürdigt. Darüber hinaus sind für die Sozialwissenschaften die bahnbrechenden Arbeiten von Piaget und Kohlberg anzuführen.

Piagets Leistung besteht darin, daß er moralische Kompetenz als *menschliche Bewußtseinsleistung* nachweist. Durch aufs Spiel bezogene Experimente hat er die Einstellung von Kindern zu Regeln untersucht und ist zu folgender Typisierung gelangt.[39]

Egozentrische Phase

des Kleinkindes, das aufgrund der Unfähigkeit, zwischen sich und anderen zu differenzieren, auf Regeln noch nicht ansprechbar ist.

Stufe der heteronomen Moral

In einer quasi noch mythischen Bewußtseinsphase nimmt das Kind Regeln als eine Art Botschaft einer höheren Macht an, bewundert vor allem die Eltern als eine solche höhere Macht und nimmt deren Regelvorgaben an, nicht immer ohne Angst vor sonst erfolgenden Sanktionen.

Stufe der autonomen Moral

Durch die erlangte Fähigkeit, logisch zu denken und die Interaktion mit Menschen, die es verstehen, möglichst auf gleicher Stufe mit ihm zu verkehren, entsteht aus dem kognitiven Erfassen *der Selbstähnlichkeit mit Menschen, die man mag*, die freiwillige Akzeptanz von Regeln. "Piaget zeigt, inwiefern das *Selbst* des Kindes moralische Bedeutung hat. Kinder, die sich nur ungenügend kennen und ihren Eltern gegenüber in gegenseitiger Achtung stehen, unterwerfen sich - ihres mangelnden Selbstverständnisses wegen - der elterlichen Autorität. Sie mögen sich sagen: "Ich 'gehöre' meinen Eltern, also übernehme ich deren Moral." Sind sie später in der Lage, sich selbst besser zu kennen und ihre Gleichartigkeit mit anderen einzusehen, anerkennen sie diese nicht mehr ohne weiteres als moralische Autoritäten. Die gegenseitige Achtung verlangt eine Begründung, die auf *Reziprozität* beruht. Das Kind mag sich nun sagen: "Ich bin einer von denen, also gilt für *uns* die gleiche Moral." Die *Gleichheit* ist für Menschen in modernen Gesellschaften wesentliche Instanz der moralischen Begründung."[40]

"Ich bin einer von denen, also gilt für uns die gleiche Moral" ist sicherlich eine Minimalausstattung moralischer Kompetenz, an der Unternehmungen und Unternehmensphilosophie ihre Freude hätten. Wenn Unternehmungen Bewerber mangels moralischer Kompetenz nicht einstellen, so ist es wohl meistens jenes Minimum, das man meint, als Eintrittskarte nicht entdecken zu können. Aber kann man so die Bereitschaft zu Verantwortung, die sinnorientiert auch couragiert ist "gegenzusteuern", kann man so das moralisch einsichtige Mitwirken an der Weiterentwicklung von Regeln oder das Abwägen von Gerechtigkeitskonflikten erklären? Provokativer noch: kann man es so *kindlich* erklären? Ist da nicht Konditionierung mit im Spiel?

Kohlbergs Konzept einer präkonventionellen, konventionellen und postkonventionellen Phase kann methodisch nicht ohne weiteres mit Piaget verglichen werden, denn er geht stärker deduktiv vor.[41] Besonders die Diskursethik knüpft in ihrer Argumentation, über kommunikative Prozesse zu einer ethisch orientierten Vernunft gelangen zu können, an Kohlberg an.[42] Kohlberg sieht die postkonventionelle Phase durch Prozesse bestimmt, in denen von Jugendlichen Rollen kritisch hinterfragt und in Diskursen verflüssigt werden. In *moralischer Selbstbestimmung* erfolgt dann "Orientierung an universellen ethischen Prinzipien. Orientierung nicht allein an tatsächlich geltenden sozialen Regeln, sondern an selbstgewählten abstrakten Prinzipien, die den Anspruch logischer Universalität und Konsistenz erfüllen. Orientierung am Gewissen als Handlungsdirektive und an gegenseitigem Respekt und Vertrauen. Anerkennung der Menschenwürde auch jenseits der Legalität."[43] Damit eröffnet uns Kohlberg, wie ich im fünften Kapitel, Abschnitt 5.4, aufzeigen möchte, den Blick für die Vereinbarkeit von personal-moralischer Autonomie und Rollenspiel.

In dieser Richtung, mögen auch insulare Restbestände konventionellen gesellschaftlichen Moralkitts für eine Weile vorhalten, liegt für das Sinn suchende Subjekt die einzige Chance: die *Moral in der Handlung*, via Aktion. Interaktion und Reflexion neu zu überprüfen, zu bewähren und weiterzuentwickeln. Nur so kann auch durch das Zusammenwirken der Mitglieder einer Unternehmung auf eine gemeinsame Identität hin der Anschluß an die gesellschaftliche Realität gefunden und die Legitimation der Unternehmung jeweils aktualisiert werden.

Die Diskursethik hat in ihren Bemühungen um die Neubestimmung moralischer Kompetenz wichtige Beiträge geleistet. Zwar müssen wir auf unserem Standpunkt verbleiben, daß moralische Kompetenz letztlich eine Spezifität sui generis darstellt, doch hinsichtlich Förderung und Entfaltung stellt Interaktion neben Selbstreflexion und biographischen Schlüsselerlebnissen das wohl wichtigste Vehikel dazu dar. Es ist aber ausdrücklich zu betonen: das Vehikel ist nicht das Transportgut.

Es ist davon auszugehen, daß in jedem Menschen neben einem grundsätzlichen Sinnbedürfnis, wie schemenhaft auch immer, grundsätzlich ein Sinn für Gerechtigkeit, Verantwortungsbereitschaft, Soziabilität und vieles mehr veranlagt ist. Nur aufgrund dieses Apriori ist es möglich, daß sich moralische Kompetenz via interaktive Prozesse entwickeln und entfalten, sich dabei zugleich kulturell einkleiden und differenziert identifikatorische Gestalt gewinnen kann.

Abb. 6

Moralische Kompetenz

Moralische Kompetenz

o Wertorientierung nicht als rationalistisches Argumentationsmittel sondern als identifikatorische Bindung

o Soziale Kompetenz stets untrennbar sozial orientiert

o Erosion eines gesellschaftlich allgemein gültigen Ethik-Rasters als besondere Herausforderung

o Situative, sachlogische, interaktive Kristallisationskerne

o Im biographischen Kontinuum kontinuierliche Neubestimmung der moralischen Selbstbindung erforderlich

---

Corsten und Lempert gehen in ihrem Forschungsbeitrag zur moralischen Kompetenz davon aus, daß die zugrunde gelegten Fähigkeiten *nicht* angeboren seien; man müsse sie entwickeln.[44] Entwickeln läßt sich indessen nur, was vorher bereits, zumindest wie im Samenkorn als Prinzip, *eingewickelt* war. Nur weil das hinsichtlich moralischer Kompetenz der Fall ist und der Mensch, geistig wie organisch gedacht, auf Ent-Wicklung angelegt ist, könnten die nützlichen Förderungsvorschläge von Corsten/Lempert auch tatsächlich etwas bewirken.[45]

Soziale Kompetenz

Sucht man in phänomonologischer Reduktion nach dem minimalen Funktionsgehalt, so ist der Einzelne bereits physiologisch, *bloß um zu überleben, auf Mitmenschen angewiesen*. Erst recht gilt dieses für die Entwicklung unter dem Aspekt Entwicklungspsychologie (Piaget) und für das Finden personaler Identität (Buber). In weitester Umschreibung und damit die Bedürfnisse des Einzelnen wie von Institutionen gleichermaßen umfassend, trifft "*Kooperation*" den rein funktionalen Kontext.

Kooperation wird, wie Herzog präzisiert, ermöglicht durch die Abstimmung individualen Verhaltens über wechselseitige Erwartungen. Es mangelt nicht am Engagement der Wissenschaft, wie beispielsweise des Symbolischen Interaktionismus (Mead) und der konstruktivistischen Psychologie (Watzlawick), diese Funktionalität untersucht und verwertbar gemacht zu haben.

In aufgeschlossenen Unternehmungen mangelt es ebenfalls nicht an Maßnahmen zur Förderung der Kommunikationsfähigkeit und der Teamfähigkeit. Und doch kann solch alltäglicher Funktionalismus nur dann als *betriebssicher* gelten, wenn er *ethisch vitalisiert* ist und deshalb Vertrauen schafft. Man kennt zur Genüge die Kollegen und Chefs, die einen nur bemerken, wenn sie etwas von einem wollen.

Im Kern bedeutet also soziale Kompetenz, in moralischer Verschränkung, Soziabilität. Rein Kommunikables und genuin Moralisches, wie die Befähigung zu Mitgefühl, Loyalität, Solidarität, Fairness, aber auch zu Verantwortung, durchdringen sich zu Soziabilität. Die Einzelelemente wirken, in Handlungen praktiziert, sich wechselseitig hochsteigernd, aufeinander zurück.

Das signifikanteste Kommunikationsvehikel für menschliches Miteinander ist die Sprache. Die Sprache, auch wo sie n u r Medium des Denkens und Erinnerns ist, ist nur interaktiv entfaltbar. Die soziale Vernetzung zu einer DU-ICH-Beziehung und einer WIR-Beziehung, sei es als Mitteilung, Argumentation, Appell, Frage, ist nur über Sprache möglich, und menschliche Verständigung, bei der der Funke überspringt, hat ihre eigene empathische Kybernetik, die durch Intuition, Wir-Bewußtsein, Spontaneität, Dialektik, eine genuin menschliche Struktur aufweist. In solcher Verständigung, wenn sie denn diesen Namen verdienen darf, gehen die individualen Ichs, wie Sloterdijk sehr schön gezeigt hat in einer Art sozialer "Sphäre" auf. Ein "zur Sprache Kommen" im Sinne von Wittgenstein erhält bessere Chancen.

Für die Bedeutung von sozialer Kompetenz als Soziabilität in der Unternehmung mögen einige Beispiele stehen. Ein besonders aktuelles Beispiel bietet die Cyberspace-Euphorie, die, vor allem in den USA, meint, nun sei das goldene Zeitalter der unbegrenzten Kommunikationsmöglichkeiten angebrochen. Zunächst wäre zu hinterfragen, ob hier nicht Kommunikation hinter jene Dimension zurückfällt, die nach anthropologischer Erkenntnis den Menschen von Tieren unterscheidet.[46]

Doch noch ein zweiter Aspekt, auf den Fukuyama hinweist, ist wichtig: "Das Internet ist ein physikalisches Netzwerk und in einem gewissen engen, aber sehr wichtigen Sinn auch eine Gemeinschaft geteilter Wertvorstellungen." Superdatenautobahnen, deren technische Effizienz unstrittig ist, können auf die Dauer nur effizient funktionieren, "wenn ihre Benutzer auf einem hohen Vertrauensniveau zusammenarbeiten und sich an gemeinsame ethische Verhaltensnormen halten ... Netzwerkorganisationen reagieren sehr empfindlich auf regelloses und unsoziales Verhalten."[47]

Ein weiteres Beispiel, das ich ebenfalls Fukuyama verdanke, bezieht sich auf die Unternehmung als Netzwerkorganisation, und zwar in der spezifischen Ausgestaltung des Lean Management. Fukuyama verdeutlicht, daß das ursprünglich für den Hausgebrauch von Toyota entwickelte Lean Management seinen Wesenskern im Identifikatorischen hat. Nur auf dieser Basis entwickeln sich in Japan die Beziehungen innerhalb informaler Unternehmensvernetzungen (Keiretsu) zwischen Zulieferern und Kunden zu Solidargemeinschaften.[48] Es bedarf in Japan keines Hinweises einer hoch abstrakten ökonomischen Institutionenlehre, um die Transaktionskosten zu minimieren;[49] die voll entfaltete Soziabilität oder, anders gesagt, die soziale Sphärenrationalität macht es möglich. Bezeichnenderweise haben sich japanische Automobilwerke in ihren USA-Zweigwerken bisher nicht entschließen können, mit amerikanischen Zulieferern eine ähnliche Vertrauensbeziehung einzugehen.

Ein letztes Beispiel: Soziale Kompetenz hilft die Chancen der Globalisierung zu nutzen. Der Schlüssel für erfolgreiche Geschäftsbeziehungen in einem anderen Land paßt je nach dem Einfühlungsvermögen in andere Kulturen und geht weit über die Kenntnis unterschiedlich kulturell differenziert ausgeprägter ökonomischer Handlungsmuster (vergleiche Teppichkauf in Deutschland und Türkei) hinaus.

Abb. 7

Soziale Kompetenz

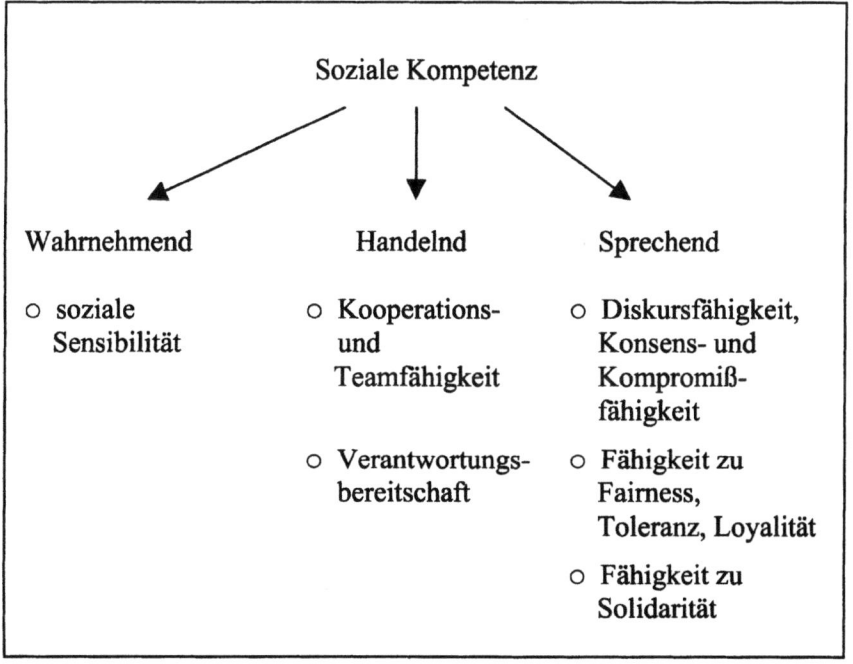

Neotenische Kompetenz

Neotenie bezeichnet die Bewährung von Merkmalen der embryonalen und infantilen Entwicklungsphasen im Erwachsenenalter. Der Mensch kommt, wie besonders Portmann und Gould nachgewiesen haben, ein Jahr zu früh zur Welt und macht in seinem exuterinen Frühjahr, entscheidend abhängig von seinem sozialen Umfeld, für seine weitere Entwicklung signifikante Entwicklungsschritte. Dann aber retardiert seine Entwicklung außerordentlich, und zwar morphologisch, anatomisch und verhaltensmäßig. Der Mensch muß sich seine Menschlichkeit in einem langen Prozeß erwerben. Er erlangt das Bewußtsein der *Zeitlichkeit* seiner Existenz und muß das Warten Können lernen, um selbstgesetzte Ziele zu erreichen.

Im Vergleich mit den Primaten behält der Mensch dann aber, anders als *jene, kindliche Merkmale* bei, aber auch sein *Verhalten* weist persistierende *juvenile Züge* (Lorenz) auf. Das bedeutet für den Verhaltensbereich nach Montagu:[50]

- Bewahrung und Fortentwicklung der Spielfähigkeit
- Beibehalten des Humors
- Beibehalten der Lernfähigkeit
- Anhaltende Zunahme der Wißbegierde
- bemerkenswerter Einsatz des Vorstellungsvermögens in der Fähigkeit zum "So-tun-als-ob"

Herzog betont, daß die Neotonie den Menschen davor bewahrt habe, in eine evolutionäre Sackgasse zu geraten und daß man das Kind gewissermaßen als den "*Vater des Menschen*" betrachten müsse.

Man sollte derartige "gesicherte" Befunde nicht überstrapazieren, weil es sowohl genetische als auch soziale Gegenkräfte gibt, die zu Erstarrung und Abbau führen können. So haben gerade für die Arbeitswelt "klassische" empirische Untersuchungen (Jaide, Wurzbacher) bei Jungarbeiterinnen nachgewiesen, wie unter ungünstigen Milieueinflüssen und einfachsten, rein repetitiven Arbeitsanforderungen die neotenische Kompetenz bereits früh verkümmert ist.[51] Man kann also, als ob der Ausdruck dafür geschaffen wäre, unter mißlichen Umständen bereits zwischen dem sechzehnten und achtzehnten Lebensjahr "fix und fertig" sein. Doch auch hier dürfte es möglich sein, die prinzipielle neotenische Veranlagung sozialpädagogisch und therapeutisch behutsam wieder zu reaktivieren.

Das Stichwort "lebenslanges Lernen" gehört inzwischen zum Standardrepertoire von Managementlehrbüchern. Dabei wird bereits häufig erkannt, daß *Verlernen*, nicht zu verwechseln mit Vergessen, mit Lernen oft Hand in Hand gehen muß. Umdenkprozesse zu identitätsorientiertem Management hin bieten sich dafür als Beispiele an. Auch wird häufig erkannt, daß Lernen in der Handlung (on the job), weil sich selbst entfaltend, eine der besten Lernmethoden ist, nur wird - und das gilt vor allem an der Basis - stets übersehen, daß viele Handlungen in der Unternehmung, so wie sie derzeit organisiert sind, sich als Lernherausforderung völlig ungeeignet erweisen, weil die Mitglieder in ihrer identifikatorischen Kompetenz ständig völlig *unterfordert* werden.[52]

Neuerdings verbreitet sich in der Managementliteratur ein Mißverständnis darüber, wer denn der Lernende sei. Es gibt nicht, wie Schein es darstellt, eine *"lernende Unternehmenskultur"*, sondern nur eine Unternehmenskultur, die für lernendes Handeln ihrer Mitglieder förderlich ist. Ebenso abwegig ist es, wie Senge von einer *"lernenden Organisation"* zu sprechen.[53] Nur Individuen lernen, wie Staehle richtig feststellt, wobei allerdings bei seiner Darstellung der Lerntheorien die behavioristischen Theorien, die auf Konditionierung zielen, überwiegen.[54]

Der Reduktion zu Konditionierung wäre stets vorgebaut, würde man, was ich in der Managementliteratur bisher nicht entdeckt habe, *Lernen als funktional in den neotenischen Kontext integriert* betrachten. Aus Sicht unserer Thematik bedeutet aber die Förderung neotenischer Kompetenz durch die Unternehmung mehr: Entfaltete neotenische Kompetenz wirkt als sich selbst steuerndes Förderungsvehikel der vier anderen Kompetenzfaktoren.

Vermutlich erlangen Menschen auf der Suche nach dem Sinn so etwas wie ein neotenisches Gespür. Als Einstein äußerte, sein Genie sei nur dadurch zum Durchbruch gelangt, daß er ein Spätentwickler war, hat er die kreativen Chancen, die in der neotenischen Kompetenz eingeschlossen sind, feinstspürig erfaßt. Und Schlick bekannte: "Der Sinn des Lebens ist die Jugend, ... wer jung stirbt, wie lange er auch gelebt haben möge, dessen Leben hat Sinn gehabt."[55]

Abb. 8

Neotenische Kompetenz

Neotenische Kompetenz

- Neotenie: Bewahrung von Merkmalen der embryonalen und infantilen Entwicklungsphase
- Der Mensch (im Unterschied zum Tier): erschöpft sich nicht in biologischer Determination
- Lebenslange Verlernfähigkeit
- Lebenslange Lernfähigkeit
- Die Fähigkeit, jung zu bleiben
  Humor, Spieltrieb, Flexibilität, Kreativität
- Chance für eine biographische Entwicklung
- Warten können

Selbstüberschreitungskompetenz

Man könnte diesen identifikatorischen Kompetenzparameter auch *selbstkritisches Bewußtsein* nennen. Seine Bedeutung für unsere Thematik erschließt sich am klarsten über die anthropologische Interpretation von Scheler.[56]

Nach der Schelerschen Stufenlehre gelangt der Mensch, nur weil er außerdem Geist hat, über das organisch Triebhafte des Tieres hinaus. Er erlangt dadurch Selbstbewußtsein und Weltoffenheit. Man könnte auch, Scheler leicht verfälschend, sagen, durch die geistige Reflexionsfreiheit konstituiert sich der Mensch zum offenen System. Doch die Offenheit des Systems Mensch hat nicht das Zerfließen im Grenzenlosen, sondern das Sich-Finden im Grenzenlosen zur Folge. Der selbstreflexive Mensch trifft mit seiner Vernunft auf Widerstände, auf "*Gegen-Stände*", auf die er kritisch zu reagieren vermag. Hierin besteht seine eigentliche Freiheit und Autonomie, und das ist entscheidend: "Kraft seines Geistes vermag das

Wesen, das wir "Mensch" nennen, nicht nur die Umwelt in die Dimension des Weltseins zu erweitern und Widerstände gegenständlich zu machen, sondern es vermag auch - und das ist das Merkwürdigste - *seine eigene physiologische und psychische Beschaffenheit* und jedes einzelne psychische Erlebnis, jede einzelne seiner vitalen Funktionen wieder *gegenständlich* zu machen. Nur darum vermag dieses Wesen auch sein Leben frei von sich zu werfen."[57]

Für unsere Thematik ist damit ein Vierfaches gewonnen:

1. Identifikationsfähigkeit setzt kritisches Wertbewußtsein voraus.

2. Das Subjekt hat die Freiheit zu beurteilen, ob es seine Handlungen bejahen will und kann Konsequenzen daraus ziehen.

3. Besonders hat das Subjekt zum mindesten die geistige Freiheit, aus seinen systemischen, kulturellen und sonstigen Zwängen *bewußtseinsmäßig herauszutreten*, sich also distanziert kritisch, quasi von außen, zu betrachten. Es ist *systemisch niemals total* vereinnahmbar.[58]

4. Das Subjekt ist frei, auf ein eigenes Ziel (alles auf eine Karte) zu setzen, mit der Chance, damit Fähigkeiten in sich zu entdecken, die bisher ungenutzt schlummerten. Neotenisch wächst der Mensch damit in völlig neue Daseinsdimensionen hinein.

Abb. 9

Selbstüberschreitungskompetenz

o Kritische Distanzierungsfähigkeit,
Heideggers Hinweis auf "exsistere" = aus sich heraustreten,
sich zu sich verhalten

o Geistige Autonomiechancen:
situativ - systemisch - prozessual

o Die Fähigkeit zur Selbstinstrumentalisierung
für selbst gesetzte Ziele

o In Fähigkeiten und Weltsicht
über sich hinauswachsen

Auch der fünfte Kompetenzfaktor wird also zur selbstevolutionären Schubkraft der übrigen vier, vorausgesetzt, daß er nicht verkümmert ist. Doch selbstkritisches Bewußtsein läßt sich finden, wiederfinden und trainieren. Beides, sowohl das kritische Distanzierungsvermögen als auch das in jedem Menschen schlummernde Wachstumspotential, bedeuten, wenn von den Mitgliedern voll entfaltet, einen qualitativen Entwicklungssprung für die Unternehmung.

3.2.4 Sinndynamisierung der Organisation

Im Sprachgebrauch ist es üblich, bei sozialen Kooperationen, nicht nur bei Unternehmen, von Organisationen zu sprechen, beispielsweise von politischen Organisationen, karitativen Organisationen, Selbsthilfeorganisationen. Bemerkenswert ist die offensichtliche *Organanalogie*, womit das zweckmäßige Zusammenwirken aller Kooperationselemente im Hinblick auf das Ziel der Kooperation impliziert wird. Fokussiert man dabei die Organisation als solche, so findet man dort, wo die *zweckhafte Wirksamkeit* tatsächlich zutrifft, eine objektiv erfaßbare, *formale* und *Kontinuität gewährleistende Struktur* vor, welche vor allem das *zielkonforme Verhalten der Mitglieder* abzusichern, ja besser noch, zu steigern bestrebt ist.[59]

Auch Identitätsorientiertes Management bedarf einer solchen formal sich legitimierenden Struktur, die hier aber nicht vorgesetzt wird, sondern in einem partnerschaftlichen Zusammenwirken von unten nach oben und von oben nach unten sich kontinuierlich als Ableitung aus dem gemeinsamen Zielfindungsprozeß der Unternehmung neu aktualisiert.

Wir unterscheiden hier eine instrumentale Dimension, eine systemische Dimension und die beide Dimensionen integrierende Sinndimension. Die Struktur der Sinndimension ist weitestgehend *virtuell*. Wie bereits im ersten Kapitel anläßlich der Klärung des hier zugrunde gelegten Begriffsinhalts von "virtuell" (= abstraktes, in das Bewußtsein aller Menschen in der Unternehmung eingelassenes Kooperationspotential) dargelegt, spreche ich in toto von virtueller Organisationsstruktur. Die weitestgehend instrumentale Dimension und die semivirtuelle Systemdimension ordnen sich ziel- und zweckorientiert bei identitätsorientiertem Management der Sinndimension unter. Um die Virtuellität in praxi aufzuspüren, bedarf es interpretativer teilnehmender Beobachtung. "Papiere" und EDV-Programme können hierzu nur die Suchrichtung weisen.

Abb. 10

Orientierungsdimensionen der Organisation

		Instrumentale Dimension	Systemische Dimension	Sinndimension
1)	Leitimago	o Werkzeug, Maschine	o Offene Systeme o Gehirn o Homöostase	o Die Unternehmung als Kooperation von Menschen für Menschen o Die Sinnfrage für Mensch und Unternehmung
2)	Leitverbum	o Eine Organisation haben	o Eine Organisation sein	o Eine Organisation leben
3)	Verknüpfungsprinzip	o Addition o Selektion	o System	o Prozeß
4)	Funktionsweise	o Mechanistisch o Der Manager: die Uhrfeder	o Autopoiesis	o Selbstidentifikatorische Legitimation
5)	Hauptaufgaben	o Optimale Faktorkombination ↓ Rentabilität	o Überlebensfähigkeit	o Anstreben der Kongruenz von – Rentabilität - langfristigen Überlebensaussichten - gesellschaftlicher Sinnlegitimation
6)	Rationalitätstyp	o Rationalität des mathematischen Kalküls	o vernetzt o pragmatisch o funktionalistisch o nach außen: transitiv integrieren	o Rationalität des Kognitiven o nach außen: *sich* integrieren
7)	Aktionsparameter	o Formalisierung o Standardisierung o Normung, Typung o Differenzierung, Koordination o Synchronisierung o Konzentration o Zentralisation	o Kybernetik o Modulierung o IT	o Menschliche Interaktion als Begegnung
8)	Identifikationsbezug	o objektbezogen	o Systemische Konformität	o Ich-Du-Wir-Identitäten
9)	"Fortschritt"	o veranstaltet	o evolutorisch	o sich selbstidentifikatorisch ereignende "konkreative Sprünge"
10)	Verhaltensvorgaben	o starre Richtlinien	o Rahmensetzung	o Aktive Selbsteinbindung in konsensuale Leitvision
11)	Konfiguration	o steil o monozentral	o abgeflacht o polyzentrisch o polymorph	o polymorph o entdinglicht o kognitive Landkarten in den Köpfen der Mitarbeiter

Bei meinem Versuch, die wichtigsten Merkmale der drei Dimensionen zu charakterisieren, spreche ich von Orientierungsdimensionen, um zweierlei klarzustellen: Erstens lassen sich durchaus noch mehr "Images of Organization" (Morgan) aufdecken. So erfaßt beispielsweise Morgan's achtfächerige Dimensionierung Organisationen außerdem als Politische Systeme, Psychische Gefängnisse und Herrschaftssysteme, und dies wohlgemerkt aus Sicht der Managementlehre.[60] Für den vorliegenden Begründungszusammenhang sind aber die drei Dimensionen hinreichend, weil konstitutiv. Das Macht- und Herrschaftsphänomen ist ohnehin in jeder Art von sozialer Kooperation anzutreffen. Auf die besondere Problematik bei Identitätsorientiertem Management für die Unternehmung gehe ich aber unter Abschnitt 5.3 näher ein. Zweitens geht es mir nicht darum, eine neue Organisationstheorie zu entwerfen, der es meines Erachtens auch gar nicht bedarf, weil es längst zu viele solcher Theorien gibt. Statt dessen ist es mein Anliegen, das Fenster zu neuen Sichtweisen zu öffnen. Falls mir das gelingt, wird Altvertrautes nicht grundsätzlich Makulatur; es ist aber umfassend zu sichten und der Kontextprobe zu unterziehen.

Leitimago

Die Vorstellungen von Unternehmensorganisation als Maschine und System, letztere bei näherer Betrachtung in einem nicht immer konsistenten Gemisch von mathematischer Kybernetik, Biologie und Informatik, sind in der Literatur ausführlich behandelt worden. Aufgrund der Gesetzmäßigkeit von Reflexivität, daß nämlich *Vorstellungen* von sozialen Gebilden leicht dazu führen, *reale Gebilde zu erzeugen*, lassen sich Unternehmensorganisationen sowohl des Maschinen- als auch des Systemtyps empirisch leicht nachweisen. Durch die übergeordnete legitimatorische Frage nach dem Sinn der Unternehmung relativiert sich die Brauchbarkeit von Maschine und System als Struktur-Imago. Wo immer Elemente solchen Denkens sich nach wie vor als nützlich erweisen, stehen sie nicht mehr einseitig determinierend für den Unternehmenszweck als solchen und erfahren damit in ihrer partiellen Brauchbarkeit selber einen Wandel ihres Sinngehalts.

Leitverbum

Die Unterscheidung zwischen "eine Organisation haben" und "eine Organisation sein" hat bereits in den 1960er Jahren mit der Unterscheidung zwischen mechanistischen und organischen Systemen durch Burns/Stalker

Eingang in die Managementlehre gefunden. Im Haben drückt sich in gleicher Weise Statisches wie, so noch bei Gutenberg, die Illusion herrschaftlich instrumentaler Verfügungsfreiheit über Besitzendes aus. Der Hammer, den man hat, nutzt sich allenfalls ab oder geht entzwei; er verändert sich als solcher nicht. Bei Bedarf ersetzt man ihn durch einen neuen, möglichst gleichwertigen oder besseren. In diesem Sinne stellen, unabhängig vom Rechtsstatus, die Produktionsfaktoren, einschließlich des Faktors Arbeit, instrumental handhabbare Besitzobjekte dar, denen man nach dem ökonomischen Prinzip eine Organisationsstruktur überstülpt, die bezeichnender Weise lange vorhält. Sogar Großunternehmen mit Weltgeltung *hatten* zwischen 1920 und 1950, von interimen Kriegsumstellungen abgesehen, ihre im wesentlichen unveränderte Organisationsstruktur.[61]

Die Ideologie des Habens mag kurz und mittelfristig eine nützliche motivatorische Voraussetzung zur Steigerung des Shareholder Values zu sein. Einseitig genutzt vermag aber gerade sie auf die Dauer die *Habe*, d.h. die materielle Existenz der Unternehmung, nicht zu sichern. Der Durchbruch zum Seinsverständnis ist allerdings nicht, wie von den bekannten Schlagworten her zu vermuten wäre, der Anlehnung an Erich Fromm, sondern der Bestimmung der Unternehmung als "offenes dynamisches System" zu verdanken. In Organismusanalogie wird von hierher bedacht, daß die Fähigkeit, sich wandelnden internen und externen Herausforderungen anzupassen, ja möglichst schon ex ante proaktiv zu agieren, in der Zeitraumbetrachtung Grundvoraussetzung der Überlebensfähigkeit einer Unternehmung ist. Das Seins-Verständnis verweist den Unternehmer vom abstrakten Kapital Akkumulieren auf die dahinter stehende konkret leistungsbezogene innovative Legitimierung (siehe Schumpeter) zurück, und vom Mitarbeiter wird hier zum ersten Mal erwartet, teilautonomes Glied des Unternehmensganzen zu sein. Soweit das Systemparadigma allerdings streng seine organismische Ableitung einhält, sind die sich eröffnenden kreativen Mitwirkungschancen für die Mitarbeiter nur vergleichbar mit denen von Zellen in einem lebenden Organismus. Hier sind die Freiräume und die Selbstähnlichkeit genetisch, dort manageriell *programmiert*.

Für Identitätsorientiertes Management muß die Unterscheidung zwischen Haben und Sein umfassender ansetzen. Hier scheint mir Fromm durchaus wegweisend zu sein.[62] Fromm setzt das Sein nicht nur dem Haben, sondern auch dem *Schein* entgegen, der uns als ein Als-Ob das Erkennen des Seins, der eigentlichen Wirklichkeit, oft versperrt. Systemische Praxis, so "offen" das Systemische dabei berücksichtigt sein mag, bleibt, wenn sich ihre Denkweise ausschließlich im Systemischen begrenzt, nicht nur für die Mitarbeiter, nichts weiter als ein erweiterter Käfig. Völlig anders verhält es sich, wenn eine Organisation in ebenbürtiger Membership *gelebt* wird. Identifikatorische Kompetenz ist in der Lage, selbstkritisch und autonom Systemkontexte zu durchschauen, zu entwerfen, zu verwerfen oder zu akzeptieren, d.h. sie ermöglicht es *jedem* Mitglied der Unternehmung, souveräner Handhaber, nicht Gefangener, des Systemparadigmas zu sein. Unter diesen Voraussetzungen kann es in vielen Bereichen der Unternehmung durchaus angebracht sein, System zu *spielen*, ohne daß die Spieler Gefahr liefen, Schein und Sein zu verwechseln.

Verknüpfungsprinzip

Auf der dinglichen Ebene kann die Herstellung eines Tischs in einer kleinen Tischlerei als Einzelauftrag eines Kunden eine additive Produktionsmittelverknüpfung, die Fließfertigung in einer Automobilfabrik die systemische Produktionsmittelverknüpfung, die Rohölaufbereitung in einer Raffinerie die Prozeßfertigung veranschaulichen. Auf das Organisations- und Führungsdenken, das der dinglichen Ebene richtungsgebend übergeordnet ist, lassen sich diese Unterscheidungen nicht ohne weiteres übertragen, was in der Praxis häufig dazu beiträgt, daß technische Organisation und Gesamtorganisation nicht nahtlos zusammenfinden und immer wieder Verständigungsschwierigkeiten aufbrechen. Der betont instrumental orientierte Manager behandelt dingliche und soziale Vorgänge nahezu identisch, und er nutzt sein organisatorisches Wissen wie einen Werkzeugkasten, dem er eklektisch die tools entnimmt, um round about auftretende Organisationsprobleme zu lösen. Er orientiert sich an Partialproblemen, deren Bewältigung er in summa als seine Hauptaufgabe betrachtet. Der betont systemisch orientierte Manager denkt in größeren Zusammenhängen, aber nur soweit, wie das systemische Brett vor seinem Kopf es ihm ermöglicht. Der prozeßorientierte Manager betrachtet das Unternehmensganze als Gemenglage verschiedener nicht immer hundertprozentig zu koordinierender formaler und informaler, evidenter und immanter Systeme. Er setzt darüber hinaus signifikante organisatorische Bezugspunkte, wie den Kundenauftrag als Organisationsprinzip oder das Reengineering, denen sich systemisches Denken unterzuordnen hat. Er hat darüber hinaus ein geschärftes Bewußtsein für alle Vorgänge zeitlichen Werdens in der Unternehmung, auf dem Markt und in der Gesellschaft, die jenseits autopoietischer Plausibilität liegen. Man denke nur an die identifikatorischen Bewährungsproben von Unternehmen im Zuge der Globalisierung der Märkte.

Funktionsweisen

Die Unternehmung als Gewinnerzielungsinstrument erhält den Antrieb durch ihren Macher, den Unternehmer bzw. die von ihm delegierten Manager. Dieses einerseits hoch differenzierte Uhrwerk, in all seinen Teilen monokausal auf Rentabilität/Wirtschaftlichkeit durchdacht und gestaltet, ist schon deshalb besonders lenk-, kontrollbedürftig und störanfällig, weil der Produktionsfaktor Arbeit in dem rein auf Effizienz ausgerichteten Umfeld eine anthropologische Verarmung bzw. Entfremdung erfährt, zwar gemildert, aber nicht beseitigt durch Humanisierungs-, vor allem die Motivation steigernde Maßnahmen. Systemdenken versteht sich dagegen weitgehend selbstregulativ (autopoietisch), übersieht dabei aber mindestens wie Luhmann, daß Autopoiesis sich nicht als "Überzeugung" einstellt, sondern von Profis (consultants) konzipiert, implementiert und gewartet werden muß, denn das menschliche Individuum ist, falls es nicht von einer ganz bestimmten Gesellschaftsordnung darauf hin sozialisiert wird, nun mal seiner Natur nach letztendlich kein Systemmodul. Ein Systemkonzept, das sich ernst nimmt, weil es sich als Methode von Komplexitätsbewältigung begreift und sich außerdem nicht als bloße Ausweitung/Verbesserung mechanistischer Instrumentalität versteht, weist also, um bestehen bleiben zu können, stets explizit systemische Lücken auf.

Die kontinuierlich und möglichst kooperativ gestellte Legitimierungsfrage "Unternehmung wozu?" verhilft dazu, sowohl das ökonomistische Reduktionsmuster als auch die Systemimmanenz zu überwinden. Die jeweiligen Antworten wirken deshalb auf die rein instrumentale und systemische Gestaltung der Unternehmung verflüssigend zurück; Instrumentale Dimension und Systemische Dimension haben gegenüber der Sinndimension eine dienende Funktion. Am Beispiel eines Unternehmens der Fleischwarenindustrie, das sich fragen würde: "Wie stellen wir uns zur BSE-Krise?" ließe sich die unauftrennbare Sinnverknüpfung aller betrieblichen Maßnahmen vorzüglich veranschaulichen.

Hauptaufgaben

Instrumentales Denken ist, wie bereits erwähnt, streng der Mittel-Zwecklogik verhaftet. Optimale Faktorkombination und optimale Marktergebnisse werden angestrebt. Systemisches Denken stellt auf die Evolutions- und Überlebensfähigkeit des Systems als Ganzem ab. Damit das Ganze überlebensfähig bleibt, sind zumindesten partial auch außerökonomische Zielsetzungen zu berücksichtigen, und gelegentlich hat, streng ökonomisch entschieden, Satisfizieren gegenüber Optimieren und Maximieren den Vorzug.

Sinnlegitimiert treten zu Gewinnerzielung und Existenzsicherung der Unternehmung die in den vorigen Kapiteln bereits mehrfach angesprochenen Aufgaben, die sich der Gesellschaft gegenüber im allgemeinen und der Wirtschaftsordnung sowie den Members gegenüber im besonderen ergeben, hinzu. Von hierher muß sich Gewinnstreben und systemische Evolution fragen lassen:

o   Gewinn auf welche Weise?

o   Gewinn wozu?

o   Gewinn, wie lange noch?

o   Was sind die Nebeneffekte?

Indem von der Sinnlegitimation die Leitideen auf einen gemeinsamen Nenner gelangen, erfahren auch die organisatorischen Maßnahmen eine einheitliche Ausrichtung.

Rationalitätstyp

Unter der Voraussetzung des ökonomischen Prinzips als Leitprinzip erschöpft sich instrumentale Rationalität in der Rationalität des mathematischen Kalküls. Der Systemrationalität geht es weniger um streng faßbare Kausalketten, sondern überwiegend um die Wirkungszusammenhänge funktionalistischer Vernetzungen. Wirklichkeitsnah kommen dabei in jedem Geschäftsvorgang multifunktionale Verknüpfungen zum Zuge. Solches, verbunden mit der proklamierten dynamischen Offenheit, führt zu der verbreiteten Auffassung von der außerordentlichen Integrationsfähigkeit einer systemisch konzipierten Unternehmung. Das systemische Kalkül kennt aber nur die konsequente actio und reactio vom Systemnutzen her. Integration heißt hier also nur, nutzbringend selektiert soviel Mitwelt wie möglich *in sich* zu integrieren.

Auf den Rationalitätstyp, der wirklich ganzheitliche Sinnorientierung und -operationalisierung zu erschließen vermag, werde ich in Abschnitt 5.2 näher eingehen. Gefragt ist ein Rationalitätstyp, der wie Piagets Begriff des *Kognitiven* und Kants *Praktischer Vernunft* ein waches Bewußtsein für Moral und ethische Bindung daran mit umfaßt. Einer derart erweiterten Rationalität stellt sich die Integrationsaufgabe der Unternehmung nicht mehr als einseitig infiltrierende Kolonialisierungsperspektive. Die Bedürfnisse der Mitwelt und Umwelt werden zum entscheidenden Bezugspunkt. Die Unternehmung lernt es endlich, *sich* zu integrieren. Das heißt dann beispielsweise hinsichtlich der ökologischen Verantwortung der Weisheit des Indianerhäuptlings Seattle (1855) zu folgen: "Wir sind ein Teil der Erde und sie ist ein Teil von uns ... das wissen wir, die Erde gehört nicht den Menschen, der Mensch gehört zur Erde."[63]

Aktionsparameter

Die klassischen Aktionsparameter des Organisierens, wie sie *Abb. 10* unter der instrumentalen Dimension aufführt, sind grundsätzlich nicht überholt, haben aber, vor allem dank IT und Fortschritt im Managementdenken, eine Neubestimmung erfahren. So läßt sich das einst schwierige Problem der Synchronisierung, das zu Beginn des Eisenbahnzeitalters Mitte des neunzehnten Jahrhunderts in den USA so manchen Eisenbahnzusammenstoß verursachte, heute dank IT praktisch global instantan lösen. Und Konzentration und Zentralisation sind in ihrer Umkehrfunktion als Dekonzentration und Dezentralisierung relevant geworden, um die Vorteile mittlerer Betriebsgrößen und echter Delegation von Verantwortung, wiederum IT-gestützt, zu nutzen.

Hinsichtlich der systemischen Parameter wurde auf die Problematik, Menschen auf Module zu reduzieren, bereits hingewiesen, und bei den Aktionsparametern Kybernetik und IT ist zunächst kritisch zu hinterfragen, ob letztere im Gebrauch stets mit "systemisch" gleichzusetzen ist. Die Antwort muß "Nein" lauten. IT läßt ganz banal auch instrumental nutzen. Nicht minder problematisch ist es, elektronische Informationssysteme erschöpfend als das zu betrachten, was menschliche Kommunikation ausmacht. Die zwischenmenschliche tagtägliche Begegnung ist weder psychohygienisch noch vom Effizienzpotential her durch ein technisches Medium ersetzbar, und für den Prozeß der Sinnfindung stellt gelebte Kommunikation den zentralen Aktionsparameter dar.[64]

Identifikationsbezug

Rein instrumentales Denken benutzt alles, was ihm zweckdienlich erscheint, gleichgültig ob es sich um Dinge, Rechte, Menschen, ethische Normen handelt, wie Dinge. Betriebswirtschaftliches Denken bietet in weiten Bereichen dafür Musterbeispiele. Identifikationen als Definitionen sind dann nur Zweckdefinitionen.[65]

Der Identitätsbezug beim Systemdenken hängt davon ab, ob es sich um eine akzentuiert sozialwissenschaftliche Systemauffassung, eine organismische Systemauffassung oder schlicht um eine elektronisch implementierte Systemorganisation handelt. Für den ersten Typ gilt, zumindesten nach Luhmanns Auffassung, die autopoietische Selbsterzeugung von Sinn. Das System bietet demnach alternativlos die Sinnmatrizen für seine Mitglieder. Der organismische Typ favorisiert, wie Garajedaghi und Ackoff aufgezeigt haben, das Überlebens- und damit das Wachstumsziel, determiniert also, mit eindimensional betriebswirtschaftlichem Denken konform gehend, einseitig den erforderlichen identifikatorischen Freiraum jeder "Zelle" des Gesamtorganismus. Bei dem in der Praxis verbreiteten Gebrauch, Systemdenken mit Handlungs- und Kommunikationsablauf innerhalb des etablierten IT-Systems der Unternehmung gleichzusetzen, ist nach Maßgabe der unserer Abhandlung zugrunde gelegten Identitätsauffassung kein Identitätsbezug thematisierbar. IT, die sich so reduziert versteht, bleibt Werkzeug und deshalb, wie raum- und zeitrevolutionär auch immer, Informatikersache. Die Frage, wie sich zwangsläufig Medium auf Message und damit auch sozialpsychologisch auf Interaktionsqualitäten auswirkt, ist allerdings durchaus von identifikatorischer Relevanz, hier aber nicht zu untersuchen.

"Fortschritt"

Für den instrumental orientierten Manager erfordert Fortschritt den Macher. Systemisches Denken setzt überwiegend auf Evolution, eine Bezeichnung, die nicht nur verschleiert, daß ausschließlich die Menschen innerhalb des Systems, nicht Systeme als solche, den Fortschritt veranstalten, sondern auch mit ihrer organismischen Analogisierung falsch liegt. Darwin's Verdikt des "survival of the fittest" ist längst umstritten, und der Anteil der Mutationen bzw. des Zufalls ist als nicht minder bedeutsam nachgewiesen.[66]

Aus der Sicht von Identitätsorientiertem Management er-eignet sich Fortschritt selbstidentifikatorisch jeweils als konkreativer Sprung. Mit "er-eignen" möchte ich die Eigengesetzlichkeit dieses Vorgangs betonen. Ich habe in den vorausgegangenen Kapiteln mehrfach auf diesen sozialgenetisch bedingten Qualitätsschub hingewiesen. Mit "sozialgenetisch" ist zugleich bezeichnet, daß sich sinnorientierter Fortschritt nicht veranstalten läßt. Er wird im Tun von Menschen, die gemeinsam sinnorientiert handeln, evident. Diese Menschen schielen dabei wohl kaum auf das große Wort "Fortschritt", sondern bringen eine Sache überdurchschnittlich voran, weil sie sich überdurchschnittlich mit ihr identifizieren.

Verhaltensvorgaben

Instrumentale Orientierung kennt nur Vorgesetzte oben und Untergebene unten, die nach genauen Vorschriften und strengen Richtlinien von oben handeln. Systemische Organisation gewährt modular konzipierte Freiräume, also einen abgesteckten Rahmen der Autonomie. Identitätsorientiertes Management setzt auf aktive Selbsteinbindung in eine konsensuale Leitvision, geht also im Autonomieverständnis, siehe Member, entscheidend weiter als das systemische Paradigma.

Konfiguration

Nach den instrumentalen Oben-Unten-Denken ergibt das Organigramm das bekannte Bild einer steilen Pyramide mit linearer Zentrierung an der Spitze. Für systemische Netzwerke dagegen ist Flächenform und Polyzentrik typisch. Obwohl die steile Hierarchisierung ihre Zukunft längst hinter sich hat und Führung, die Realität widerspiegelt, zutreffender als Zentrum oder als Polyzentren eines Netzwerks darstellbar ist, haben sich Über- und Unterordnung zwar verflacht, sind aber nicht völlig überflüssig worden. Sie stehen auch unserer Auffassung von ebenbürtigen Members in der Unternehmung nicht im Wege. Konkrete Unternehmensorganigramme - anders als die didaktischen Ausdünnungen in Lehrbüchern - sind deshalb häufig derart polymorph konfiguriert, daß sie sich nur dem

Insider erschließen. Gleiches muß für die Konfiguration einer Organisation gelten, die einen identitätszentrierten Kern zum Ausgangspunkt hat. Hinzu kommt, daß sich gerade dieser Kern nicht konfigurieren läßt, denn er ist im Bewußtsein der Members, quasi in *kognitiven Landkarten*, festgemacht, ohne daß ich mit "festgemacht" eine statische Qualität unterstelle. Die kognitiven Landkarten bilden also den Kern der virtuellen Organisationsstruktur.

---

1 Meyer-Faje (1999: 99), ferner Frankl, V.E.: Der Wille zum Sinn, Ausgewählte Vorträge zur Logotherapie, 2. Aufl. der erw. Neuaufl., München 1994.

2 Baumeister, R.F.: Identity, Cultural Change and the Struggle for Self, Oxford 1986, 2. Kapitel.

3 Rombach, H.: Phänomenologie des sozialen Lebens, Grundzüge einer Phänomenologischen Soziologie, Freiburg 1994, S. 146 ff. u. 153 ff.

4 Jenoptik-Gruppe: Geschäftsbericht 1999, Jena 2000, sowie Börsen-Zeitung v. 19.4.2000: Jenoptik hebt Gewinnprognose an.

5 FAZ v. 25.7.2000: Bei Daimler-Chrysler knirscht es im Gebälk.

6 Der Schönheitsfehler ließe sich immerhin durch beratende Vertreter aus den Kreisen der Betroffenen mildern. Bei der Ciba Geigy AG fanden bis zur Aufgabe der Selbständigkeit solche Konferenzen in regelmäßigen Abständen auf oberster Ebene statt, und die verbindliche Nutzbarmachung wurde in Seminaren auf den nachfolgenden Ebenen zur Diskussion gestellt.

7 Schmid, C.Ch.E.: Wörterbuch zum leichteren Gebrauch der Kantischen Schriften, 3. Aufl., Darmstadt 1996, S. 593.

8 Siehe hierzu die Ausführungen zu "Gestaltpsychologie und Kognitive Feldtheorien" bei Lefrancois, G.R.: Psychologie des Lernens, Berlin/Heidelberg 1976: 115 ff.

9 Ortmann, G.: Formen der Produktion. Organisation und Rekursivität, Opladen 1995: 83.

10 Soros, G.: Die Krise des globalen Kapitalismus, Offene Gesellschaft in Gefahr, Berlin 1998. - Siehe auch Abschnitt 5.5.

[11] Pümpin, C., Geilinger, U.W.: Strategische Führung, Aufbau strategischer Erfolgspositionen in der Unternehmungspraxis, 2. Aufl., Bern 1988.

[12] Fukuyama, F.: Konfuzius und die Marktwirtschaft, München 1995.

[13] Grundlegend zu einem betriebswirtschaftlich tragfähigen systemischen Aspekt (1), organischen Aspekt (2), fraktalen Aspekt (3): (1) Ulrich, H. (1970): Die Unternehmung als produktives soziales System. Grundlagen der allgemeinen Unternehmenslehre, 2. überarbeitete Aufl., Bern/Stuttgart 1970; (2) Gharajedaghi, J., Ackoff, R.L.: Mechanistische, organismische und soziale Systeme, in: Probst, G.J.B., Siegwart, H. (Hrsg.): Integriertes Management. Bausteine des systemorientierten Managements. Festschrift zum 65. Geburtstag von Prof. Dr.Dr.h.c. H. Ulrich, Bern/Stuttgart 1985: 281 - 298; (3) Warnecke, H.-J.: Die Fraktale Fabrik, Revolution der Unternehmenskultur, Berlin/Heidelberg 1992.

[14] Siehe hierzu 1. Petrusbrief, Kap. 5, Vers 5, zweiter Halbsatz.

[15] Flik, H.: Das Amöben-Konzept: Die organisatorische Erschließung von unternehmerischen Chancen in der Gore-Kultur, in: Riekhoff, H.-Ch. (Hrsg.): Strategien der Personalentwicklung, 4. Aufl., Wiesbaden 1997: 35 - 51, hier: 48. Ferner: Vogt, B.: Organizing Around Opportunity. in: ISC (Hrsg.): Mobilizing Corporate Energies, St. Gallen 1993: 85 - 95.

[16] Peters, T.: Das Tom Peters Seminar. Management in chaotischen Zeiten, Frankfurt a.M./New York 1994: 83 - 106.

[17] Latham, G.P., Locke E.A.: Zielsetzung als Führungsaufgabe, in: HWFü (1995: 2222 - 2234, hier: 2224).

[18] Kant, I.: Werke. Weischedel-Ausgabe, Bd. VI, Darmstadt 1998: 53 f.

[19] Rieger, W.: Einführung in die Privatwirtschaftslehre, 3. Aufl., Erlangen 1968: 44.

[20] Heymann, H.H. et alii: Mitbestimmungsmanagement, in: Harvard Manager (4) 1983.

[21] Ortmann, G.: Unternehmensziele als Ideologie. Zur Kritik betriebswirtschaftlicher und organisations-theoretischer Entwürfe einer Theorie der Unternehmensziele, Köln 1976. - March, J.G., Simon, H.A.: Organisation und Individuum. Menschliches Verhalten in Organisationen, Wiesbaden 1976. - Wunderer, R., Grunwald, W.: Führungslehre, Bd. II., Kooperative Führung, Berlin/New York 1980: 104.

[22] Staehle, W.: Management. Eine verhaltenswissenschaftliche Perspektive, 6. Aufl., München 1991: 407.

[23] Heinen, E.: Das Zielsystem der Unternehmung. Grundlagen betriebswirtschaftlicher Entscheidungen, Wiesbaden 1966: 103 ff., 126 ff.

24 Siehe ferner Ulrich, P.: Integrative Wirtschaftsethik. Grundlagen einer lebensdienlichen Ökonomie, Bern/Stuttgart 1997: 159 f. Siehe auch meine Ausführungen im fünften Kapitel, Abschnitt 5.2.

25 Rombach (1994: 149, 153).

26 Malik, F.: Führen, Leisten, Leben, Stuttgart 2000.

27 Siehe den Überblick a) zur phänomenologisch orientierten Psychologie bei Straus, E.W. (Ed.): Phenomenology: Pure and Applied, Pittsburgh 1964; b) zu den phänomenologisch orientierten Sozialwissenschaften allgemein: Eberle, Th.S.: Sinnkonstitution in Alltag und Wissenschaft. Der Beitrag der Phänomenologie an die Methodologie der Sozialwissenschaften, Bern/Stuttgart 1984; c) zur phänomenologisch orientierten Philosophie bei Spiegelberg, H.: The Phenomenological Movement. A Historical Introduction, 3rd. revised and enlarged edition, Dordrecht/Boston 1994.

28 Herzog, Walter: Das moralische Subjekt. Pädagogische Intuition und psychologische Theorie, Bern/Göttingen 1991. Zur Besonderheit der phänomenologischen Psychologie als pädagogische Hilfsdisziplin siehe Ortlieb, P.: "Phänomenologische Psychologie", in: Pädagogisches Lexikon II, Gütersloh 1970: 589 f.

29 Elster, J.: Subversion der Rationalität, Frankfurt a.M./New York 1987.

30 Siehe Rombach (1993: 362).

31 Rombach entwirft zur Veranschaulichung eine "Situationskonkarde" (1993: 409), was für den situativen Ansatz in der Managementlehre eine wesentliche Bereicherung sein könnte.

32 Rombach (1993: 349).

33 Romhach meint einerseits das Grundhandeln so, wie ich es darstelle, andererseits erläutert er am Beispiel "des ersten Hineinarbeiten des Bergsteigens (Whymper u.a.) in die Bergwelt als Handlungsmöglichkeit" ein schöpferisches Ersthandeln. Siehe Rombach (1993: 350 f.). Ich übergehe hier Rombachs dritte Kategorie: das Urhandeln.

34 Holleis, W.: Unternehmenskultur und moderne Psyche, Frankfurt a.M. 1987.

35 Zahlreiche Belege hierfür findet man auch bei Fukuyama (1995).

36 Brater, M., Büchele, U., Fucke, E., Herz, G.: Berufsbildung und Persönlichkeitsentwicklung, Stuttgart 1988: 46.

37 Brater et alii (1988: 46).

38 Kierkegaard, S.: Furcht und Zittern, in: Werkausgabe I, Düsseldorf 1971: 67.

[39] Siehe hierzu vor allem Piaget, J.: Meine Theorie der geistigen Entwicklung, Frankfurt a. M. 1983. Piaget, J.: Biologie und Erkenntnis. Über die Beziehungen zwischen organischen Regulationen und kognitiven Prozessen, Frankfurt a. M. 1974. Piaget. J.: Der Strukturalismus, Olten 1973. Siehe auch Katzenbach, D., Steenbuck, O. (Hrsg.): Piaget und die Erziehungswissenschaften heute, Frankfurt a.m./Berlin 2000.

[40] Herzog (1991: 211).

[41] Kohlberg, L.: Zur kognitiven Entwicklung des Kindes, Frankfurt a. M. 1974. Kohlberg, L.: Zusammenhänge zwischen der Moralentwicklung in der Kindheit und im Erwachsenenalter - neu interpretiert, in: Baltes, P.B. und Eckensberger, L.H. (Hrsg.): Entwicklungspsychologie der Lebensspanne, Stuttgart 1979: 379 - 407. - Zur Kritik siehe neben Herzog vor allem: Döbert, R.: Wider die Vernachlässigung des 'Inhalts' in den Moraltheorien von Kohlberg und Habermas - Implikationen für die Relativismus/Universalismus-Kontroverse, in: Edelstein, W. und Nunner-Winkler, G. (Hrsg.): Zur Bestimmung der Moral - Philosophische und sozialwissenschaftliche Beiträge zur Moralforschung, Frankfurt a. M. 1986: 86 - 125: Nunner-Winkler, D.: Two Moralities? A Critical Discussion of an Ethic of Care and Reponsibility versus an Ethic of Rights and Justice, in: Kurtines, W.M. und Gewirtz, J.L. (Ed.): Morality, Moral Behavior and Moral Development, New York 1984: 348 - 361; Oser, F., Althof, W.: Moralische Selbstbestimmung. Modelle der Entwicklung und Erziehung im Wertebereich. Ein Lehrbuch, Stuttgart 1992.

[42] Habermas, J.: Moralbewußtsein und kommunikatives Handeln, Frankfurt a.M. 1983.

[43] Herzog (1991: 380).

[44] Corsten, M., Lempert, W.: Moralische Kompetenz in einfachen Berufen als "human capital" und als humanes Kapital, in: Die Unternehmung (2) 1996: 75 - 88. Bezug: 77.

[45] Gleiches gilt für Brater et alii (1988).

[46] Siehe hierzu die Befunde der empirischen Untersuchung von Famulla, G.-E., Gut, P., Möhle, V., Schumacher, M., Witthaus, U.: Persönlichkeit und Computer, Opladen 1992.

[47] Fukuyama (1995: 235 f.). So weist pornographischer Mißbrauch eindrucksvoll darauf hin, was "machbar" ist, wenn die gemeinschaftlichen Wertvorstellungen brüchig geworden sind.

[48] Fukuyama (1995: 236 ff.). Japanisches Management-Denken ist nach wie vor wegweisend. Die "Japan-AG" ist nicht durch falsche Managementkonzepte sondern durch Finanzabenteuer in Turbulenzen geraten.

⁴⁹ Fukuyama (1995: 303 ff.). - In Williamson's Verhaltensannahmen über den Menschen als den Schöpfer von Verträgen geht es lediglich um die Differenzierung von Rationalität und Eigeninteresse. Williamson, O. E.: Die ökonomischen Institutionen des Kapitalismus, Tübingen 1990.

⁵⁰ Montagu, A.: Zum Kinde reifen, Stuttgart 1984: 91; übernommen von Herzog (1991: 266).

⁵¹ Jaide, W.: Junge Arbeiterinnen, München 1969. Wurzbacher, G., Jaide, W., v. Recum, H., Cremer, M.: Die Junge Arbeiterin, 3. Aufl., München 1960.

⁵² Offes Nachweis, Leistung im Industriebetrieb bestehe an der Basis im Wesentlichen darin, *nicht zu versagen*, also in eine geplante Norm zu passen, kann, auch wenn er vor etwa dreißig Jahren geführt wurde, nicht ohne weiteres als überholt gelten. Offe, C.: Leistungsprinzip und industrielle Arbeit. Mechanismen der Statusverteilung in Arbeitsorganisationen der industriellen "Leistungsgesellschaft", 2. Aufl., Frankfurt a. M. 1972. - Teilhard de Chardins ethisch wie biologisch gegründeter Optimismus, daß der Mensch durchaus noch am Anfang seiner Entwicklung stehen könnte, erfährt durch die Neotonieforschung seine Bestätigung. Teilhard de Chardin. Der Mensch im Kosmos, München 1980.

⁵³ Schein, E.H.: Unternehmenskultur, Ein Handbuch für Führungskräfte, Frankfurt a. M. 1995. Senge, P.M.: The Fifth Discipline, New York 1980.

⁵⁴ Staehle (1992: 188 - 199).

⁵⁵ Schlick, M.: Vom Sinn des Lebens, in: Symposium 1, 1927: 346, zitiert nach Herzog (1991: 266).

⁵⁶ Scheler, M.: Die Stellung des Menschen im Kosmos, 13. verbesserte Aufl., Bonn 1995. Aus der Fülle weiterer anthropologischer Ableitungen scheint mir außerdem unerläßlich für das Grundverständnis: Plessner, H.: Die Stufen des Organischen und der Mensch. Einleitung in die philosophische Anthropologie, Gesammelte Schriften, Bd. 4, Frankfurt a. M. 1981.

⁵⁷ Scheler (1995: 41 f.).

⁵⁸ Selbstverständlich handelt sich das Subjekt damit unausweichlich Konflikte ein, die sich entgegen Plessners Auffassung von "Versöhnung" nicht immer lösen lassen.

⁵⁹ Siehe Kieser, A., Kubicek, H.: Organisation. 2. Aufl., Berlin/New York 1983: 1 - 25.

⁶⁰ Morgan, G.: Images of Organization, Newbury Park/London 1986.

⁶¹ Burns, T., Stalker, G.M.: The Management of Innovation, London 1961.

⁶² Fromm, E.: Haben oder Sein. Die seelischen Grundlagen einer neuen Gesellschaft, Stuttgart 1976: 98 f.

[63] Zitiert nach Ulrich, H.: Plädoyer für ganzheitliches Denken. Aulavortag der Hochschule St. Gallen, in: Dokumentation zum 15. Internationalen Management-Symposium 1985.

[64] Bereits sehr früh (1976) hat J. Weizenbaum auf die Grenzen der IT hingewiesen. Deutsche Ausgabe: Die Macht der Computer und die Ohnmacht der Vernunft. 2. Aufl., Frankfurt a.M. 1980. Siehe ferner Famulla et alii (1992).

[65] Man vergleiche beispielsweise den Informationsgehalt zum Stichwort "Prozeß" im Historischen Wörterbuch der Philosophie, Darmstadt 1980, mit Gablers Wirtschafts-Lexikon, 12. Aufl. Wiesbaden 1988.

[66] Aus sozialwissenschaftlicher Sicht siehe hierzu Elster, J.: Subversion der Rationalität, Frankfurt a.M./New York 1987.

4. Ein Seitenblick: Denkimpulse durch Max Weber

4.1 Max Webers verstehendes An-Denken ökonomischer Leitkategorien

Max Webers wissenschaftliches Gesamtwerk kann *unter anderem* als Musterbeispiel eines lebenslangen Bemühens gesehen werden, Ökonomie in die Totalität eines lebensweltlichen Wechselbezuges zu stellen, also *transökonomisch* zu fragen: Wie wirkt die Ökonomie in die Lebenswelt hinein? Wie transformiert sie ursprünglich nicht ökonomische Institutionen und Lebensformen? Und zugleich *subökonomisch* zu fragen: Welche lebensweltlichen Elementarfunktionen durchdringen die Eigengesetzlichkeit ökonomischer Ordnungen?

Weber ist auch im einundzwanzigsten Jahrhundert für hoch aktuelle Anregungen gut, selbst wenn wir, von zeitlich Überholtem abgesehen, nicht übersehen dürfen, daß sein Bemühen als Gesamtwerk *torsohaft* und *widersprüchlich* bleibt. So erbaut er als Nationalökonom kein Theoriegebäude, und als Soziologe bildet er zwar Handlungstypen, aber er entwirft keine Handlungstheorie. Der Hauptgrund für Webers Widersprüchlichkeit ist wohl in seiner phänomenologisch *verstehenden* Methode angelegt, die sich gegen stets streng systematische Vereinnahmung sperrt. Doch noch heute wird vielfach übersehen, daß es sich hier um Webers genuine Meisterleistung handelt, die "wertfrei" objektiv Widersprüchliches freilegt; die zerrationalisierte Wirtschaftswelt und darin als Person das Ihre im Sinne einer conditio humana tun wollende bzw. könnende Individuum sind durchaus zwei widersprüchliche Aspekte und verweisen auf ein ungewisses "open end".[1] Daß in Webers Szenario sowohl Beschreibungen als auch Idealtypen mittels methodischer Reduktion und Interpretation von reinen Deduktionen, also Interpretationen von Interpretationen, durchmischt sind, muß man als Designschwäche in Kauf nehmen.

Eine andere Art von Widersprüchlichkeit ergibt sich, weil Weber, bei all seiner die Zeit überdauernden Leistung, politisch höchst engagierter Zeitgenosse war. Manches, was in die Gesamtausgabe wegweisend eingegangen ist, wie beispielsweise seine Vorträge *Wissenschaft als Beruf* und *Politik als Beruf* (1917 und 1919), wurden aus politischem Anlaß formuliert. Gerade die postulierte "Wertfreiheit" greift bei Weber selber keineswegs immer. In *Wissenschaft als Beruf* setzt er übrigens angehenden Wissenschaftlern ein Apriori, an das gerade er sich nicht gehalten hat: den Mut, sich die Scheuklappen des Spezialisten anzulegen.[2] Nur weil Weber derartige Scheuklappen nicht kannte, konnte er schauen und anschaulich machen, was Spezialprofis der Philosophie, Geschichte, Soziologie, Jurisprudenz und Politologie schon zu seiner Zeit längst nicht mehr wahrzunehmen vermochten.

Betrachten wir Weber als Ökonomen, der er ja von seinem Hochschullehramt *auch* war, so kann uns seine umfassende Sichtweise nur etwas vermitteln, wenn wir Ökonomie als Politische Ökonomie bzw. nach Webers Selbstverständnis als "Sozialökonomie" anerkennen wollen. Für den Sozialökonomen Weber ist die Volkswirtschaftslehre, wie er in seiner Freiburger Antrittsvorlesung hervorhebt, eine Wissenschaft, die *vor allem nach der Qualität der Menschen unter den Bedingungen der formalen Rationalität der Produktion und dem Problem der Güterverteilung* fragt.[3] Zugleich gilt für den Soziologen Weber: "Die Vergemeinschaftungen haben ihrer ganz überwiegenden Mehrzahl nach irgendwelche Beziehungen zur Wirtschaft."[4]

Es ist vielfach nach einem wirklich durchgehenden roten Faden in Webers vielschichtigem Werk gesucht worden. So haben beispielsweise Bendix schichtentheoretisch, Tenbruck von der Neuformulierung der Rationalitätsfrage her und Hennis von der politologischen Frage "nach dem Menschen" einen systematisch erhellenden Schlüssel gefunden. Dergleichen Spezialperspektiven bringen sicherlich manches in besseres Licht, riskieren aber mit der damit unausweichlichen Ausblendung und Überbeleuchtung Verzeichnung und Wahrnehmungssperren. So wäre beispielsweise Turner's Brückenschlag "From History to Modernity", der Webers universalreligionssoziologische Untersuchungen in ein hoch aktuelles Verständnisraster globaler Rationalitäten bringt, von keinem der bisher "entdeckten" Roten Fäden her leistbar.[5]

Für unser "sozialökonomisches" Anliegen ist möglichst offen an Weber heranzugehen. Ich bin der Auffassung, daß nur eines feststellbar ist, dem Weber wirklich durchgehend treu bleibt, das konsistente Berücksichtigen der sich wechselseitig bedingten Triade *Mensch - Wirtschaft - Gesellschaft*.

Wir überprüfen in diesem Rahmen, um über die Entfaltung selbstidentifikatorischer Prozesse in Unternehmen Anregungen zu gewinnen, einige für Weber wie für uns wichtige sozialökonomische Leitkategorien, nämlich

- Sinn,
- Rationalität,
- Macht und deren Legitimierung,
- Verantwortung.

Unsere Sichtung der Leitkategorien kann nur essayhaft erfolgen. Bereits wenn wir uns auf *Sinn* einlassen, macht es wenig "Sinn", die allgemein soziologischen Grundbegriffe hierzu und die religionssoziologischen Sinnbezüge zu isolieren. Wir handeln uns mit dieser Synopse zugleich ein unsystematisch Drittes ein, eine partielle Überschneidung mit der Leitkategorie Rationalität. Aber nur so kann deutlich werden, wie Unternehmen und ihre Mitglieder vom Sinn her eine Geschichte hinter und damit eine Barriere vor sich haben.

4.2 Sinn

Nach unseren Vorüberlegungen dürfen wir nicht erwarten, ein geschlossenes Sinnkonzept oder gar ein Sinnförderungsprogramm bei Weber zu finden. Doch die Sinnfrage stellt eindeutig eine zentrale Frage für ihn dar. In den Grundbegriffen seiner allgemeinen Soziologie ist Handeln aus subjektivem Sinn heraus für die Menschen strukturell vorgegeben, also gewissermaßen anthropologische Mitgift, und im Rahmen einer legitimen Ordnung autonom. Es scheint mir nötig zu sein, die grundlegenden Formulierungen hierzu wörtlich wiederzugeben, weil Weber in seinen viel früher verfaßten Untersuchungen "*Die protestantische Ethik und der Geist des Kapitalismus*", die gerade für den Ökonomen sehr eindringlich die Entstehung des Kapitalismus dank eines *weit über die Ökonomie hinausgreifenden Sinninitials* belegen, als Endergebnis (schon um 1900!) eine *sinnentleerte, weil kapitalistisch rationalisierte Eigengesetzlichkeit* demonstriert hat. Die im Eisernen Käfig der Unternehmung gefangenen Menschen haben keine andere Wahl, als sich in die kapitalistisch bürokratisierte und damit abstrakt objektivierte und zwischenmenschlich entseelte Organisation ohne Wenn und Aber, wie Rädchen in eine mechanische Uhr, einzupassen; Rädchen zudem, die austauschbar sind.

Weber konstatiert die Entartung des Kapitalismus als gesellschaftliche Katastrophe, ohne dabei wie Marx zu vereinfachen oder optimistische Gegenstrategien zu entwickeln, aber auch ohne, wie später Spengler, seinen Pessimismus ins Spekulative voranzutreiben. Der Prozeß der Sinnentleerung intra et extra oeconomiam hat sich inzwischen exponential beschleunigt. Giddens veranschaulicht das didaktisch sehr schön mit dem Bild vom Dschagannathwagen der Moderne.[6]

Weder Webers soziologische Grundbegriffe noch seine Vorstellungen von Ethik gehen auf den Widerspruch zwischen seiner strukturellen Definition von Sinn und von ihm konstatiertem tatsächlichem zunehmend sinnentleertem Sein ein. Der Widerspruch ist so fundamental, daß Weber ihn nicht übersehen haben kann, wenn er die Sinnfrage in den Grundbegriffen nicht nur als Existential formuliert, sondern sie noch dazu überhöhend in die Begriffsbeschreibung seines Verständnisses von Soziologie einbringt. Paragraph 1 der Grundbegriffe lautet: "Soziologie ... soll heißen: eine Wissenschaft, welche soziales Handeln deutend verstehen und dadurch in seinem Ablauf und seinen Wirkungen ursächlich erklären will. "Handeln" soll dabei ein menschliches Verhalten ... heißen, wenn und insofern als der oder die Handelnden mit ihm einen subjektiven S i n n verbinden. "Soziales" Handeln aber soll ein solches Handeln heißen, welches seinem von dem oder den Handelnden gemeinten Sinn nach auf das Verhalten a n d e r e r bezogen wird und daran in seinem Ablauf orientiert ist."[7]

Was könnte Handeln aus subjektivem Sinn anderes heißen als, um mit Frankl zu sprechen, in den Prozeß der eigenen Sinnfindung gestellt zu sein, also *selbstidentifikatorisches* Handeln! Und dieses Handeln ist zugleich sozial orientiert. Obwohl Weber natürlich nicht im Sprachmodus seiner Zeit voraus sein konnte, also weder über einen "interaktiven" noch "diskursiven" Begriffsapparat verfügte, berücksichtigt er mit Handeln als "soziale Beziehung" den Kernpunkt bzw. die Basis, auf die sich jedwede Kommunikationsthematik komprimieren läßt. Wozu sonst auch Soziologie? So treffsicher erweist sich die Logik seiner phänomenologischen Reduktion. Paragraph 3 lautet: "Soziale "Beziehung" soll ein seinem Sinngehalt nach aufeinander gegenseitig e i n g e s t e l l t e s und dadurch orientiertes Sichverhalten mehrerer heißen."[8] Ohne den Du- und Wir-Bezug kann sich subjektiver Sinn nach Weber nicht finden lassen. Ausdrücklich bedeutet die "soziale Beziehung" hierzu nur die Chance.[9]

Schließlich ist zu berücksichtigen, daß Handeln *üblicherweise* in Ordnungen stattfindet. Paragraph 5 lautet: "Handeln, insbesondere soziales Handeln und wiederum insbesondere eine soziale Beziehung, können von seiten der Beteiligten an der V o r s t e l l u n g vom Bestehen einer legitimen Ordnung orientiert werden."[10] Zunächst ist festzuhalten, daß Handlungen an Ordnungen orientiert sein *können*, es also nicht sein müssen. Zweitens ist zu ergänzen, daß Weber in diesem Kontext betont, daß sich normalerweise jeder Mensch in diversen Ordnungen bewegt, die er aber auch verletzen kann. Das mag zum einen zu Sanktionen führen, zum anderen aber auch, wie Weber in seinen Untersuchungen zur ostelbischen Agrarverfassung gezeigt hat, zum Zusammenbruch bzw. zum Wandel von Ordnungen.[11] Nichts spricht bei Weber für einen Ordnungsdeterminismus. Alles läuft vielmehr bei Weber darauf hinaus, daß, wie Lau betont, Ordnungen niemals "letzter Grund" sind; "sie werden, an anderen Stellen, auf ihre Legitimation hin hinterfragt und existieren schließlich nur, weil die Handelnden sich an ihnen orientieren und damit Verantwortung übernehmen."[12]

Die Grundstrukturierung von Webers Soziologie führt Handlungsgestaltung als subjektive Sinngestaltung also nicht ad absurdum. Der Ordnungsrahmen ist als "*Freiheit zu ...*" und n i c h t als *Eiserner Käfig* gemeint. Welche subjektiven Sinnfindungen sind aber in der modernen rationalisierten Arbeitswelt und dem mit deren Geist infizierten anderen Ordnungen möglich? Bevor wir zu klären versuchen, ob und wie der augenscheinliche Widerspruch lösbar ist, wollen wir in relativer Ausführlichkeit Aufstieg und Verfall von Sinnfindungschancen durch den asketischen Protestantismus und dessen ökonomischer Korrelation abhandeln. Webers religionssoziologische Studien dürften in der sozialwissenschaftlichen Literatur mit die glänzendsten Nachweise sein, *daß* der Mensch sinnbedürftig ist und *was* sinnerfülltes Leben zu bewirken vermag.

Für unser Vorhaben ist es besonders wichtig, Webers Leitthese zu beleuchten, daß es die Wirtschaftsgesinnung der evangelisch puritanischen Sekten, vor allem des Calvinismus, gewesen sei, die den Kapitalismus und damit zugleich die ihm eigentümliche Rationalität in seiner Vorab-Veranlagung aufgegriffen, entfaltet und dynamisiert habe.

Weber sieht den okzidentalen Kapitalismus in seiner frühen Durchbruchphase durch sechs Merkmale veranlagt:[13]

1. Die Bedarfsdeckung wird erwerbswirtschaftlich und findet in der erwerbswirtschaftlichen Unternehmung statt. Geldwirtschaft wird dabei vorausgesetzt. Die Unternehmung ist gekennzeichnet durch ein freies und autonomes Eigentum an den sachlichen Produktionsmitteln durch Unternehmer sowie durch Buchführung zur rentabilitätstransparenten Kapitalrechnung.

2. Es herrscht Marktfreiheit. Dabei können teilweise bis ins neunzehnte Jahrhundert hinein ständische Ordnung und Wirtschaftsgesinnung (Idee der Nahrung) die Marktentfaltung blockieren.[14]

3. Die mechanisierte Technik im Produktions- und Transportbereich ermöglicht eine exakte Kostenrechnung.

4. Es herrscht ein rationales, d.h. berechenbares Recht und damit hinsichtlich unternehmerischer Planung Rechtssicherheit.

5. Es sind Personen vorhanden, die rechtlich in der Lage und wirtschaftlich genötigt sind, ihre Arbeitskraft auf dem Arbeits*markt* zu verkaufen.

6. Die .Anteilsrechte an Unternehmen und für Vermögensrechte werden zunehmend "kommerzialisiert", d.h. in Wertpapierform gebracht und damit objektivierbar, fungibel und spekulativ handhabbar.

Damit hält sich Weber an Vor-Gaben des damaligen Erkenntnisstandes, die auch heute noch geeignet sind, das Spezifische kapitalistischen Wirtschaftens zu bezeichnen. Aber es fehlt noch die quasi geistig katalysatorische Voraussetzung:

7. "es mußte ergänzend hinzutreten die rationale Gesinnung, die Rationalisierung der Lebensführung, das rationale Wirtschaftsethos."[15]

Bei Weber ist das rationale Wirtschaftsethos deckungsgleich mit der Wirtschaftsgesinnung der Sekten des asketischen Protestantismus. Hier kolonialisiert der Glaubensbereich höchst folgenreich den Wirtschaftsbereich. Genauer: nicht systemische Selbstläufigkeit oder Gewinnstreben per se, sondern existentielle Seelennot von Anhängern einer Sonderform christlichen Glaubens führte zu ökonomisch höchst erfolgreichem Handeln. Während Luther das Seelenheil für den gläubigen und bußfertigen Christen durch die Gewißheit allein ausschlaggebender Gnade nicht in Frage stellte, mußte den Anhänger puritanischer Sonderformen keulengleich die Frage bedrücken: "Wie kann ich vor Gottes Jüngstem Gericht bestehen?" Calvin hatte gelehrt, daß darüber von Gott längst entschieden sei (Prädestination). Daraus entwickelt sich alsbald die Lehre, man könne immerhin am Erfolg irdischen Handelns bereits erkennen, ob man zu den von Gott Erwählten gehöre. Man kann von einem Vorläufer des Existentialismus sprechen, einem Existentialismus allerdings, der nicht Gott als das Nichts und auch nicht das eigene Sein a priori als Nichts, sondern, weit schlimmer, das höchst existentielle jenseitige Verworfensein durch einen höchst existentiellen Gott fürchtet. Es entsteht das Paradox binnenweltlicher Askese nebst gesellschaftlicher Verantwortung (Diene-Mut, Gute Werke) einerseits und beruflich rastlosem Streben nach nachweisbarem (und damit auch gesellschaftlich sich auszahlendem) Erfolg andererseits.

Es gilt, selbstverständlich "ehrbar", aus allen Lebenssituationen das ökonomische Maximum herauszuholen. In diesem Sinne warnt Benjamin Franklin als "Advice to a Young Tradesman (1748): "Bedenke, daß die *Zeit Geld* ist; wer täglich zehn Schillinge durch seine Arbeit erwerben könnte und den halben Tag spazieren geht, oder auf seinem Zimmer faulenzt, der darf, auch wenn er nur sechs Pence für sein Vermögen ausgibt, nicht dies allein berechnen, er hat neben dem noch fünf Schillinge ausgegeben oder vielmehr weggeworfen."[16] Und Baxter lehrt: "Wenn Gott Euch einen Weg zeigt, auf dem Ihr ohne Schaden für Eure Seele oder für andere in gesetzmäßiger Weise *mehr gewinnen könnt* als auf einem anderen Wege, und Ihr dies zurückweist und den minder gewinnbringenden Weg verfolgt, dann *kreuzt Ihr einen der Zwecke Eurer Berufung* (calling), *Ihr weigert Euch, Gottes Verwalter* (stewart) zu sein und seine Gaben anzunehmen, um sie für ihn gebrauchen zu können, wenn er es verlangen sollte. Nicht freilich für Zwecke der Fleischeslust und der Sünde, *wohl aber für Gott dürft Ihr arbeiten, um reich zu sein.*"[17] Weber weist in diesem Zusammenhang auch auf das Gleichnis Jesu vom unnützen Knecht (Matth. 25, 14 - 30) hin.

Weber hat die Bedeutung des puritanischen Sonderweges zu Gott per oeconomiam als Schubkraft einer titanischen Entfesselung ökonomischer und gesellschaftlicher Rationalisierung zweifellos überhöht und stellt protestantischen Puritanismus zu einseitig dar. Es ist hier nicht der Ort, all Bekanntes wiederholt zu belegen, nämlich daß spätestens seit dem dreizehnten Jahrhundert der abendländische Rationalismus in seiner spezifischen Ausprägung nicht nur in der katholischen Scholastik, sondern jene sprengend, sich in Philosophie und Naturwissenschaften, zwar in Schüben mit langen Ruhepausen, aber doch unaufhaltsam die Bahn bricht. Ich greife hier nur Namen wie Joachim von Floris, Roger Bacon, Wilhelm von Ockham, Nikolaus von Kues, Nikolaus Kopernikus, Johannes Kepler, Galilei Galileo, Francis Bacon, René Descartes, heraus. Mit den puritanischen Sekten berücksichtigt Weber *nur eine von vielen Schubkräften innerhalb eines Schubkomplexen.* Einmalig dabei allerdings die transzendierte Dreifachbindung: *ökonomischer Sinn = Lebenssinn = Erlösungssinn.* Einmalig, nicht minder folgenreich und von Weber durchaus mit gesehen, ist die im neunzehnten Jahrhundert einsetzende Verflachung der nicht einmal vier Jahrhunderte währenden Glaubensglut zu gewohnheitschristlicher *bürgerlicher Moralhülle.* Die übrigen Rationalisierungserrungenschaften brauchten sich nicht zu säkularisieren, sie waren ex ante von dieser und für diese Welt. Eine Moral aber, die ihres eigentlichen Ursprungs beraubt ist, ist gefährdet, doppelbödig zu werden, was anders gewendet, die "Chance" bedeutet, daß sie nun erst recht ökonomischem Erfolgsstreben die Argumente zu liefern vermag. Erst in diesem Stadium lernt Skrupellosigkeit sich als Heiligkeit zu interpretieren.

Aber die Doppelbödigkeit ist meiner Auffassung nach mit dem Keim des Verfalls schon in statu nascendi angelegt. Die puritanischen Glaubensonderangebote à la Calvin kommen in ihrer Entstehungs- und Blütezeit einer brennenden Suche nach Sinn entgegen, deren letzter Grund die *Angst um das Seelenheil* ist.[18] Die Antworten darauf sind jedoch - und das hat Weber übersehen - von vornherein *zu vernünftig* (oder vernünftelnd) angelegt, um nicht selber den rationalistischen Zeitgeist, d.h. ex ante dem Instrumentalisierungsdenken, zu verfallen. Luthertum und Katholizismus sind damals (von der Gegenwart ist an dieser Stelle nicht die Rede) *nicht* in solche Säkularisierungsfallen geraten.[19]

Spätestens im neunzehnten Jahrhundert entfaltet sich auf puritanisch gedüngtem Boden eine Alibi- und Pharisäermoral. Franklins Lehren und Taylor's "Scientific Management" liegen so weit auseinander nicht, und Kürnbergers Spott: "Aus Rindern macht man Talg und aus Menschen

Geld" beleuchtet für das neunzehnte Jahrhundert wohl nicht nur ein "amerikanisches Kulturbild."[20] So bemerkt der französische Manchester-Liberale Dunoyer (1845): "Es ist gut, daß es in der Gesellschaft eine Unterwelt gibt. Die Familien, die sich schlecht aufführen, laufen Gefahr, in ihr zu versinken, und nur dadurch, daß sie sich gut aufführen, können sie sich wieder emporarbeiten."[21] Eine zu simple puritanische Sozialpädagogik. In diesem Sinne sieht der in Deutschland (in Elbing) lebende Brite Prince-Smith hinsichtlich der "sogenannten Sozialen Frage" (1845) in Unternehmern, die ihre aufmüpfige und wenig motivierte Arbeiterschaft kurz halten, eine wohlgefällige Zuchtrute Gottes.

Der Sinn versumpft, und die ökonomische Ratio trumpft. Der Wirtschaft ist die Emanzipation von über sie hinausweisenden Sinnzusammenhängen, die nicht nur Diesseits und Jenseits, sondern Berufswelt und Lebenswelt als Ganzes verbanden, zumindesten in eigener Sache recht gut bekommen. Einmal aufs rationalistische Gleis gebracht, hielt sie auch ohne den ursprünglichen Sinnimpuls Kurs, und was den Sinn betrifft, so kommt sie, bis heute, mit dem reduzierten Menschenbild des homo oeconomicus, durchaus mit *sich* ins Reine.

Bei Weber heißt es dazu: "... indem die Askese aus den Mönchszellen heraus in das Berufsleben übertragen wurde und die innerweltliche Sittlichkeit zu beherrschen begann, half sie an ihrem Teile mit daran, jenen mächtigen Kosmos der modernen, an die technischen und ökonomischen Voraussetzungen mechanisch-maschineller Produktion gebundenen Wirtschaftsordnung zu erbauen, der heute den Lebensstil aller Einzelnen, die in dieses Triebwerk hineingeboren werden - *nicht* nur der direkt ökonomisch Erwerbstätigen -, mit überwältigendem Zwange bestimmt und vielleicht bestimmen wird, *bis der letzte Zentner fossilen Brennstoffs verglüht ist* (hervorgeh. von M.-F.). Nur wie "ein dünner Mantel, den man jederzeit abwerfen könnte", sollte nach BAXTERS Ansicht die Sorge um die äußeren Güter um die Schultern seiner Heiligen liegen. ... Aber aus dem Mantel ließ das Verhängnis ein *stahlhartes Gehäuse* (hervorgeh. von M.-F.) werden. Indem die Askese die Welt umzubauen und in der Welt sich auszuwirken unternahm, gewannen die äußeren Güter dieser Welt zunehmende und schließlich unentrinnbare Macht über den Menschen wie niemals zuvor in der Geschichte. Heute ist ihr Geist - ob endgültig, wer weiß es? - aus diesem Gehäuse entwichen. Der siegreiche Kapitalismus jedenfalls bedarf, seit er auf mechanischer Grundlage ruht, dieser Stütze nicht mehr."²²

Das "stahlharte Gehäuse", ins Englische noch eindringlicher als "*iron cage*" eingegangen, umfaßt also nicht nur die Ökonomie als solche. Vielmehr durchdringt die Ökonomie als solche zunehmend die Gesellschaft als solche.

Man wird hineingeboren in eine Welt, wo materiell rationalistisches Denken den "Lebensstil" entscheidend beeinflußt. Zweifellos gibt es hier partielle Kongruenzen mit Marx, dem zufolge im Kapitalismus letztlich alles zur bloßen Ware degeneriert, Sohn-Rethel zufolge auch der menschliche Geist als autonome Denkanlage. Letzteres bestätigen der gesellschaftlich organisierte Wissenschafts*betrieb* mit seinen kurzlebigen Verwertungsprodukten, aber auch die Medien*wirtschaft*, die geschäftstüchtig mit psychologischer Raffinesse Informationen zu "news" verformt, paradigmatisch. Doch die Ähnlichkeit mit Marx ist de facto nicht vorhanden, weil Geist für Marx bekanntlich eine *abhängige Variable des materiellen Seins* darstellt. Weber, noch voll in der Tradition des erst in den 1930er Jahren auslaufenden deutschen Sonderweges, den Historischen Schulen der Nationalökonomie, stehend, ist eine derartige Geistreduktion völlig fremd.

So wie wir von einem Akademiker des neunzehnten Jahrhunderts als selbstverständlich annehmen können, daß er sich in der antiken Philosophie und Tragödie auskennt, können wir ohne Evidenz des Gegenteils von einem Anhänger der Historischen Schule der Nationalökonomie - und er muß das nicht deutsch wissenschaftlerisch explizit bekunden -, davon ausgehen, daß er sich von einem dreidimensionalen Menschenbild leiten läßt, ein Menschenbild, das auch wir - querliegend zum ökonomischen mainstream - zugrunde legen, und bei dem nur der Geist die Chance für Freiheit und kritische Selbstbestimmung garantiert.

Wie immer man sich von hierher um Konsistenz bemüht, in "Wirtschaft und Gesellschaft" formulierte Sinnautonomie, in der "Protestantischen Ethik" aufgezeigte Apokalypse und später konzipierte Verantwortungsethik als moralisches "Dennoch" bleiben aufeinander bezogen widersprüchlich.

4.3 Rationalität

Webers eigene Begrifflichkeit berechtigt uns, die Überschrift "Rationalität" zu wählen. Genau genommen geht es Weber aber nur am Rande um Begrifflichkeit als solche, sondern zentral um den seit der Entzauberung der Welt - das ist das Verlassen der magischen Epoche - einsetzenden Prozeß jeweils global zu modifizierender Rationalisierung.[23] Ihm geht es dabei sowohl um den dadurch impulsierten *Geltungswandel* von Institutionen bzw. Lebensordnungen als auch um den involvierten *Bewußtseinswandel* von Personen. Da unser Interesse an Weber durch unser Identitätsanliegen bestimmt ist, beschränken wir uns hier auf den zweiten Aspekt. Die rationalitätszentrierte Weberforschung ist in Deutschland während den letzten Jahrzehnten besonders von Tenbruck, Schluchter und Habermas vorangebracht worden. In unserem Kontext ist uns, weil handlungsorientiert und praxisnah, der grundlegende Versuch von Habermas besonders hilfreich, die "Fragmente", wie er die diversen Beiträge und Einlassungen Webers zur Rationalität zutreffend nennt, als systematisch einleuchtend Ganzes zu rekonstruieren. Daß Habermas sich dazu veranlaßt sieht, weil er unterwegs zu einer eigenen komplexen Handlungs- und Rationalitätstypisierung ist, tut seiner einfühlsamen Grundlegung keinen Abbruch.[24] Über den internationalen Stand der rationalitätsorientierten Weber-Forschung informiert hervorragend die von Lash und Whimster herausgegebene Anthologie *Max Weber, Rationality and Modernity* (1987).

Wir gehen in drei Schritten vor. Zunächst versuchen wir, ad fontes einen ersten Überblick von Webers Begrifflichkeit zu erlangen und aus dieser Analyse erste Schlüsse zu ziehen. In einem zweiten Schritt wollen wir überprüfen, in wieweit der Rekonstruierungsversuch von Habermas unsere Analyse bestätigt, ergänzt oder Vertiefung nahelegt. Die abschließende Würdigung von Webers Beitrag zum Rationalitätsverständnis erfolgt in einem dritten Schritt.

Zunächst sind Webers Unterscheidungen des zweckrationalen, wertrationalen, affektuellen und traditionalen Handelns sowie des formalen und materialen Handelns anzusprechen.[25] Didaktisch gehen wir in leicht veränderter Reihenfolge vor.

Affektuelles Handeln erwächst aus aktueller, rational nicht gezügelter Emotionalität.[26]

Traditionales Handeln erwächst aus eingelebter Gewohnheit.

Beide Rationalitätsarten haben, so Weber, in der modernen Welt nur eine Randfunktion.[27] Modernes rationales Handeln ist zumeist durch das Zusammenwirken von Wertrationalität und Zweckrationalität gekennzeichnet.

Wertrationalität konstituiert sich "durch bewußten Glauben an den - ethischen, ästhetischen, religiösen *oder wie immer sonst zu deutenden* (hervorgeh. von M.-F.) - unbedingten E i g e n wert eines bestimmten Sichverhaltens rein als solchem und *unabhängig vom Erfolg*"(hervorgeh. von M.-F.).

Zweckrationales Handeln ist nach Weber der in der modernen Gesellschaft vorherrschender Handlungstyp und keineswegs auf die Ökonomie begrenzt. "Zweckrational handelt, wer sein Handeln nach Zweck, Mitteln und Nebenfolgen orientiert und dabei sowohl die Mittel gegen die Zwecke, wie die Zwecke gegen die Nebenfolgen, wie endlich auch die verschiedenen möglichen Zwecke gegeneinander rational a b w ä g t : also jedenfalls w e d e r affektuell ... noch traditional handelt." Weber räumt sogleich ein, daß bereits beim Entscheiden zwischen konkurrierenden Zwecken und Folgen ein Übergang zu wertrationalem Handeln unvermeidlich sei: mehr noch, die "absolute" Zweckrationalität gäbe es im allgemeinen gar nicht, Sie sei "nur ein im wesentlichen konstruktiver Grenzfall". Mit "konstruktiv" ist sicherlich "konstruiert" gemeint. Umgekehrt kann es kein hundertprozentig wertrationales Handeln geben; das wäre, wohlgemerkt aus Sicht der Zweckrationalität, "*irrational*".

Für die kritische Würdigung ist bemerkenswert:

1. Es fehlt eine Unterscheidung zwischen Zwecken und Zielen.

2. Zweckrationalität = 100 %
   stellt nur einen fiktiven Grenzfall dar.

3. Ausdrücklich sind Zweckrationalität und Wertrationalität scharnierhaft miteinander verbunden.

4. Wertrationalität = 100 %
   stellt ein durch Irrationalität bestimmtes Handeln dar.

5. Der "oder wie immer sonst zu deutende unbedingte E i g e n wert" wertrationalen Handelns ist eine unterdeterminierte Sammelklausel.

Zu 1.: Gerade für die Unternehmung kann ein Handeln, das nur Mittel und Zwecke aufeinander bezieht, selbst wenn es Nebenbedingungen und Nebenfolgen bedenkt, nicht hinreichend bestimmt sein. Falls die höchst komplexen Handlungen in der Unternehmung nicht ihre arbeitsteiligen Zwecke von einem übergeordneten integrativen Ziel (nicht zu verwechseln mit daraus folgender Planung) abzuleiten vermögen, kann sich nur ein muddling through ergeben. Gewinn kann logisch betrachtet kein derartiges Ziel sein, denn Gewinn ist lediglich fundamentale Existenzbedingung der Unternehmung. Und gerade dort, wo es dennoch notwendig ist, vom Markt her Gewinnerzielung nicht als Selbstverständlichkeit zu nehmen und damit logisch als zielrelevant zu betrachten, bindet die erfolgreiche, auf Zukunftssicherung bedachte Unternehmung das *Teilziel* oder die Zieldimension Gewinn in ein *mehrdimensionales* Zielbündel ein.[28]

Aber nun bin ich nicht so naiv zu übersehen, daß auch die *eindimensionale Zielsetzung: Gewinn* durchaus Praxis ist. Doch selbst dann ist keine schlichte Vorgabe der Marschroute "Gewinn", sondern eine hoch differenzierte *Zielvorgabe, die geeignet ist, den Zwecken Orientierung zu geben*, erforderlich. Beispielsweise kann eine Produktrationalisierung als Folge des Abwägens von Zwecken und Mitteln durchaus negative Auswirkungen auf die Kundenzufriedenheit und damit auf den Umsatz haben. Eine Rationalisierung des Produktionsablaufs kann, von Personalfreisetzungen ganz abgesehen, Auswirkungen auf Arbeitsmotivation und Betriebsklima haben, mit einer Fülle kostenwirksamer, manchmal auch umsatzwirksamer Konsequenzen (Reklamationen). Selbst eine ansehnliche Umsatzsteigerung, die den Außendienstmitarbeitern hohe Provisionen einbringt, kann unter Umständen durchaus die Gewinnrate schmälern. Daß Weber, wenn er Zwecke sagt, manchmal Zwecke, manchmal, aus dem Kontext ersichtlich, aber Ziele meint, verleiht seinem Begriff Zweckrationalität eine schwerwiegende Unschärfe.

Zu 2.: Die Feststellung Webers, bei hundertprozentiger Zweckrationalität handle es sich um einen fiktiven Grenzfall, steht in krassem Widerspruch der von ihm beschriebenen ökonomischen Apokalypse, die er als modernes Alltagsszenario verstanden wissen will.

Zu 3.: Weber stellt das Zusammenspiel von Wertrationalität und Zweckrationalität derart dar, daß nicht eindeutig erkennbar wird, welches das übergeordnete Prinzip ist: "Die Entscheidung zwischen konkurrierenden und kollidierenden Zwecken und Folgen kann dabei ihrerseits w e r t rational orientiert sein: dann ist das Handeln nur in seinen Mitteln zweckrational." In eine Lebenssituation übersetzt würde das heißen: das Abwägen einer Finanzabteilung, wie man eigene Gelder langfristig am *zweckmäßigsten* (!) anlegen sollte, also das Durchchequen der Alternativen wäre wertrational (!), das nachfolgende Anlageprocedere wäre zweckrational. Nun mag es eine Lebenssituation geben, in welcher diese Paradoxie nicht auftritt. Beispielsweise ließe sich eher für Wertrationalität plädieren, wenn in einer Vorstandssitzung zur Diskussion steht, ob bzw. in welchen Anteilen der Jahresgewinn einbehalten, an die Anteilseigner ausgeschüttet, für Zuwendungen an den örtlichen Fußballclub, Ärzte ohne Grenzen, und Green Peace und eine dilatorisch anstehende Gewinnbeteiligung der Mitglieder der Unternehmung endlich angegangen werden sollte. In diesem Abwägungsfall wären wertrationale Elemente zumindest beigemischt. Gerade wenn Begriffe sich so elaboriert darstellen wie bei Weber, müssen sie als Mittel zur Realitätsanalyse eindeutig sein.

Zu 4.: Wie Wertrationalität mit Irrationalität verbunden sein kann, darüber kann man, wenn die Begriffe weder eindeutig gefaßt noch gleichsinnig verwendet werden, nur ergebnislos streiten. Daß hier "geglaubt" wird, kann nicht als Webersches Kriterium gelten. Höchst zutreffend bemerkt Weber in *Wirtschaft und Gesellschaft*, das was ökonomisch rational sei, sich aus ethischer Sicht gelegentlich als durchaus irrational erweisen kann; also ein Plädoyer für ethische Rationalität.[29] Außerdem haben uns seine religionssoziologischen Untersuchungen dafür sensibilisiert, jenseits unseres okzidentalen Rationalismus andere religiös kulturelle Rationalitäten zu würdigen und so *ineinandergleitend* mit den Begriffen Rationalität und Irrationalität umzugehen. Folgerichtig bezeichnet Weber deshalb beispielsweise die Erleuchtungskonzentration des genuinen Buddhismus, die leibliche Triebhaftigkeit zu beherrschen, um dem Nirwana möglichst näher zu kommen, als rational.[30] Da Religion und ausdrücklich in seiner Schlüsseldefinition von Wertrationalität angeführt ist, haben wir hier einen der für Weber typischen Widersprüche vor uns, wenn an anderer Stelle völlige Wertrationalität mit Irrationalität gleichgesetzt wird.

Aber damit nicht genug. In der Vorbemerkung zur *Protestantischen Ethik* heißt es: "Es gibt z.B. "Rationalisierungen" der mystischen Kontemplation, also von einem Verhalten, welches von anderen Lebensgebieten her gesehen, spezifisch "irrational" ist, ganz ebenso gut wie Rationalisierungen der Wirtschaft, der Technik, des wissenschaftlichen Arbeitens, der Erziehung, des Krieges, der Rechtspflege und Verwaltung. Man kann ferner jedes dieser Gebiete unter höchst verschiedenen Gesichtspunkten und Zielrichtungen "rationalisieren", und was von einem Blickpunkt aus "rational" ist, kann vom anderen aus betrachtet, "irrational" sein.[31] Letzteres ist nur zu bestätigen. Betrachten wir unter diesem Aspekt die Rationalisierungswelle der letzten zwei Jahrzehnte, die sich besonders auf einen effizienten Kulturbetrieb, effizientes Gesundheitswesen, effiziente Forschung bezieht. Hier wird nicht nach verschiedenen "letzten" Gesichtspunkten rationalisiert, sondern höchst unterschiedlichen Lebensbereichen eine *fremde Rationalität*, die ökonomische, übergestülpt. Eine Intensivstation kann einfach nicht nach betriebswirtschaftlichen Effizienzkriterien rationalisiert werden. Sie *lohnt* sich ökonomisch betrachtet nie, es sei denn, sie würde sich nur an zahlungskräftigen Privatpatienten orientieren. Ein Theaterprogramm gestaltet sich anders, wenn es sich rechnen muß. Forschungsbereiche, wo es nur um Wahrheit, nicht um sich rechnenden Verwertungsnutzen gehen kann, trocknen aus. Mit anderen Worten: "die verschiedenen letzten Gesichtspunkte" sind die inneren Eigengesetzlichkeiten eines jeden Lebensbereichs. Aus solchem Eigen-Sinn unserer, bzw. Eigenwert Weberscher Terminologie nach, leitet sich dann auch jeweils die stimmige *eigen-sinnige Zweckrationalität eines jeden Lebensbereichs* ab. Um Weber zu verifizieren: nicht-ökonomischen Lebensbereichen eine ökonomische Rationalisierung überzustülpen, ist eine höchst *irrationale* Prozedur, welche kurz über lang diese Lebensbereiche zerstören muß.

Zu.6.: Sehr leicht läßt sich mit der Weberschen Sammelklausel für wertorientiertes Handeln, die alle nur erdenkbaren gelebten "Eigenwerte" zuläßt, auch die eigentlich ökonomische Rationalität als ökonomische Entgleisung demonstrieren. Zunächst muß man sich vergegenwärtigen, daß das Umschlagen in Irrationalität bereits stattgefunden hat, wenn sich in hundertprozentigem Gewinnstreben - die einseitig profitorientierte Zweckrationalität deckt sich mit einseitiger Verinnerlichung des Profitdenkens als absolutem Eigenwert - der Unternehmung die Mehrdimensionalität der Realität, in die Unternehmen gestellt sind, als Wahrnehmungs- und Gestaltungsaufgabe verstellt.[32]

Die Spezies *Einseitige Profitleidenschaftler als Führungskräfte* gibt es, auch wenn sich zunehmend - nicht zuletzt dank den Impulsen ganzheitlich orientierter Managementlehren - die .einsicht durchsetzt, daß ohne mehrdimensionales Denken und Zielsetzung der Gewinn als solcher immer seltener wirklich erwirtschaftet werden kann, dagegen in einem komplexer und auch mit Gesellschaftsbezug angelegtem Zielbündel sich plötzlich völlig neue Gewinnchancen öffnen.

Jeder, der die Wirtschaft kennt, weiß, daß es außerdem Persönlichkeiten gibt, die aus ganz anderen Wertorientierungen heraus handeln und zur Führungselite emporsteigen. Dergleichen "Typen" können beispielsweise sein:

- der leidenschaftliche *Macher* (egal wo).

- der Produktcharismatiker (z.B. Rockefeller).

- der Geltungsstreber, der in jeder Situation als der Beste anerkannt sein möchte.

- der Machtstreber. Unternehmen bieten sich hierzu an, denn sie werden, allerdings auf Großunternehmen zu beschränken, zunehmend mehr die eigentlich mächtigen gesellschaftlichen Gebilde.

- der leidenschaftliche Spieler, sei er sportlicher oder analytischer Natur, einer Spezies, der sich neuerdings als global player vor allem im finanzwirtschaftlichen Bereich völlig neue Möglichkeiten eröffnen.[33]

Es gibt der Wertorientierungen (einschließlich ihrer manischen Zuspitzungen) bei Führungskräften der Wirtschaft so viele, wie es eben im Leben überall unterschiedliche Menschen gibt, und als Wertorientierung kommen, was Weber übersieht, keineswegs immer hoch ethisch orientierte *Werte*, sondern nicht minder subjektiv völlig eigen-sinnige *Leidenschaften* und *Interessen* in Betracht.[34] Nun geht es darum, wie Führungskräfte mit ihrer eigen-sinnigen Wertrationalität fertig werden, ob sie hinsichtlich der ökonomischen Zweckrationalität und ihren Interessen eine Synthese finden, die beiden Rationalitäten gerecht wird - und hier ist die Praxis oft stillschweigend elastischer als der Theoretiker es sich vorzustellen vermag -, oder ob sie dienend in eine Wertrationalität hineinwachsen, die geeignet wäre, der Unternehmung als Leit*idee* zu *dienen*, die sich in Unternehmenskultur einbringen oder an der sich Unternehmenskultur kristallisieren könnte. Diesen vielen, ganz normalen Fällen, welche Webers Sammelklausel ausfüllen könnten, ist mit rational-irrationaler sowie zweck-wertrationaler Skalierung nicht beizukommen. Die Aufgabe, welcher jeder Führungskraft gestellt ist, wenn sie sich als Persönlichkeit mit der Unternehmung identifikatorisch auf einen Nenner bringen muß, ist eine genuin *ethische* Aufgabe. Im günstigsten Fall kann sich dabei, so Weber, "Interesse" zur "Idee" transformieren.

In Paragraph 9 der Soziologischen Grundbegriffe trifft Weber, hier speziell ökonomisch gerichtet, eine weitere Typisierung nach formaler und materialer Rationalität. *Formale Rationalität* bezeichnet rechnerische, betriebswirtschaftliche Richtigkeit der Verfahrensweise. Das Gemeinte ist eindeutig und bedarf keiner weiteren Diskussion. Dem steht der von Weber selbst "vieldeutig" genannte, aber bei ihm auch vieldeutig und fragmentarisch bleibende Begriff der *materialen Rationalität* gegenüber. Er stellt fest: Es genügt nicht, "daß *zweckrational* (hervorgeh. von M.-F.), mit technisch tunlichst adäquaten Mitteln, g e r e c h n e t wird," sondern es müssen außerdem "ethische, politische, *utilaristische* (hervorgeh. von M.-F.), hedonische, ständische, egalitäre oder irgendwelche andere F o r d e r u n g e n" berücksichtigt "und daran die Ergebnisse des - sei es formal auch noch so "rationalen", d.h. rechenhaften - Wirtschaftens w e r t r a t i o n a l (! M.-F.) oder *material zweckrational* (hervorgeh. von M.-F.)" bemessen werden.[35] Die reale Problematik hat Weber hiermit intuitiv recht zutreffend im Visier, die analytische Darlegung muß allerdings schon deshalb unscharf bleiben, weil die Begriffszuordnung von nunmehr vier Rationalitäten, wert-, zweck-, formal- und materialbezogen, in eine methodische Gemeng- und Überschneidungslage mit Klärungsbedarf gerät.

Man kann hier unschwer die Vorstufe der hoch differenzierten Entscheidungstheorie des rationalen *Satisfizierens* von H.A. Simon aus den siebziger Jahren erkennen.[36] Es geht Simon um zweckrationales Nutzbarmachen von nicht rechenhaften Nebenbedingungen, um nichts weiter. Wenn Weber *wertrational mit material zweckrational* gleichsetzt, begibt er sich auf die gleiche rein operationale Ebene des Betriebswirtschaftlers. Er setzt sich damit in Widerspruch zu all seinen Erläuterungen, in denen wertrationales Handeln durch "unbedingten E i g e n wert... unabhängig vom Erfolg" erkennbare definitorische Grundlage bleibt.[37]

Den Rekonstruierungsversuch von Habermas, hier teils vergleichend, teils unserer eigenen Zusammenfassung dienlich, heranzuziehen, halten wir für hilfreich, weil Habermas auf eine *praktische Rationalität* aus ist, nach deren Maßgabe handelnde Personen "ihre Umwelt kontrollieren lernen."[38] Wohl wissend, daß es Habermas auch immer wieder darum geht, wie zugleich die Umwelt ihre Subjekte kontrolliert, dürfen wir dennoch einen Kontext für verhältnismäßig autonomes Handeln vorfinden. Habermas versucht in seiner Darstellung, die recht verschlungenen Denkpfade Webers zu vereinfachen und einige Sackgassen des Labyrinths von vorne herein außer acht zu lassen. Er bringt das Rationalisierungskonzept Webers in ein siebenstufiges Schema:

1. "Für alles und jedes Handeln" (Weber) gibt es eine differenziert entfaltete *Technik als Grundlage*.

2. Es erfolgt eine Mittelwahl in Bezug auf gesetzte Zwecke nach dem Kriterium objektiver und damit auch kalkulierbarer Wirksamkeit. Von daher versteht sich *technischer Fortschritt als Effizienzsteigerung*. Technik schließt dabei Sozialtechnik mit ein.

3. Ergänzend tritt eine auch die *Zwecke* berücksichtigende Wahlrationalität hinzu: Welche sind bei Einbeziehung der Nebenbedingungen (Interessen) die *richtigen* Zwecke?

4. Der Handelnde entwickelt seine *wertorientierte* Lebensweise. Habermas geht es dabei wie uns. Er stellt fest, daß Webers Begriffsvorstellungen von Wertrationalität und Zweckrationalität verwirren, anstatt zu klären.

5. Es kommt zu einer normativen Verknüpfung der subjektiven Vorstellung von Wertrationalität und Zweckrationalität als einer *methodisch-rationalen Lebensführung*. Musterbeispiel: die vom Geist puritanisch protestantischer Ethik bestimmte Rationalität.

6. Gesellschaftlich strukturieren sich *Symbolsysteme* und diese verdichten sich zu *Weltbildern*. Solche *Deutungsmuster* bestimmen besonders religiöse, Rechts- und Moralvorstellungen.

7. Es erfolgt *kulturelle Rationalisierung* und damit *Wertsteigerung*, indem den Handelnden die "innere Eigengesetzlichkeit der Wertsphä-

ren", das sind nach Weber die "Sphären äußeren und inneren, religiösen und weltlichen Güterbesitzes ...", "in ihren Konsequenzen *bewußt* werden ..."[39] Sie umfaßt via Symbolsystem auch die sozialintegrativen Bestandteile kultureller empirischer Überlieferung.

Mit Schluchter sieht Habermas hier einen Ansatz der Bewußtseinsentfaltung, der von Piaget und Kohlberg genauer ausdifferenziert worden ist.[40]

Habermas skizziert ein integratives Konzept "praktischer Rationalität", das unserer Analyse, obwohl Habermas zu einem völlig anderen Anliegen, einer Theorie des kommunikativen Handelns, unterwegs ist, nicht widerspricht. Nur in einem Punkt gerät Habermas aus seinem Verwertungsinteresse heraus m.E. eine Überzeichnung. Analog Michelangelos Verdikt wird man vorher wissen müssen, welche Symbolsysteme in Webers Arbeiten hinein interpretiert werden können, um sie dann argumentativ ableitend, auch demonstrieren zu können. Diskursethisch gibt Weber, auch im symbolischen Verlauf, wie man es auch sichtet und wendet, einfach nichts her.

Daß Habermas im Hinblick auf *praktische Rationalität* zielt, entspricht wohl kaum Webers Intentionen, erscheint mir aber didaktisch höchst sinnvoll. Was hätte uns Weber, wenn er uns für die heutige Alltagspraxis n i c h t s zu bieten hätte, denn überhaupt zu sagen? "Zu wissen, wie es gewesen ist?" Diese Bedeutung für den Historiker, Weber als eine der bedeutendsten Sekundärquellen zu nutzen, sei unbestritten. Sie ist aber für den Ökonomen in keiner Weise hinreichend. Mit Ausnahme der Symbolsysteme gelingt es Habermas, Weber mit Weber zu erklären. Wenn man auf aktualisierbare Denkimpulse aus ist, muß man allerdings feststellen, daß Weber in dem, was er sagt, in zwei entscheidenden Punkten versagt:

1. Auf der *logischen Ebene* erlaubt die Unschärfe der Begriffe Zweckrationalität, Wertrationalität, formale Rationalität, materiale Rationalität, Interessen und Werte, nach Belieben, eigenem Scharfsinn und Verwertungsinteresse, jede x-beliebige Interpretation. Die aufgezeigte ökonomisch initiierte Apokalypse kann damit nachgewiesen und zugleich nicht nachgewiesen werden.

2. Auf der *evolutorischen Ebene* bleibt Habermas wie Weber, damit es keinen methodischen Bruch gibt, vor der Apokalypse stehen. Die entscheidende Frage aber ist doch, ob es n a c h dem Zerfall der die Ökonomie höchst ökonomisierenden und sie damit zugleich lebensweltlich wie metaphysisch integrierenden puritanischen Ethik überhaupt noch eine rational-methodische Lebensführung geben kann. Wenn ja, wie sähe sie aus, könnte sie Allgemeingültigkeit erlangen, ja, könnte sie mehr als Interimsqualität besitzen? Schon die Bezeichnung "Lebensführung" ein Weberscher Leitbegriff, scheint dem späten Weber "als standesgemäße Lebensführung einer Persönlichkeit" höchst dubios zu sein.[41]

Hier liegt eine der Hauptursachen des modernen Identitätsproblems: Nichts ist für die eigene Biographie vorgegeben. Der Lebenssinn muß von jedem selbst gefunden werden und dauernd neu gefunden werden. Die Soziologie kann dabei mit ihren Beiträgen zur Kohortenforschung, schichtenspezifischer Berufschneidung und Lebensstandards, Konsum- und Freizeitforschung, Erhebungen zum Wandel der Familie sowie zur "Lebenserwartung" (das heißt inzwischen zumeist demographisch verkürzt: wie lange lebt der Mensch?) kaum behilflich sein, sondern eher reflexiv die subjektive Ratlosigkeit hinsichtlich "Lebensführung" verstärken.

Mit dem Aufzeigen dieser beiden signifikanten Lücken ist das Resümee unserer Untersuchung des Rationalisierungsprozesses bei Weber gezogen. Gerade an der Chiffreform der von Habermas rekonstruierten "Systematik" lassen sich Webers Schwachstellen besonders augenscheinlich machen.

Nicht folgen möchte ich der Anregung von Habermas, zur Fundierung von Bewußtseinsstrukturen (Stufen 5 und 6) Kohlberg zu Rate zu ziehen. Das ist gewiß lohnend, wenn es um Bewußtseinsbildung und *Moralentwicklung* als solche geht. Bleibt man indessen in der Weber-Forschung, so wäre Ausschau zu halten nach einer Fundierung, die nach Herkunft und Methode für Webers Philosophie adäquat sein kann. Webers Soziologie ist, wie erwähnt, stark philosophisch geprägt, grob umrissen durch Kant, Hegel, Nietzsche, Neukantianer, frühe phänomenologische Ansätze. Die Entwicklungspsychologie kann Weber also nicht gerecht werden und umgekehrt.

Philosophisch hat neuerdings Albrow (1987) einen Brückenschlag zu Kant vorgelegt. Für den angelsächsischen Pragmatiker ist es dabei hinreichend, zu belegen, daß Weber ein ausgezeichneter Kant-Kenner war und, Kantkenntnisse bei einer breiten Bildungsschicht voraussetzend, meinte, es nicht eigens erklären zu müssen, daß ein gleichzeitiges Gerechtwerden von Wertrationalität und Zweckrationalität nichts anderes sei, als das Zusammenwirken von *Hypothetischem und Kategorischem Imperativ* in der Subjektiven Lebensführung.[42] Das muß spekulativ bleiben, ist aber ein interessantes und adäquates Weiterdenkmodell, auf das ich deshalb nicht eingehe, weil Albrow es unterläßt, im Vorfeld die Begriffsunschärfe Webers hinsichtlich zweckrational - wertrational zu klären. Wie dargelegt wurde, schließt Webers Wertorientierung keineswegs nur Ethisches mit ein. Der Kategorische Imperativ kann aber nur in Bezug auf ethisches Handeln diskutabel sein.

4.4 Herrschaft

Beim Stichwort "Herrschaft" assoziieren Betriebswirte prompt *Macht*, denn so lautet das ihnen vermittelte Lehrbuchwissen.[43] Die Dreigliederung nach charismatischer, traditionaler und rationaler Machtausübung soll dort Weber als bahnbrechenden Organisations- und Rationalisierungstheoretiker und -pragmatiker ausweisen. Wenn dabei bisweilen, wenn auch nur synonym gemeint, das Wort "Herrschaft" fällt, ist damit immerhin ein Zipfel des von Weber nicht genuin ökonomisch konzentrierten Kontextes erfaßt:

1. Es ist ein fundamentaler Irrtum, Weber Verwertungsabsichten zu unterlegen. Auch wo er, wie bei der Bürokratisierung idealtypisch recht genau den damals neuesten Stand von Führung und Organisation erfaßt, geht es ihm um Ist-Analysen. Gleiches gilt für seine *Beiträge Zur Psychophysik der industriellen Arbeit*, die sich nicht tayloristisch ausdeuten lassen.[44]

2. Wenn wir die Leitkategorie Herrschaft betrachten, so finden wir sie bei Weber primär auf öffentlich rechtliche Institutionen, vor allem auf den Staat, bezogen.[45] Mit Herrschaft hängen funktional die Aspekte von Autorität, Macht, Legitimität, Legalität, Geltung, zusammen. Für Weber ist Autorität gleichbedeutend mit Herrschaft.

3. Daß die Gestaltungsmuster verschiedenster Lebensordnungen bei aller Eigen-Sinnigkeit auf eine übergeordnete integrative Rechtsordnung hin

tendieren, ist einerseits Folge des modernen Rationalisierungsprozesses, aber die Ursache ist das Ausschlaggebende. So hängt von einem rechtlich transparent und zuverlässig einschätzbaren Staat, wie wir in Abschnitt 4.2 aufgezeigt haben, die Chance, kapitalistisch wirtschaften zu können, ab. Es gehört zu den Vor-Gaben rechenhaft planvollen Wirtschaftens ein Vertrauen Können auf ein rationales Recht und eine zuverlässige Rechtsordnung, und das kann nur der Staat garantieren. Zugleich ist der Staat auf die Wirtschaft als die alleinige Quelle geldlicher Mittel (Steuern) angewiesen, so daß wechselseitige "Berechenbarkeit" für beide Seiten von existentiellem Interesse ist. Wenn neuerdings zunehmende Deregulierungen darauf hinweisen, daß der Staat dabei ist, abzudanken und auf der anderen Seite die Quelle aller Geldmittel, dank Globalisierung, ausbleibt, weil die Großunternehmen es verstehen, im Inland bis zu einem gewissen Grad steuerfrei zu bleiben, heißt das: die weberschen Prämissen sind nicht auf neuestem Stand.

Wir möchten zunächst einige grundlegende Begriffe klären und sodann auf die drei Herrschaftstypen eingehen.

Herrschaft "soll ... die Chance heißen, für spezifische (oder: für alle) Befehle bei einer angebbaren Gruppe von Menschen Gehorsam zu finden." *Chance* heißt: Gehorsam kann auch aus anderen Gründen, zum Beispiel aus Opportunismus, geleistet werden. Herrschaft kann nur funktionieren in der Komplementarität von *Befehl und Gehorsam*, also bei eindeutiger Über- und Unterordnung. Ob die "Unterwerfung" unfreiwillig wie beim Militär oder freiwillig, wie bei der "Werkstattdisziplin" erfolgt, ändert am Gehorsam = Unterwerfung, nichts.[46]

Herrschaft ist stets auf *Menschen* gerichtet, also eine *soziale Beziehung*. Sie enthält aber bei Weber keine Chancen interaktiver Wechselsteuerung. Webers Hierarchiedenken verlangt eindeutig Gehorsam auch für nicht einsichtige Befehle. Herrschaft als soziale Beziehung heißt Machtausübung. *Macht* "bedeutet jede Chance, innerhalb einer sozialen Beziehung den eigenen Willen auch gegen Widerstreben durchzusetzen, gleichviel worauf diese Chance beruht".[47] Herrschaft bedarf, damit sie rechtlich *gelten* kann, des *Legitimitätsnachweises*. In ihrer einfachsten und häufigsten Form ist es wohl der *Legalitätsglaube*, der einer Herrschaft und Herrschaftsordnung Geltung verschafft.[48] Eine sozialpsychologische Ausleuchtung des Legalitätsglaubens als Vertrauensverhältnis unterbleibt.

Als Ist-Darstellung betrachtet, ist die Zeit Webers offensichtlich noch nicht reif für soziale und funktional gleichwertige Partnervorstellungen einer sozialen Beziehung. Wir müssen also Paragraph 3 der Soziologischen Grundbegriffe, welcher die soziale Beziehung definiert, in der Regression von Befehl und Gehorsam sehen. Der Herrschende ist in seiner Machtausübung legitimiert, die ganze Bandbreite der ihm zweckmäßig erscheinenden Mittel einzusetzen, denn es ist ja "gleichviel", worauf die Durchsetzungschance beruht. Diese instrumentale Seite ist hoch modern. Neuere Management-Lehrbücher spezifizieren das als coercive power, reward power, expert power, referent power, aber auch als legitimation power.

Die entscheidenden Kriterien, nach denen die Herrschaftstypen bestimmt werden, sind ihre legitimatorische Basis und ihre Durchsetzungsstruktur. Bei *legaler* Herrschaft ist die Legitimation durch Rechtsordnung, Satzungen und Regeln gegeben und die Struktur durch eine verwaltungsbürokratische Kompetenzhierarchie bestimmt. Traditionale Herrschaft beruht "auf dem Alltagsglauben an die Heiligkeit von jeher geltender Traditionen und der Legitimität der durch sie zur Herrschaft Berufenen".[49] Die Struktur beruht auf einer Privilegien- oder Lehenshierachie der Adelsschicht und wohlhabender Besitzstände. Die *charismatische* Herrschaft beruht auf der persönlichen Ausstrahlungskraft eines jenseits der Rationalität erfaßbaren Sendbotenbewußtseins, wie wir es bei Heiligen, Sektenführern, bisweilen auch bei Politikern, Feldherren und Demagogen finden. Die Struktur ist sekundär und ebenfalls irrational, denn sie ist ganz auf die message und die Person des Sendboten zugeschnitten, bzw. in ihr verkörpert. Weber betont, daß in der Praxis die drei Typen ineinandergreifen können, die Typisierung aber die Analyse der Wirklichkeit erleichtere. Didaktisch hat Weber leider in der Behandlung der Reihenfolge legal, traditional, charismatisch, gewählt.[50] Das erschwert es, die geschichtliche Dialektik des Entstehungszusammenhanges nachzuvollziehen. Wir werden bei der Behandlung der traditionalen Herrschaft kurz darauf eingehen.

Legale = rationale = bürokratische Herrschaft

sowie *legale Herrschaft mit bürokratischem Verwaltungsstab* werden als austauschbare Begriffe von Weber benutzt. Als Adressaten nennt er, die öffentlich rechtliche Intention betonend, "Behörden". Doch können die zugrunde liegenden Kriterien überall dort gelten, wo gesellschaftliches Handeln sich an einem "Kosmos gesetzter R e g e l n" orientiert.[51] Weber stellt zunächst die Grundkategorien legaler Herrschaft dar und geht dann zu den Merkmalen des bürokratischen Verwaltungsstabes über. Sodann würdigt er die Vorzüge und Nachteile.

Die *Grundkategorien legaler Herrschaft* beinhalten:

1. Kontinuierlicher, regelgebundener "Betrieb" der Amtsgeschäfte.

2. Kompetenzregelung nach Leistungsbereich, Befehlsbereich, Sanktionskompetenz. "Ein derartiger Betrieb soll Behörde heißen."[52]

3. Amtshierarchie als geregelter Kontroll- und Instanzenweg.

4. Festlegung von Verfahrensweisen als technische Regeln und Normen. Damit hier volle Rationalität gewährleistet ist, ist fachliche Qualifikation die Eingangsvoraussetzung für die "Beamten".

5. Die Mitarbeiter sind nicht im Eigenbesitz der sachlichen "Verwaltungs- und Beschaffungsmittel".

6. Es gibt für den Amtsinhaber kein Recht am Amt, sondern nur im Amt (Keine Appropiation).[53]

7. Das Prinzip der Aktengemäßheit, schriftlicher Fixierung aller wesentlichen Vorgänge und kontinuierlichem Betrieb durch Beamte ergibt zusammen "das Bureau".[54]

Als Merkmale legaler Herrschaft mittels *bürokratischem Verwaltungsstab* werden mit Bezug auf den Einzelbeamten genannt:

1. Persönlich frei, nur *sachlichen* Amtspflichten gehorchen.

2. Amtshierarchie einhalten.

3. Kompetenzen einhalten.

4. Das Leistungsverhältnis ist durch Kontrakt (Arbeitsvertrag) geregelt, aber

5. freie (unabhängige) Auslese nach Fachqualifikation. Aufwertung der Diplome. Es herrscht der Grundsatz: Herrschaft kraft Wissen.

6. Vergütung nur in Geld.

7. Keine nebenberufliche Tätigkeit.
8. Die Laufbahn wird geboren, nach den Kriterien Eingangsqualifikation, Alter, Leistung, Beurteilung durch den Vorgesetzten.
9. Keine privaten Arbeitsmittel, keine Appropriation der Amtsstelle.
10. Strenge einheitliche Amtsdisziplin und Kontrolle.

Geht man die erste Aufstellung durch, so wird der Ökonom einiges wiedererkennen, was in den fünfziger Jahren noch von einigen Konzernen als Organisation verstanden wurde. Aber auch in der zweiten Aufstellung, deren Behördenaffinität unverkennbar ist, würde man bei firmengeschichtlichen Recherchen mit Sicherheit bei Versicherungen, Großbanken, Industrieunternehmen wie AEG, Siemens und Krupp beamtenähnliche Laufbahn- und Organisationskriterien feststellen können, die noch vor einigen Jahrzehnten gültig waren. Als Spätblüte reussierte in den fünfziger Jahren in der Bundesrepublik das sogenannte "Harzburger Modell". Es ist schon erstaunlich, wie Webers Idealtypen in der Wirtschaft Erfolg haben konnten. Denn seine Auffassung von den materialen Gehalten rationaler Herrschaft lautet ausdrücklich: "Herrschaft ist im Alltag primär: Verwaltung".[55] Er bringt diesen Satz als Begründung, warum hier die typische Art des "Leiters" (wir würden sagen des Managers) außer Betracht bleibe.

Höchst zutreffend sieht Weber als Folgewirkung rationaler Herrschaft die Zunahme der Nivellierung, Verschulung bis ins dritte Lebensjahrzehnt (damals nur zahlungskräftigen Personen möglich) und fortschreitende Formalisierung und Entpersönlichung. Dagegen weist Weber dem Unternehmer, also dem freien Urheber des bürokratischen Prinzips, in zweifacher Hinsicht eine übergeordnete Stellung zu: So heißt es im gleichen Kontext: "Ueberlegen ist der Bureaukratie an Wissen: Fachwissen und Tatsachenkenntnis innerhalb seines Interessenbereichs, regelmäßig nur : der private Erwerbsinteressent. Also: der *kapitalistische Unternehmer* (hervorgeh. von M.-F). Er ist die einzige wirklich gegen die Unentrinnbarkeit der bureaukratischen rationalen Wissensherrschaft (mindestens: relativ) immune Instanz. Alle anderen sind in Massen verbänden der bureaukratischen Beherrschung unentrinnbar verfallen, genau wie der Herrschaft der sachlichen Präzisionsmaschine in der Massengüterbeschaffung."[56]

Und an anderer Stelle, seiner "Soziologie der Herrschaft", fügt er die noch gewichtigere Begründung der Unternehmerherrschaft, nämlich kraft Interessenkonstellation, hinzu, eine Herrschaft, die um so rigider greift, je monopolnäher der Unternehmer als Arbeits- und sonstiger Marktanbieter agieren kann.[57] Hier wäre der Ansatzpunkt zum Weiterdenken. Mit einer sich ändernden Interessenkonstellation, evoziert durch allgemeinen Wandel der Marktverhältnisse und des menschlichen Bewußtseins, hat auch nur eine Herrschaft Überlebenschancen, deren Rationalitätsverständnis sich dementsprechend wandelt, also bürokratische Denkschablonen weit hinter sich läßt.

Ehe wir eine Würdigung versuchen, müssen uns zunächst die von Weber austauschbar gebrauchten Attribute rational, legal, bürokratisch, verwirren, denn sie sind einfach n i c h t synonym, evozieren mindestens eine andere Akzentuierung.[58] Wenn wir feststellen, Weber geht es letztendlich bei dieser Herrschaftsform *um die zuverlässige Legalität durch Begründung einer rational orientierten Rechtsordnung*, so ist das zutreffend, doch Weber demonstriert, im Abstand von nur zwei Seiten, kommentarlos, daß man sowohl *legal* als auch *rational* als übergeordnet betrachten kann.[59]

Inhaltlich ist mit der Austauschbarkeit der Attribute "legal, rational, bürokratisch" Bürokratie jeder *x-beliebigen Zweck*rationalität als Mittel zuordnungsbar, also auch der ökonomischen Zweckrationalität. Verwaltung als Herrschaftsherzstück mag aus damaliger Sicht vielleicht ein Quentchen Wahrheit enthalten haben. Fast wie von einem Mythos läßt sich von einer nahezu einhundert Jahre währenden Epoche träumen, in der der Verkäufer das Marktgeschehen bestimmte, also Marketing, aber auch Motivation als Führungsmittel Fremdwörter waren. So manches Unternehmen mag aber im Epochenwandel an seiner Bürokratie oder zumindest an der zu späten Reorganisation gescheitert sein. Nicht nur sind längst andere Organisationsformen, weil flexibler, sozial und elektronisch vernetzt und diversifizierbar, gefragt. Noch schwerwiegender scheint mir zu sein, daß gerade die von Weber beschriebene bürokratische Organisation autopoietisch geladen ist, also die Tendenz hat, zum *Selbstzweck* zu entarten. Dem *Dienst nach Vorschrift* ist hier Tür und Tor geöffnet: Halte die Vorschriften exakt ein, und Du bist in Ordnung! Das mag ein Schulungsweg für *Gesinnungsethik* sein und hält wohl auch sozialistisches Wirtschaften eine Weile über Wasser, führt in der Markwirtschaft aber sehr schnell in die

Sackgasse. Soweit ich sehe, ist bisher übrigens noch nicht untersucht worden, ob die Verbreitung der bürokratischen Organisation in Deutschland nicht nur auf rationalen, sondern auch auf mentalen Präferenzen beruht. Patriarchismus, Macht, Befehl, Gehorsam, Untertanengeist, Disziplin, finden hier ihr legales Alibi, verleihen ein gutes Gewissen.[60]

Die patriarchische Hierarchiegeladenheit der Kategorien rationaler Herrschaft spiegelt den Zeitgeist um 1900. Um 2000 ist dergleichen Museumsgut. Auch das Demokratiedefizit spiegelt den Zeitgeist, aber wohl auch Webers gespaltenes Verhältnis zur Demokratie. Aus heutiger Sicht würden wir sagen: eine demokratische Grundordnung stellt per excellence die dem Naturrecht entsprechende *legale* Herrschaftsform dar.[61] Weber sieht in der "sogenannten Demokratie" ein grundsätzliches Spannungsverhältnis zwischen Verwaltung und politischer Führung, auf Grund der wahlbedingt kurzen Amtsfristen, angelegt. Rolshausen untertreibt eher, wenn er Webers Auffassung zusammenfaßt: "Der Legitimationsglaube ist nämlich in einer plebiszitären Demokratie nicht dauerhaft: das unpersönliche Recht bedarf der Autorität eines Führers. Mit dieser charismatisch eingefärbten Personalisierung politischer Macht verbindet Weber die Vorstellung eines Gegenpols zu einer übermächtig werdenden Bürokratie und einer Mediatisierung durch Massenparteien und Organisationen."[62] Weber spricht hier von einem naturgemäßen Gleiten in eine "ausgeprägte Herrenstellung".[63] Vereinfacht gesagt: auch die Demokratie braucht ihre Bosse. Das Merkwürdige ist, daß Manager, für die Bürokratie längst kein Thema ist, sondern die auf "keep your office lean" stehen, der Herrenthese voll zustimmen würden, was insofern nicht schwierig ist, weil Unternehmen bislang verbreitet Nachholbedarf in Demokratieverständnis haben.

Traditionale Herrschaft

Es handelt sich ganz überwiegend um von weltlicher und geistlicher Aristokratie ausgeübte Herrschaft. Traditional "soll eine Herrschaft heißen, wenn ihre Legitimität sich stützt und geglaubt wird aufgrund der Heiligkeit altüberkommener ("von jeher bestehender") Ordnungen und Herrengewalten".[64] Wir beschränken uns hier auf die wichtigsten Kriterien:

1. *Heiligkeit* bezieht sich auf die Herrscherperson. Heiligkeit enthält semantisch nicht nur den religiösen Bezug, sondern beinhaltet auch: heil = richtig, gesund, in Ordnung, nicht zu hinterfragen, tabu.

2. Die Untertanen (Weber: "Diener") begegnen der Heiligkeit komplementär mit gläubiger Frömmigkeit = *Pietät*.

3. Rechtsgrundlage ist nicht gesetztes Recht, sondern *im Herrscher verkörpertes Recht*. Der Herrscher i s t gleichsam die Rechtssatzung. Daraus leitet sich aber keineswegs Willkür ab. Ein Netz von gewohnheitsmäßig gewachsenen Sitten und auf den Herrscher überkommenen, mit dem Amt verbundenen oder ihm verliehenen Rechten, aber auch Pflichten, bindet ihn ein, ohne daß dies für jemanden zur Hinterfragung anstünde. Die Verkörperung dieses Netzes macht seine *Eigenwürde* aus. So gesehen hatten beispielsweise der Bischof von Köln und der Bischof von Bremen, nicht als Person, sondern als Rechtsträger betrachtet, keine vergleichbare Eigenwürde.

4. Der Ursprung liegt für Europa im mittelalterlichen Feudalsystem, verbunden mit Grundherrschaft und Lehenswesen. Der Untertan leistet Dienste, der Herr aber ist seinerseits reziprok für die Gewährleistung einer statusgemäßen leiblichen und geistlichen Lebensführung verantwortlich. Er ist in der Regel, zumindesten in Teilbereichen, auch Gerichtsherr.[65]

5. Der Verwaltungsstab rekrutiert sich patrimonial, vor allem aus Sippenangehörigen, Sklaven, Leibeigenen, Freigelassenen, Günstlingen, Vasallen, aber auch freien pietätsfolgsamen Beamten.

6. Die ökonomische Basis bildet die organisierte Bedarfsdeckungswirtschaft, die sogenannte Oikenwirtschaft.

Diese Kriterien vertiefend auszuarbeiten würde uns wirtschafts- und sozialgeschichtlich zu sehr abseits von unserem eigentlichen Anliegen führen. Die Schlüsselfrage lautet: Welchen Beitrag leistet die traditionale Herrschaft von sich aus, um einem neuen Wirtschaftsdenken die Tür zu öffnen? Der Türspalt wird breiter, je mehr die Aristokratie bereit ist, sich mit einer innovativ denkenden städtischen *Bürgerschicht* gegen Lehensabhängigkeiten und Rivalitäten und die übrigen Stände zwecks Herrschaftserhalt *zu verbünden* und damit die traditionalen Privilegien zunehmend zu beseitigen und eine formale Rationalisierung von Recht und Verwaltung einzuleiten.[66]

Traditionale Herrschaft verfällt primär durch Wandel der Rechtsauffassung. Weber hat in seiner Wirtschaftsgeschichte und der *Protestantischen Ethik* wie erwähnt sechs Voraussetzungen für das Entstehen des modernen Kapitalismus genannt. R a t i o n a l e s Recht steht dort als e i n e der Voraussetzungen. Daß er bei rationaler Herrschaft die *Rechtskategorie an die erste Stelle* rückt und folgerichtig den anschließenden Herrschaftstypus den *legalen* nennt, macht erst recht Sinn, wenn wir nicht nur rein erwerbswirtschaftlich sondern wirtschafts- und gesellschaftspolitisch denken. Das rational objektivierte Recht setzt erst im weitesten Sinne den verkehrsregelnden Rahmen dafür, daß Geldwirtschaft, Märkte, Verträge jeder Art, möglich sind und garantiert das Zusammenspiel mit anderen gesellschaftlichen Ordnungen. Der Übergang vom Traditionalen zum Rationalen ist dabei historisch betrachtet fließender und ständemäßig einvernehmlicher, als es jeweils ein idealtypischer Status abzubilden vermag.

Traditionale Herrschaft heute? Schon die Begrifflichkeit geht daneben. Zunächst sollten wir nicht von Herrschaft sondern von Macht sprechen, erstens weil Herrschaft zu asymmetrisch geprägt ist, zweitens weil heutzutage sich Einflußnahme auf das Verhalten andrer Menschen auf mannigfaltige Weise, zudem auch über Medien - es gibt längst eine Glaubbarkeitshierarchie der Medien -, legitimieren kann. Von den traditionalen Sinnbeständen Weberschen Idealtyps spielte bestimmt noch manches bis ca. 1945 in lebensweltliche Nischen hinein. Man denke an den Großgrundbesitz östlich von Elbe, Oder und Weichsel und seine Lebensformen.

Ältere Praktiker würden unter traditionaler Herrschaft ohnehin etwas anderes verstehen: die Zeiten, wo man noch Herr im eigenen Haus war, keinen Ärger mit der Gewerkschaft hatte und noch "Zucht und Ordnung" herrschten. Ernster sind schon die Restbestände zu nehmen, welche das in den Unternehmen wohl bis in die 1960er Jahre verbreitete bürokratische Denken, nach Harzburger Modell redesigned, in den Köpfen als kognitive Denkmuster, aber auch in Art und Organisation des Leistungsvollzugs (z.B. eine Fertigungslinie), als quasi *virtuelles Anlagevermögen*, erhalten hat. Das Traditionale von heute ist also überwiegend die Remanenz des Bürokratischen.

Traditionales Denken ist im ökonomischen Bereich weitgehend negativ besetzt. Es gilt als ein die Wahrnehmung begrenzendes und handlungshemmendes Denken. Nicht nur die mit dem Lebensalter zunehmende

Unbeweglichkeit sowie die *Angst* vor dem vielen unbekannten Neuen, wie Globalisierung, Virtualisierung und Cyberspace, Gen- und Kerntechnologie, sondern auch die *identifikatorische Inkompetenz*, in der Wirklichkeit, so wie sie i s t , einen Sinn zu finden, sehen vordergründig in der Tat wie Traditionales Denken aus, sind aber schlicht gar kein Denken, sondern bloßes Gewohnheitsverhalten.

Wenn wir diese Wirklichkeit versuchen, für uns wahrzunehmen, im Sinne von wahr zu nehmen, so müssen wir, wollend oder nicht, viele Traditionstatbestände anerkennen, die unser existentielles Fundament bilden. Aber nur, wenn wir in der Lage sind, unter diesem Fundamentalaspekt Tradition, dort wo sie für uns lebenswichtig bleibt, neu zu interpretieren, kann sie Bestandteil unserer Identität werden, oder anders formuliert: Mit einem Ausweichen läßt sich personale Identität nicht finden. Giddens: "Die Tradition ist nicht völlig statisch, denn sie muß von jeder Generation neu erfunden werden."[67]

Das ist für den Einzelmenschen keine leichte Aufgabe, aber identifikatorisch lebenswichtig kann es beispielsweise für ein Großunternehmen sein, das im Jahre 1870 gegründet wurde. Die sogenannte Unternehmenskultur ist nicht nur ein Vehikel für Rituale und Werte, die man gerne haben möchte und auf die man stolz sein kann. Für deutsche Unternehmen bot sich ein guter aktueller Reifetest an: Wie stehen wir zur Zwangsarbeiterentschädigung?

Charismatische Herrschaft

Ihre Legitimitätsgeltung beruht primär "auf der außeralltäglichen Hingabe an die Heiligkeit oder die Heldenkraft oder die Vorbildlichkeit einer Person und der durch sie offenbarten oder geschaffenen Ordnungen".[68] Nicht Legalitätsglaube oder Pietät sondern *bedingungslose Anerkennung* bringt die Legitimität auf Seiten der *Gefolgschaft* zur Geltung. Weber greift hier einen religiösen Archetypus auf und bringt ihn in einen gesellschaftlichen, vor allem politischen Bezug. Der Herrscher ist *Sendbote*. Die Anerkennung des *Jüngers* greift um so tiefer, als sie nicht nur die Sendungsqualität, sondern auch die *Begnadigungsqualität* des Sendboten umfaßt; sie ist zutiefst *irrational*. Bleibt allerdings die Bewährung des Sendboten aus, hat die "charismatische Autorität die Chance zu schwinden".[69]

Charismatische Herrschaft stellt auf das Erwähltsein für *außeralltägliche Lösungen* ab, wenn die etablierten Herrschaftsformen nicht in der Lage sind, außeralltägliche Probleme, die den Alltag bedrohen - man denke an die Massenarbeitslosigkeit in Deutschland 1930 - 1933 - zu meistern. Wenn charismatische Herrschaft sich auf Dauer etablieren will, müssen nicht nur neue Herausforderungen vorhanden sein oder, wie im Dritten Reich, demagogisch hergestellt werden; eine partielle Traditionalisierung und Rationalisierung ist unausweichlich.

Weber sieht im Charisma "die große revolutionäre Kraft in traditional gebundenen Epochen".[70] Damit spricht er der ratio die ausschließliche Lösungskompetenz in gesellschaftlichen Konflikten ab. Kurz zuvor betont er aber, daß reines Charisma spezifisch *wirtschaftsfremd* sei, denn das Sendungsethos verwerfe "die ökonomische Verwertung der Gnadengaben als Einkommensquelle". Das ist, wie Weber selber einräumt, ein weites Feld. Ausbeutung, Begünstigung, Bestechung, verschwenderische Machtdarstellung in Diktaturen, widersprechen dem in der Praxis. Zutreffend ist aber die Feststellung als solche, daß Wirtschaft kein geeignetes charismatisches Tätigkeitsfeld sein kann. Vielmehr muß charismatische Herrschaft ein Unternehmen schnellstens ruinieren. Die Irrationalität von Besessenen, die nur nach Opportunitätskriterien gelegentlich auch rational aufgeschlossen ist, stellt bereits einen indiskutablen Ausgangspunkt dar.[71] Außerdem kann Organisation nur strukturlos und willkürlich geraten, gekürt nach dem Willen des charismatischen Leaders. Schlußendlich bewegt sich alles Planen und Handeln bei reinem Charisma im *rechtsfreien Raum*.

"... das Charisma kennt nur innere Bestimmtheiten und Grenzen seiner selbst."[72] Gegebene Rationalitäts- und Legalitätsbestände werden dabei zwar opportunistisch ausgebeutet, doch wie am Beispiel des Dritten Reiches zu verdeutlichen: der Führer bricht, setzt und gewährleistet paradigmatisch das Recht dem Sendungszweck gemäß. In bedingungsloser Anerkennung dieser totalen Willkürherrschaft kann die Gefolgschaft die moralische Entlastungsformel finden: Ich brauche kein Gewissen zu haben. Mein Gewissen ist der Führer.

Der Historiker W. Mommsen versucht nachzuweisen, daß sich beim späten Weber (1913 - 1920) die Einstellung zur "reinen" Typenbildung ändert. Besonders, so Mommsen, sieht Weber Elemente des charismatischen Typus in den übrigen Herrschaftsformen mit enthalten: höchst persönliche, nicht alltägliche Wertvorstellungen sind danach die *Quelle jedes kreativen Handelns*.[73] Nur so scheint mir auch seine ethisierende Verherrlichung des Charismas in *Politik als Beruf* verständlich.[74] Mommsen meint, Weber sei nicht mehr dazu gekommen, bisher Geschriebenes daraufhin einer kritischen Revision zu unterziehen. Wie auch immer, nicht von der Hand zu weisen ist Mommsens Feststellung, daß Weber in seiner späten Schaffensphase, im Aufgeben eines evolutorischen Geschichtsbildes, versuchte, Geschichtsprozesse dialektisch zu verstehen, bestimmt durch die Antinomie Charisma - Rationalisierung und undeterminiert als open end.

Antinomisch scheint mir die Leitidee von Webers Herrschaftstypen überhaupt angelegt zu sein. Die Pole lassen sich dabei aber wohl eher weit neutraler als

Personalisierung - Versachlichung

bezeichnen. Zwischen diesen beiden Polen bewegt sich in der Realität die Führungskraft. Die erfolgreiche Führungskraft muß einen Ausgleich finden zwischen "concern for people" und "concern for production". Dieses erfordert nicht Rechenhaftigkeit sondern, neben psychologischen Wissen, ein immer neu der Bewährung sich stellendes soziales Einfühlungsvermögen oder Sphärengespür.

Soll das bei den Mitgliedern der Unternehmung "rüberkommen", kommt es nicht nur auf das Was sondern auch auf das Wie der Führungskraft an. Eine gewisse persönliche Aura kann die Überzeugungskraft verstärken. Es wäre aber falsch, hier von einem Schuß Charisma, der nichts schaden kann, zu sprechen. Der Charismatiker *mißbraucht* das soziale Einführungsvermögen. Er suggeriert, hypnotisiert, wirkt massenpsychologisch.

Auch Kreativität läßt sich nicht charismatisch ableiten. Was letztlich die Kreativität und die Visionsfähigkeit fördert, hat Bruner entwicklungspsychologisch nachgewiesen. Die kreativen Fähigkeiten sind bei jenen Erwachsenen besonders gegeben, die etwa bis zum zwölften Lebensjahr alle Entwicklungsphasen voll entfalten konnten und *spielend*, träumend, phantasierend alle Veranlagungen in sich ohne Ernstcharakter und so *unter anderen* die rationale Vernunft erproben konnten. Keynes sieht es ähnlich, wenn er den erfolgreichen Ökonomen begabungsmäßig zwar einerseits hinsichtlich operationalen Könnens mit einem Zahnarzt, andererseits aber hinsichtlich innovativ kreativen Gespürs mit einem Künstler vergleicht.[75]

161

4.5 Verantwortung

Für die Weber-Forschung im engeren Sinn stellt sich die lohnende Aufgabe, den Verflechtungen nachzugehen, die bei Webers Handlungs- und Herrschaftstypen mit seiner ethischen Typologie: magische Ethik, Gesetzesethik, Gesinnungsethik, Verantwortungsethik, nachweisbar sind.[76] Für unsere Zwecke dürften wir uns auf seine Ausführungen zu Gesinnungs- und Verantwortungsethik beschränken. Weber zeigt hier einen selbstidentifikatorisch relevanten bzw. persönlichkeitsbildenden Knotenpunkt auf, ist also viel konkreter als in seinen soziologischen Grundbegriffen, wo sinnorientiertes Handeln nur sehr allgemein angesprochen wird. Zudem zeigt er eine ethische, keine psychologisierende Handlungsperspektive in einer Welt *diesseits der Verzauberung* auf, ein *Dennoch*, trotz der von ihm beschworenen Apokalypse.

Daß Webers Argumentation hier so anschaulich, eindringlich und praxisnah gerät, ist wohl dem Glücksfall zu verdanken, daß er diese Gedanken nicht als Kathedergelehrter, sondern als politisch engagierter Zeitgenosse formuliert. Die publizierte Ausarbeitung von "*Politik als Beruf*" beruht auf der Rede, die er am 28. Januar 1919 vor dem Landesverband des Freistudentischen Bundes in München gehalten hat. Man hat in der Würdigung also sowohl den politisch brisanten Zeitpunkt als auch ein politisch schwärmerisch gestimmtes Publikum zu berücksichtigen, dem der Nationalliberale Max Weber alles andere als nach dem Mund redet. Man hat ferner zu berücksichtigen, daß Weber den Beruf des Politikers anspricht. Zwar räumt er einleitend ein, daß der Begriff der Politik im weitesten Sinn jede Art selbständig leitender Tätigkeit umfasse. Er beschränkt sich aber ausdrücklich auf Politik im engeren Sinne. Folgerichtig befassen sich deshalb etwa zwei Drittel des Aufsatzes mit der Genese des modernen Berufspolitikers.[77] Gerade weil Weber auch in dieser Schrift die mehrfach von ihm vertretene Auffassung einbringt, daß verschiedene Lebensbereiche auch einen unterschiedlichen ethischen Kontext evozieren, sollten wir von einer schlicht kopierbaren Übertragbarkeit auf den Beruf des Unternehmers und Managers nicht ohne weiteres ausgehen, sondern nur Denkanregungen hierzu erwarten.[78]

Gesinnungsethik

entwickelt eine moralische Weltanschauung, in der es keine Schattierungen zwischen Gut und Böse gibt. Ethische Forderungen gelten als *unbedingt*, wie Weber am Beispiel der Bergpredigt, aber auch am Gleichnis Jesu vom reichen Jüngling zeigt.[79] Hier reicht es nicht, daß der Jüngling Jesu nachfolgt und reichlich spendet, sondern er ist gehalten, *alles* aufzugeben und hinter sich zu lassen. Solche Gesinnung ist gewiß sehr schön und edel. Sie ist aber, weil irreal übersteigert, zumeist dazu verurteilt, sich zur bloßen Tugend zu verhärten. Wo daraus tatsächlich Handlung hervorgeht, besteht die Gefahr, daß solche Handlung leicht ins Radikale, Fanatische, Terroristische umschlägt. Weber meinte als Adressaten vor allem die Spartakisten, aber auch die zahlreichen sich "nach neuen Göttern sehnenden" Jugendverbände mit ihrer Flucht ins Völkische, Mythische, Natürliche.[80] Uns Nachfahren liefert wohl Aufstieg und Fall der RAF ein noch treffenderes Lehrstück.

Wo die Gesinnungsethik zur bloßen Tugend erstarrt, darf sich ihr Vertreter quasi als Säulenheiliger der bösen Welt gegenüber moralisch mißverstanden und besonders elitär vorkommen. Die richtige Gesinnung allein tut es. Hat doch bereits Kant in seiner *Grundlegung zur Metaphysik der Sitten* gutem Willen das hinreichende Gütesiegel gefertigt: "Der gute Wille ist nicht durch das, was er bewirkt, oder ausrichtet, nicht durch seine Tauglichkeit zu Erreichung irgend eines vorgesetzten Zwecks, sondern allein durch das Wollen, d.i. an sich, gut ..."[81]

Gesinnungsethische Weltsicht idealisiert den Menschen, besonders den Gesinnungsgenossen. Sie ist nicht in der Lage, das differenzierte Handlungsszenario, in welches der *Durchschnittsmensch* bei der Bewältigung seines Alltags gestellt ist, wahrzunehmen. Identifikatorisch kommt der Gesinnungsethiker als Tatmensch, ohne Skrupel über Erreichtes und Folgen, mit sich ins Reine, wenn es ihm gelungen ist, die "Flamme der reinen Gesinnung" zu hüten oder gar weiterzutragen. So manches Engagement in Sachen Friedensbewegung, Atommülltransporte, Dritte Welt, begnügt sich deshalb mit bloß gesinnungsethischem Aktionismus.

Verantwortungsethik

setzt selbstverständlich nicht gesinnungslose Akteure voraus. Hier steht aber nicht die Gesinnung als *reine Idee*, die identifikatorisch zu Selbstdarstellung drängt, sondern eine konkrete Sachherausforderung, gegenüber der es sich durch verantwortungsvolles Handeln zu bewähren gilt, im Zentrum. Diese gewissermaßen asketische Sachhingabe bezeichnet Weber als *Leidenschaft* - wir würden es aus unserer Sicht Identifikation mit der Aufgabe nennen -, die aber mit *Augenmaß*, d.h. mit rationaler Umsicht und Distanz einhergehen muß. Die Umsicht orientiert sich möglichst an der Komplexität der Realien. Menschliches Leitbild ist dabei der Durchschnittsmensch. Um das *Mögliche* zu erreichen, kommt keine "Ethik der Welt ... um die Tatsache herum, daß die Erreichung "guter" Zwecke" in zahlreichen Fällen daran gebunden ist, daß man sittlich bedenkliche oder mindestens gefährliche Mittel und die Möglichkeit oder auch die Wahrscheinlichkeit übler Nebenerfolge mit in Kauf nimmt, und keine Ethik der Welt kann ergeben: wann und in welchem Umfang der ethisch gute Zweck die ethisch gefährlichen Mittel und Nebenerfolge "heiligt".[82]

Für die Politik ergibt sich eine derartige Gefährdung besonders leicht. Der Staat ist der alleinige hoheitliche Gewaltmonopolist. Schon hier ist der Politiker moralisch gefordert. Weber spricht von den hier lauernden "diabolischen" Mächten. Doch, wenn wir bedenken, daß das Gewaltmonopol in einem demokratischen Staat nicht das politische Hauptgeschäft ausmacht und ebenfalls nicht nur gute Ideen, sondern auch die Macht, sie durchzusetzen und bereits zuvor der angehende Politiker durchs Nadelöhr der Wahlen erfolgreich hindurch muß, so ist die "diabolische" Gefährdung beim Hauptaktionsparameter Macht für den Politiker noch viel naheliegender als bei der Gewaltfrage. Wie pragmatisch Durchsetzungschancen eines politischen Ziels nutzen, ohne moralisch schuldig zu werden? Ist dem Zweck zu entsagen, wenn die Mittel nicht "heilig" sind und man sich mit "unheiligen" Mächten verbünden muß? Der Verantwortungsethiker hat sich darauf einzulassen. Im Abwägen von Zwecken, Mitteln und Folgen und einem Handeln nicht auszuweichen wird auch seine *Gesinnung Lernprozesse* durchmachen.

Weber spricht hier von der Politik. Wenn wir zur Wirtschaft überleiten, so sind auch dort die Fähigkeit und der Mut, sich auf Machtausübung einzulassen, Qualifikationskriterien echten Unternehmertums. Aber das Sich Aussetzen einer viel breiter gefächerten "diabolischen" Gefährdung ist unausweichlich. Ich möchte nur drei Beispiele anführen. Beispiel 1: Es ist in der Praxis, besonders eines Großunternehmens, faktisch nicht möglich, das Gewinnstreben mit Bezug auf Kunden und Märkte im Einzelfall derart zu modifizieren, daß es *stets* moralisch vertretbar ist. Und bei Gewinn als solchem bleibt die betriebswirtschaftliche Wertung als solche durchaus nicht verzichtbar. Anders bei der Gewinnverwendung. Hier lassen sich sehr wohl verantwortungsethische Fragestellungen aufwerfen. Beispiel 2: Wer sich, gleichgültig ob in Politik oder Wirtschaft, mit dem Waffengeschäft abgibt, muß den Mut aufbringen, sich in eine Grauzone zu begeben, in der man leicht moralisch, mitunter aber auch rechtlich, stolpern kann. Beispiel 3: Selbst in einen so menschenfreundlichen Produktionszweig wie die Pralinenherstellung kommt der Unternehmer nicht darum herum, sich auf die Tragweite seiner Verantwortung einzulassen. Eigentlich müßte analog zur Tabakindustrie jede Pralinenschachtel den Aufdruck führen: "Der Genuß von Süßwaren schadet gesundheitlich den Zähnen und gefährdet Diabetiker". Das *Risiko des Schuldigwerdens* ist also wesentlicher Bestandteil wirklich verantwortlichen Handelns. Hinzu kommt, bei jedem Führungshandeln, für Fehlleistungen der Mitarbeiter einzustehen.

Max Webers Überlegungen zur Verantwortungsethik weisen grundsätzliche Parallelen mit unseren Vorstellungen von Persönlichkeitsentfaltung als lebenslangem Weg zum Sinn und damit auch mit V.E. Frankl auf.[83] Wie Frankl uns zeigt, läßt sich Sinn nur in Aufgaben finden, die es anzunehmen gilt, bei ihm thematisiert als Weg zu psychischer Gesundheit (bzw. Gesundung von noogener Neurose). Weber dagegen geht es um ein ethisches Zuendedenken des gesinnungsethischen Ansatzes. Unverkennbar trägt sein Appell, verantwortungsbewußt der Sache zu dienen, kantianisch transformierte Züge asketischer protestantischer Ethik. Sowohl Frankl als auch Weber gehen dabei von *geistiger Autonomie* des Einzelnen aus, welche Dependenzen auch immer mit hineinspielen können. Was für Frankl "Trutzmacht des Geistes" heißt, lautet bei Weber: "Dennoch". Frankl hat die psychischen Nöte des Einzelnen zum Anliegen, wenn er auf Selbstbefreiung durch verantwortliches Handeln setzt. Webers Anliegen ist komplexer. Er sieht einerseits die sich zunehmend selbst gefährdende moderne Gesellschaft, im Eisernen Käfig ihrer Autopoiesis, andererseits - und auch hier bleibt wie häufig bei Weber ein nicht auflösbarer Restwiderspruch - setzt er auf das im verantwortlichen Handeln seine Identität findende Individuum als die eigentliche Schubkraft gesellschaftlicher Dynamik. Wie bei Goethe (Wilhelm Meisters Wanderjahre) heißt es für den Einzelnen "der Forderung des Tages" gerecht zu werden. "Die aber ist schlicht und einfach, wenn jeder den Dämon findet, und ihm gehorcht, der *seines* Leben Fäden hält."[84]

Die Fähigkeit, sich der Forderung des Tages verantwortungsbereit zu stellen und daran zu wachsen, ist die entscheidende extrafunktionale Qualifikation für Mitglieder einer Unternehmung, bei der sich die Herausforderungen à jour inzwischen schnellstens ändern. Von der Personalseite her gesehen kann nur diese Qualifikation der modernen Unternehmung die Überlebensfähigkeit sichern. Verantwortungsethik verhilft Innovationen zum Durchbruch, schützt aber zugleich, daß Situationsoffenheit nicht zu pragmatischem Opportunismus gerät.

Abb. 11

Gesinnungsethik - Verantwortungsethik

1. Absolute ethische Prinzipien "Bergpredigt"	Sachherausforderungen
2. Selbstgenügsame Prinzipien "Die Gesinnung tut's"	Verantwortliches Handeln Leidenschaft Augenmaß
3. Moralische Wertung: schwarz-weiß	Moralische Wertung: differenziert
4. Contra "entzauberte Welt"	Sich der Forderung des Tages stellen "Dennoch"
5. "Rein bleiben"	Das Mögliche anstreben Sich diabolischen Mächten stellen Die Folgen bedenken Widersprüche aushalten

4.6 Das Dennoch-Problem

Die hier aufgezeigten Leitkategorien bleiben, wie glänzend im einzelnen auch begrifflich formuliert, widersprüchlich, wenn man sie in den Beziehungszusammenhang stellt. Das wird am deutlichsten bei Webers *argumentativ bezogener* Unterscheidung. Zweckrationalität : Wertrationalität und seiner *herrschaftsbezogenen* Rationalitätsvorstellung. Zweckrationalität und Wertrationalität sind, zumindest im ökonomischen Bereich, nicht trennbar, und zu ihrer Ableitung bedarf es einer übergeordneten Zielformulierung. Bei der Begründung der Herrschaftsrationalität ist Weber eine ausgezeichnete Darstellung der ökonomischen Denk- und Organisationsprinzipien gelungen, wie sie vom späten 19. Jahrhundert bis etwa zur Mitte des 20. Jahrhunderts Gültigkeit hatten. Unser Modell 1900 findet hier seinen Vorläufer. Der Widerspruch beginnt aber, wenn wir die "wertneutrale" Beschreibung, die wie erwähnt Manager und deren Berater aufs Glatteis pragmatischer Vereinnahmung führte, mit seiner apokalyptischen Sicht solcher Herrschaft in seinen Untersuchungen zur protestantischen Ethik gegenüberstellen. Was sich in einem Kontext die Deutung als *Apotheose* gefallen lassen muß und in einem anderen Kontext als "iron cage" die Ökonomisierung aller Lebensbereiche und das *Inferno* darstellt, vermag, vom Methodischen ganz abgesehen, logisch nicht zueinander zu finden. Wenn wir Ökonomie und Politik in etwa analog setzend, erhoffen, seine in "Politik als Beruf" dargestellte Verantwortungsethik könnte uns einen klärenden Hinweis geben, kommen wir erst recht nicht weiter. Auch politisch sieht Weber die Lage düster: "Nicht das Blühen des Sommers liegt vor uns, sondern zunächst eine Polarnacht von eisiger Finsternis und Härte ..."[85] Den Hoffnungsschimmer, der im "zunächst", also der Änderbarkeit angelegt scheint, begründet Weber lediglich mit einem stoischen "dennoch" (wörtlich) und er bescheidet sich mit einem "starken langsamen Bohren von harten Brettern mit Leidenschaft und Augenmaß zugleich".[86]

Ich halte Salins Feststellung für zutreffend, daß Weber selber "ein Puritaner von strenger Unerbittlichkeit" im Grunde seines Herzens, getarnt durch sein rationalisierendes Bemühen um "Wertfreiheit", einer unerbittlich zuende gehenden Wirtschafts- und Gesellschaftsepoche trauernd verhaftet war.[87] Von hier aus wird verständlich, warum es ihm so vielschichtig und tiefschürfend gelingt, seine Zeitepoche von einem nach rückwärts gewandten "Verstehen" her zu erschließen, erkennbare Impulse des Wandels aber ignoriert oder, wie sich mehrfach am Reizwort "Demokratie" nachweisen läßt, nur recht geniert zu deuten weiß. So zeigt auch sein "Dennoch" keine konstruktive Perspektive auf, sondern sie erweist sich, Achtung gebietend, als moralischer Appell.[88]

Die Anregungen für unsere Untersuchung bleiben "dennoch" vielfältig. Vor allem zeigt uns Weber, wie einseitig seine religionssoziologische

Bindungs- und Entzauberungsanalyse auch sein mag, daß menschliche Institutionen, sollen sie sich nicht ad absurdum führen, eine Sinnorientierung benötigen, die über die Institution als solche hinausweist. Außerdem sind für jede Suche nach einer über sich hinausweisenden ökonomischem Legitimation, die unterlegten Leitkategorien von Rationalität und Herrschaft zu hinterfragen, auch wenn wir dabei heute entschieden weiter gehen müssen als Weber.

---

1 Siehe in Meyer-Faje (1999: 92) den Hinweis, daß hier eine Übereinstimmung Webers mit dem späteren Denker der *Differenz*, Heidegger, erkennbar ist. Da Weber wie Heidegger von Nietzsche nicht unerheblich beeinflußt worden ist, spricht einiges für eine Anregung durch Nietzsche.

2 Weber, M.: Wissenschaft als Beruf, 1917/1919, Politik als Beruf, 1919, Studienausgabe, herausgegeben von W.J. Mommsen und W. Schluchter, Tübingen 1994.

3 Weber, M.: Gesammelte Politische Schriften, herausgegeben von J. Winkelmann, Tübingen 1958: 13.

4 Weber, M.: Wirtschaft und Gesellschaft, Grundriß der verstehenden Soziologie, 5. rev. Ausgabe, herausgegeben von J. Winkelmann, Tübingen 1980: 199.

5 Turner, B.S.: Max Weber, From History to Modernity, London/New York 1992. - Wenn schon, dann wäre nach dem Roten Teppich zu suchen. Ich vermute allerdings, daß nicht dieser, sondern vielmehr ein hochinteressanter Fleckerlteppich zu entdecken wäre.

6 Giddens, A.: Konsequenzen der Moderne, 2. Aufl., Frankfurt a.M. 1994: 73, 173 f., 187 f.

7 Weber (1980: 1) Hervorhebungen von Weber.

8 Weber (1980: 13). Hier ist nur der erste Satz der Definition zitiert.

9 "Chance" bedeutet *wertfrei* die Feststellung der anthropologischen Disposition; Webers Soziologie kennt noch keine interaktiven Sozialisationsmodelle. Der dabei von den Beteiligten gemeinte Sinngehalt ist der von ihnen "empirisch" gemeinte; es handelt sich niemals um einen normativ "richtigen" oder metaphysisch "wahren" Sinn. Siehe Weber (1980: 13).

10 Weber (1980: 16). Hier ist nur der erste Satz der Definition zitiert.

[11] Siehe hierzu die wegweisende Interpretation von Hennis, W.: Max Webers Fragestellung, Tübingen 1987: 73 ff.

[12] Lau, E.E.: Interaktion und Institution, Zur Theorie der Institution und der Institutionalisierung aus der Perspektive einer verstehend-interaktionistischen Soziologie, Berlin 1978: 201.

[13] Weber (1980: 238 ff.).

[14] Bei Adam Smith geht es bereits um "fortschrittlichere" Blockaden, nämlich staatliche Monopole.

[15] Weber (1980: 302). Geht man empirisch vor, so wird man geographisch keineswegs diese Deckungsgleichheit von Vor-Gaben und puritanischem take off-Impuls bestätigt finden. Es ist deshalb angebracht, nicht von Kausalbeziehungen, sondern von in Kontingenzbeziehungen angelegten wechselseitig sich begünstigenden Potenzen auszugehen.

[16] Weber, M.: Die protestantische Ethik, Eine Aufsatzsammlung, herausgegeben von J. Winkelmann, München/Hamburg 1965: 40.

[17] Weber (1965: 172).

[18] Weber (1965: 131).

[19] Novak, M.: Die katholische Ethik und der Geist des Kapitalismus. 2. Aufl., Trier 1998. - Viner, J.: Religious Thought and Economic Society. Four Chapters of an Unfinished Work, Duke University Press 1978.

[20] Weber (1965: 42).

[21] Zitiert nach Freyer, H.: Die Bewertung der Wirtschaft im philosophischen Denken des 19. Jahrhunderts, Hildesheim 1966: 108.

[22] Weber (1965: 188).

[23] Ich vermeide "Rationalisierung", weil bereits zu Webers Lebzeiten, propagiert besonders von Gottl-Ottlilienfeld, der Begriff eine tayloristische Verengung erfuhr.

[24] Habermas unterscheidet eine kognitiv-instrumentelle, moralisch-praktische und ästhetisch-praktische Rationalität.

[25] Wir können hier nicht auf den Weberschen Begriff "Frei vereinbartes Handeln", der auch rationalitätsrelevant ist, und auch nicht auf Spinners Mutmaßungen über eine bei Weber ebenfalls zu entdeckende "okkasionale Rationalität" (Gelegenheitsrationalität) eingehen.

[26] Weber (1980: 12 f.). Auch nachfolgende Zitate, wenn nicht anders angegeben, ebendort.

[27] Diese Betrachtungsweise war schon zu Webers Zeiten wirklichkeitsfremd.

28   Siehe hierzu Meyer-Faje (1999: 110 - 126).
29   Weber (1980: 353).
30   Weber (1980: 377).
31   Weber (1965: 20).
32   Dem mehrdimensionalen Zieldenken in der Managementlehre bricht Ende der Sechziger Jahre H. Ulrich die Bahn.
33   Zum Manager als Sportstyp "mit rein agonalen Eigenschaften" siehe Weber (1965: 189).
34   Siehe nochmals § 1 der Soziologischen Grundbegriffe.
35   Siehe Weber (1980: 44 f.).
36   Auf deutsch vorliegend Simon, H.A.: Entscheidungsverhalten in Organisationen, Landsberg a.Lech, 1981; Simon, H.A.: Homo rationalis: - Die Vernunft im menschlichen Leben, Frankfurt a.M. 1993.
37   Weber (1980: 12).
38   Habermas, J.: Theorie des kommunikativen Handelns, Band 1: Handlungsrationalität und gesellschaftliche Rationalisierung, Frankfurt a.M. 1981: 239.
39   Zitiert bei Habermas (1981: 250).
40   Siehe Schluchter, W.: Die Entstehung des modernen Rationalismus - Eine Analyse von Max Webers Entwicklungsgeschichte des Okzidents, Frankfurt a.M. 1998. Schluchter bezieht sich seinerseits auf Vorarbeiten von Habermas.
41   Hierzu Webers Anprangerung einer "standesgemäßen Lebensführung" in *Wissenschaft als Beruf* (1994: 7). Siehe ferner Schluchter (1998).
42   Albrow, M.: The Application of the Weberian Concept of Rationalization to contemporary Conditions. In: Lash, S., Whimster, S. (Ed.): Max Weber, Rationality and Modernity, London/Boston 1987: 164 - 182, besonders 167 - 170.
43   So beispielsweise Steinmann/Schreyögg, Kieser/Kubicek, Barnard, Dessler.
44   Weber, M.: Zur Psychophysik der industriellen Arbeit, Schriften und Reden 1908 - 1912, herausgegeben von W. Schluchter in Zusammenarbeit mit S. Frommer, Tübingen 1998.
45   Zum universalgeschichtlichen Aspekt siehe Schluchter (1998). Zum rechtsgeschichtlichen Aspekt siehe Speer, H.: Herrschaft und Legitimität - Zeitgebundene Aspekte in Max Webers Herrschaftssoziologie, Berlin 1978.

Zum politischen Aspekt siehe Giddens, A.: Politics and Sociology in the Thought of Max Weber, London 1972.
46 Weber (1980: 122; vergleiche 28, 123).
47 Weber (1980: 28; widersprüchlich hierzu: 541).
48 Ich übergehe hier den erwähnten Widerspruch.
49 Weber (1980: 124).
50 An unterschiedlichen Stellen, aber aufeinander bezogen.
51 Weber (1980: 124).
52 Vergleiche die Betriebsdefinition: (Weber (1980: 28).
53 Mit anderen Worten: Ein Amt "besitzt" man nicht.
54 Weber (1980: 126).
55 Weber (1980: 126).
56 Weber (1980: 129 f.).
57 Siehe hierzu auch Weber (1980: 541 f.).
58 Schluchter (1998: 225).
59 Weber (1980: 124, 126).
60 Siehe hierzu Turner (1992: 207).
61 Diese "heutige" Sicht ist schon seit John Locke möglich.
62 Rolshausen, C.: Macht und Herrschaft, Münster 1997: 105.
63 Weber (1980: 546).
64 Weber (1980: 130).
65 Weber (1980: besonders 614 f. und 640 ff.).
66 Schluchter (1998: 222), Weber (1980: 487). In der neueren Sozial- und Wirtschaftsgeschichte ist diese Strategie, die schon im zwölften Jahrhundert einsetzt und sich über mehrere Jahrhunderte fortsetzt, besonders von Duby und Braudel erforscht worden.
67 Giddens, A.: Konsequenzen der Moderne, 2. Aufl., Frankfurt a.M.: 53.
68 Weber (1980: vergleiche 124, 140, 654).
69 Weber (1980: 140).
70 Weber (1980: 142).
71 Siehe hierzu Spinner, H.F.: Weber gegen Weber: Der ganze Rationalismus einer "Welt von Gegensätzen". Zur Neuinterpretation des Charismas als Gelegenheitsvernunft, in: Weiß, J. (Hrsg.): Max Weber heute, Erträge und Probleme der Forschung, Frankfurt a.M. 1989: 250 - 295.

72 Weber (1980: 655). Den modernen Totalitarismusbezug analysiert Cavalli, L.: Charisma and Twentieth-Century Politics, in: Lash/Whimster (1987: 317 - 333).
73 Mommsen, W.J.: Personality and Life Orders: Max Weber's Theme, in: Lash/Whimster (1987: 35 - 51).
74 Weber (1994: 37).
75 Bruner, J.S.: On Knowing. Essays for the Left Hand, Cambridge, Mass. 1963. - Scherf, H.: Marx und Keynes, Frankfurt a.M. 1986: besonders 136 - 150.
76 Siehe hierzu besonders Schluchter (1998).
77 Weber (1994: 35 - 88; ab 73 gezielt der ethischen Frage zugewandt).
78 So ließe sich beispielsweise daran anknüpfend eine spezifisch wirtschaftsrelevante Situationsethik ableiten.
79 Matth. 19, 16 - 24.
80 Weber (1994: 17).
81 Kant, (1998: IV, 19).
82 Weber (1994: 80).
83 Siehe hierzu ausführlicher Meyer-Faje (1999). Frankl, V.E.: Der Wille zum Sinn, Ausgewählte Vorträge über Logotherapie, 2. Aufl. der erw. Neuaufl., München 1994.
84 Weber (1994: 23).
85 Weber (1994: 87).
86 Weber (1994: 88).
87 Salin, E.: Geschichte der Volkswirtschaftslehre, 4. Erw. Aufl., Bern/Tübingen 1951: 154 ff.
88 Weber (1994: 88).

5. Identifikation im Wirkungsgefüge Unternehmung

5.1 Chaos - Systeme - Prozesse

Aus dem ersten Kapitel wird ersichtlich, daß wir Selbstidentifikation als Prozeß verstehen. Bei der Verbreitung systemischen Denkens und systemischer Organisationsstrukturen ist zunächst zu prüfen, ob auch im Systemrahmen selbstidentifikatorische Prozesse Entwicklungsmöglichkeiten haben. Die Einbeziehung des Chaos in unsere Betrachtung scheint mir zum einen angebracht, weil hier an einer Elementarsituation demonstrierbar ist, wie Identifikation konkretes Handlungspotential darstellt, zum anderen aber, um uns bewußt zu machen, daß es in der säkularen Umbruchsituation, in der wir leben, vor allem die Angst vor dem Chaos ist, das wir heraufbeschwören, wenn wir die eingetretenen Denkpfade verlassen. Wir wenden uns zunächst dem System zu, das ich bereits in den "Grundlagen" anhand des St. Galler Modells einer ausführlicheren Analyse unterzogen habe. Sodann blenden wir die Betrachtung des Chaos ein und beschäftigen uns anschließend mit dem Prozeßdenken.

Ich habe die Entwicklung des St. Galler Systemdenkens seit seiner Entstehungsphase (1968) mit Interesse verfolgt, weil mir hier die Chance in Sicht schien, daß im Ineinandergreifen einer Sinnebene (der Mensch), einer funktionalen Ebene und einer materiellen Ebene und der zwei expliziten Apriori "der Freiheit des Handelns" und "Sinn", den jeder Mensch als Lebewesen in sich selbst trage, ein Paradigmawechsel hinsichtlich der Auffassung von der Legitimation einer Unternehmung in Gang gebracht worden sein könnte.[1]

Geworden ist daraus ein sehr umfassendes Lern- und Leergerüst, didaktisch außerordentlich hilfreich, um neuere und neu hinzukommende Erkenntnisse der Managementlehre systematisch unter dem Systemaspekt zu integrieren und für die Übersetzung in die Unernehmenspraxis einen so weiten Mantel bereitzuhalten, daß sich letztlich ein System singulärer Paßform für jede Unternehmung schneidern läßt. Ein Paradigmawechsel hat auch insofern stattgefunden, daß hier das mechanistische Denken weitgehend durch das systemische Denken überwunden worden ist. Hinsichtlich der Sinnfrage bleibt es bei der *üblichen* Sinnfrage der Unternehmung, was nach *außen* mehrdimensionale Zielformulierung nicht ausschließt. Die Einbindung der Mitarbeiter in die gemeinsame Zielfindung geht aber nur bescheiden über den Rahmen, den MbO aufzeigt, hinaus. Modulartige Handlungsfreiräume werden geschaffen, aber damit wird nicht auf den realen Menschen, sondern auf ein neues Kunstprodukt, den homo systemicus, gesetzt. Der Korridor "Systemoffenheit" stellt den lebensnotwendigen Umweltanschluß her. Überlebensfähigkeit wird als die grundsätzliche Herausforderung des Systems Unternehmung formuliert, aber so allgemein, daß auch traditionales Gewinnstreben und Konkurrenzfähigkeit hierunter subsumiert werden können. Rationalität versteht sich nunmehr funktional, was aber auf nichts anders hinausläuft als das Nutzenmaximierungsprinzip zu kybernetisieren. Alles in allem ein fortschrittlicheres Strickmuster für einen *unveränderten Zweck*. Rückblickend scheint mir, daß man schon 1968 diese Entwicklung hätte vorhersehen können, denn ob Sinnebene, funktionale oder materielle Ebene, H. Ulrich spricht von Anbeginn von nichts anderem als von Systemen, und dann können auch nur die Möglichkeiten und Begrenzungen gelten, die systemischem Denken immanent sind.

Um die Grenzen des Systemdenkens aufzuzeigen, müssen wir drei Fragenkomplexe angehen:

o   Wie entstehen Systeme?

o   Was erfassen Systeme?

o   Wie steht es mit der. Funktionalität?

Im Unterschied zu biologischen Systemen, deren Existenz grundsätzlich nicht davon abhängt, ob ein Forscher sie beobachtend entdeckt hat, sind Unternehmen als System Kunstprodukte. "Welche Elemente braucht man?" und "wie bringt man sie in einen einheitlichen Wirkungszusammenhang, damit eine bestimmte ökonomische Zielsetzung möglichst optimal erreicht werden kann?" sind die Ausgangsfragen; es ist der Mensch, der das System Unternehmung nach seinem Willen *definiert* und konstruiert. Definieren heißt aber ab-, also auch ausgrenzen. Was System sein soll, bestimmt der allmächtige Handhaber des Systemzwecks. Er allein, gegebenenfalls Mitkapitaleigner oder bestellte Spezialisten als Berater, haben die Freiheit, von außen in das System einzugreifen, wenn es nicht wie erwartet funktioniert, anders als beispielsweise das System "Ente", das - zumindest bisher - in seiner genetisch bestimmten Funktionalität gefangen bleibt. Daß Mitarbeiter sich häufig nicht systemkonform verhalten, nicht zuletzt damit das System entgegen der systemischen Vernunft trotzdem funktioniert, bleibt tabuisierte Grauzone.

Systemisches Denken gibt vor, ganzheitliches Denken zu sein. Solches trifft zu, wenn damit gemeint ist, daß nunmehr die Teile, welche das Unternehmen ausmachen, als Einheit gesehen werden. Abgesichert scheint die Verbindung jedes Teils zu anderen Teilen, soweit es für den erfolgreichen Leistungsvollzug als wünschenswert erachtet wird, durch kybernetische Vernetzung. Doch ist dabei kritisch zu hinterfragen, ob es sich um das programmierte (vor-gesetzte) IT-Konstrukt oder das umfassendere gelebte Netzwerk aller Members handelt. Falls mit Ganzheitlich die Erfaßbarkeit der lebensweltlichen Totalität über die proklamierte Systemoffenheit gemeint ist, kann von ganzheitlich nicht die Rede sein. Die Zweckrationalität schützt davor, daß alles, was ex definitione nicht relevant ist, ausgeblendet bleibt. Zutreffend ist zwar, daß offene Systeme es geschafft haben, die Systemgrenzen zu erweitern, also beispielsweise partiell Kunden und Lieferanten mit einzubeziehen, doch das nur unter klar abgegrenztem Zweckaspekt. Die tatsächlich hohe Leistungsfähigkeit in der Bewältigung von Komplexität bezieht sich mehr auf die Fähigkeit, intern komplexe Vorgänge zu verarbeiten. Allerdings wissen wir dank Lean Management und Reengineering, daß es der Bewältigung von Komplexität in Systemen gut tut, von einer um 180 Grad gewendeten Fragestellung beleuchtet zu werden: "Leistet sich die systemisch verfaßte Unternehmung nicht sehr viel überflüssige Komplexität, die um des Systems willen erst entstanden ist?" Anders gesagt, nur mit äußerster Wachsamkeit gelingt es den Systemmitgliedern, daß sie nicht Opfer ihrer Systemblindheit und damit einer systemischen Eigendynamik werden, wie sie Luhmann so zutreffend als die Regel beschrieben hat.

Systemische Wahrnehmung bleibt immer selektiv. Das gilt sowohl noch außen als auch für innen. Wenn das System die proklamierte Offenheit so weit ausdehnen würde, *sich* wo immer möglich in die Gesellschaft zu integrieren - anstatt die Offenheit rein transitiv vereinnahmend zu verstehen -, würde es sich selbst, insbesondere seine normative Grundlage kontinuierlich in Frage stellen müssen: für unsere Auffassung von Unternehmenslegitimation der zukunftweisende Weg, der aber in keiner Systemtheorie gefragt ist; das Konstrukt System wäre damit überfordert.

Aber auch intern bleibt die Wahrnehmung stark ausblendend. Das gilt sowohl für das Wahrnehmen autopietischer Tautologien als auch für die Realität der überlagernden Wirkungszusammenhänge, besonders also für die frei entfaltete, nicht offiziell angestrebte Unternehmenskultur, in der auch die Identitätsthematik angesiedelt ist.

Sehr häufig darf für die systemisch veranstaltete Unternehmung gelten: Sie funktioniert als Als-Ob-System; d.h. sie funktioniert trotz der kontraproduktiven enormen Realitätsausblendung und dem Systemformalismus dank des Wagemuts ihrer Mitglieder, lebensklug und informal das Systemcredo zu unterlaufen, also dank selbstidentifikatorischer Courage. Das systemisch wirklich Zuverlässige ist wohl die elektronische Implementierung, die aber nicht besser sein kann als die Programmvorgaben. Und wenn das IT-System einmal "abstürzt", was dann? Wir hätten dann die Umkehrung von Boulding's gewagtem Verdikt: "What ever is not chaos, is system."[2]

Die Funktionalität des Systems wird, biologistisch analogisierend, einseitig kybernetisch verstanden. Bei technisch veranlagten Regelkreisen ist gegen ein derartiges Analogisieren nichts einzuwenden. Die menschliche funktional interaktive "Vernetzung" vollzieht sich aber überwiegend in verbal wechselseitiger Kommunikation, also in Sprache. Es greift deshalb entschieden zu kurz, das Gespräch als Beispiel für kybernetische Vernetzung in der Unternehmung zu nehmen, wie es Ulrich/Probst tun.[3] "Der Regelkreis vernachlässigt", wie Woll mit Bezug auf Humanprozesse feststellt, "daß menschliche Ideen und Handlungen stets neue Regelkreise produzieren und transformieren."[4]

Zumindest diese sekundären, tertiären, quartären (etc.) Regelkreisschleifen bleiben, wenn man ein "einfaches" Gespräch auf das Regelkreismuster reduziert, verdeckt, aber nicht minder wirksam. Auch lassen sich die in jedem Gespräch eingelagerten Prozesse der Reflexivität und des Bemühens, die Reaktion des Partners zu antizipieren (siehe Symbolischer Interaktionismus) nicht kybernetisch erfassen. Entsprechendes gilt für die Gesprächsdialektik und die bei eingespielter sozialer Einheit häufig spontan zum Zuge kommende intuitive Coincidenz. Das alles liegt jenseits kybernetischer Erklärbarkeit. Kurz, der kybernetische Reduktionismus ist eine zusätzliche Wahrnehmungsreduktion, die sich das Systemdenken verordnet.

Tiefenpsychologisch mag auch heute noch im Wort Chaos die bedrohliche griechische mythologische Bedeutung von "gähnendem leerem Raum und Abgrund" nachschwingen, auch wenn wir rein rational damit umzugehen meinen. Chaotische Zustände finden wir in der Natur, in der Psyche, aber auch im Geist des Menschen sowie in der Umwelt, in die der Mensch hineingestellt ist. Man trifft die Chaossituation wohl am besten, wenn man sie, wie im alltäglichen Sprachgebrauch als "Unordnung", "Heilloses Durcheinander", "Drunter und Drüber" bezeichnet. Daß Chaoszuständen in der Natur, wie die Chaosforschung belegt, entgegen Boulding die Tendenz zu autonomer Ordnungsfindung immanent ist, berührt unser Thema nicht.[5] Auch das Chaos in der Psyche des Menschen können wir hier vernachlässigen, also seine Verzweiflungs- und Konfliktsituationen. Das geistige Chaos, das Nietzsche meinte, als er seinen Zaratustra lehren ließ: "Ich sage Euch, man muß noch Chaos in sich haben, um einen tanzenden Stern gebären zu können."[6] berührt unser Vorhaben zwar nicht in diesem Abschnitt, wohl aber in Abschnitt 5.2, wo wir bei Rationalität unter anderem auf intuitive Rationalität zu sprechen kommen. Dem Meister der Assoziation gibt gerade sein "geistiges Chaos" geistig kreative Impulse; das Chaos glättet sich zu einer neuen Denkbahn.

Um von dem Systemthema frei zu kommen, vermeide ich es, den Chaosfall "Computerabsturz" als Musterbeispiel zu entfalten. Es lassen sich leicht andere Beispiele finden, wie

o   Verkehrschaos durch Unwetter und Auffahrunfälle.
o   plötzlicher und länger anhaltender Stromausfall.
o   Startphase nach Umstellung von einem EDV-System auf ein anderes.
o   Wegen Streik in einem Nachbarland fallen deren Zulieferer für ein inländisches Pkw-Werk aus.
o   New York, 11. September 2001.

Anders als in der Natur wartet hier die Herstellung von Ordnung auf den eingreifenden Menschen. Da wir von der Unternehmung sprechen, können wir davon ausgehen, daß wir es - auch ohne Schulung in Chaosmanagement - in der Regel mit Mitarbeitern zu tun haben, die aufgrund ihres gesunden Sachverstandes in der Lage sind, das Chaos zu bändigen. Das Chaos ist aber zugleich eine Chance, aus Routine und Unterforderung herauszutreten und sich in heller Wachheit spontan, einfallsreich, improvisations- und teamfähig als Meister der Situation zu erweisen. Man erfährt sich in seinen Fähigkeiten, man konnte es, und es machte eindeutig *Sinn*, so zu handeln. Man hat etwas Gutes getan, und damit sind wir grundsätzlich identitätsfördernden Arbeitssituationen ein Stück näher gekommen. Nicht daß hier chaosähnliche Zustände als Regel postuliert werden sollen. Aber je mehr die Arbeit so organisiert ist, daß dem Chaos weitestgehend vorgebaut ist, und sie, wie immer angereichert, zur Routine wird, je eher geht die Herausforderung, daß die *Sache den Menschen* will, und damit der identifikatorische Impuls verloren. Deshalb ist aus identitätsfördernder Sicht zu formulieren: Jede erfolgreiche Organisation muß im Zweifel ein Maß an Unterorganisation der Überorganisation vorziehen, *dem Chaos* also *Chancen* einräumen.

Diese positive Sicht des Chaos, auch bei den lebenspraktischen "Bewältigern", ändert sich, wenn es nicht um ein tatsächliches Ereignis geht, sondern um "Ahnungen" über die Folgen grundsätzlicher Neuerungen, wenn also in der Unternehmung das Thema "Unternehmung wozu?", die Erschließung neuer Märkte, die Erprobung neuer Technologien, die Einführung eines neuen Managementkonzepts zur Diskussion stehen. Die Angst vor dem dann eintretenden Chaos wird heraufbeschworen und beginnt zu wirken. Ob sie ihre Verbreiter auch erfaßt oder von jenen nur instrumental gehandhabt wird, ist schwer zu entscheiden. Rein eindimensionales ökonomisches Denken, das Systemkorsett, Verkrustung in langjährig bewährter Erfahrung, die Furcht vor Machtverlust, die beginnende Altersträgheit, die Verlern- und Lernbereitschaft abblockt, können hineinspielen.[7]

Prozeß, vom Lateinischen "processus" abgeleitet, bezeichnet den Verlauf eines Geschehens. Hammer sieht in "Das prozeßorientierte Unternehmen" Prozeß "definiert als eine Gruppe verwandter Aufgaben, die zusammen für den Kunden ein Ergebnis von Wert ergeben".[8] Das unverwechselbar Prozeßtypische wird damit nicht erfaßt. Den Kundenauftrag zum Organisationsprinzip zu machen - sehr identitätsfördernd -, ist, wie das TQM-Beispiel Mettler-Toledo lehrt, auch vom Systemdenken her zu leisten.[9] Näher kommen wir dem Prozeßtypischen, wenn in der Praxis von Fertigungsprozessen gesprochen und in der Theorie die *Unternehmung als Ganzes* unter dem Aspekt des *Leistungsprozesses* und des *Geldumwandlungsprozesses* gesehen wird. Aufeinander bezogene oder sich beziehende

Verfahrens- und Entwicklungsschritte verlaufen in zeitlicher Abfolge. Bereits auf rein abstrakt betriebswirtschaftlicher Ebene ließe sich nachweisen, daß eine systemisch verfaßte Unternehmung als "Geldumwandlungssystem" völlig unzureichend definiert ist, so exzellent damit das "Virtuelle genuin buchhalterischen Denkens" getroffen wird. Prozeßorientierung geht also vor Systemorientierung und erweist sich damit auch als leistungsfähigerer weit offenerer Oberbegriff.

Führungsrelevant wird uns sehr schnell die Bedeutung des Prozeßdenkens einleuchten, wenn wir Wesentliches von Identität/Selbstidentifikation erfaßt haben. Selbstidentifikation vollzieht sich in einem kontinuierlichen Prozeß, also über eine längere Zeitperiode (idealtypisch die menschliche Lebenszeit oder die "Lebenszeit" einer Unternehmung in summa). Als dynamische Prinzipien wirken dabei zugleich ein *autonomes* Engagement und ein *Werden*. Im Offensein für das Werden erhellt bloßes Dasein und Leben Sinn. Eine Fülle von Einflüssen spielt mit hinein, vor allem die Verschränkung mit identifikatorischen Prozessen anderer Personen, aber auch intervenierende Ereignisse, die zu Wendepunkten in der Biographie führen können. Für das Management ist es angebracht, so wie Whitehead es mit seiner zwischen Natur- und Geisteswissenschaften vermittelnden Prozeßphilosophie vorschlägt, *Prozessualität als die einzig objektivierbare Realität* zu betrachten.[10] Daß dem bisher kaum so ist, hat seine guten Gründe.

H.A. Simon begründet in seiner Auseinendersetzung mit den Prinzipien der Darwinschen Evolutionstheorie - Variation und Selektion -, in der er mit Abwandlung eine Analogie zur Unternehmensevolution entdeckt, warum sich Ökonomen (falls es nicht der plumpe Vulgärdarwinismus ist) nicht für diese Theorie interessieren. Simon sieht in der Unternehmung Selektion als autonomes Verhalten des Unternehmers vollzogen, wobei aber, mit Erfolg, eine weit begrenztere Rationalität zum Zuge kommt, als es der sakrosankten Rationalitätsideologie entspricht. Als Kronzeugen führt Simon Milton Friedman vor, der nach dem behavioristischen Black Box-Prinzip das Ergebnis ökonomischen Verhaltens ausschließlich nach dem strengen Nutzenmaximierungsprinzip bestätigt findet. Es ist Simon voll zuzustimmen, daß es sich hierbei um eine Als-ob-Theorie ökonomischen Verhaltens handelt: "eine Theorie, nach der Unternehmer und Unternehmen sich verhalten, *als ob* sie die richtigen, rationalen Berechnungen angestellt hätten, um etwa ein Maximum an Profit oder Nutzen zu erreichen. Die Grundannahme dieser Theorie lautet: Nur wer erfolgreich maximiert, bleibt im Geschäft, die anderen müssen das Feld räumen. Aus dieser Perspektive kommt es einzig auf die Ergebnisse an - die erforderliche Anpassung an die ökonomische Umgebung. Welcher rationale Prozeß - oder welcher zufällige Prozeß, darauf kommt es ja hier nicht an - diese Anpassung hervorgebracht hat, ist ohne Bedeutung."[11]

Ich halte Simon's Rütteln an dem Prinzip "Rationalität pur" für einen ersten, allerdings umfassender zu formulierenden Schritt, um zu einem wirklichkeitsnäheren Rationalitätsverständnis zu gelangen, doch nicht minder bedeutsam halte ich seine modifizierte Evolutionstheorie, nach welcher der Unternehmer als autonomer Selektor fungiert, auch wenn ich die Mitglieder darin eingebunden sehen möchte, für das Verständnis sozialer und ökonomischer Prozesse in der Unternehmung. Macht sich die Unternehmung diese Sichtweise zu eigen, so ergeben sich als Konsequenzen:

1. Die Wahrnehmungsperspektive erweitert sich weit über das Systemische hinaus.

2. Das sakrosankte ökonomische Prinzip kommt auf den Prüfstand, und zwar im Interesse der Ökonomie, der sich evolutorisch alsbald das *legitimatorisch* zu begründende Überlebensziel stellt.

3. Das Überlebensziel mitbestimmend ist die aus der Prozeßorientierung sich ergebende Gelassenheit ökonomischen Kurzzeitmoden - siehe die derzeitige Megafusionswelle - gegenüber. Die Langzeitperspektive dominiert, ohne sich dabei hoch mathematisierten Zukunftsanalysen anzuvertrauen. Die amerikanische und europäische Managementmentalität ist bisher diametral dazu ausgerichtet.

4. Die Entfaltung des selbstidentifikatorischen Potentials in der Unternehmung bekommt eine weit größere Chance, denn die Prozeßorientierung als Leitperspektive öffnet das Verständnis für selbstidentifakatorisches Werden.

5. Das Werden als solches wird in seiner Reflexivität erkannt und damit in Betracht gezogen:

    o   Das Schreiben eines Buches vermag den autonomen Verfasser durch das Schreiben mehrfach zu verändern.

o Der in den Vorstand aufsteigende Manager wird in der Regel, weil in eine neue Prozessualität gestellt, ein anderer, sehr häufig auch charakterlich. Personalberater ziehen das, obwohl ein Risiko dabei immer bleibt, in Betracht.

o Die durchgestandene Sanierungsphase, getragen durch ein von allen Mitgliedern der Unternehmung gemeinsam erarbeitetes Konzept, verändert das Bewußtsein aller Beteiligten.

Systemisches Denken und systemische Strukturierung werden dadurch keineswegs überflüssig. Ich habe das weiter oben anhand der "virtuellen Strukturierung" der Unternehmung dargelegt.

5.2 Rationalität - affirmative Rationalisierung - Integrative Vernunft

Ich werde zunächst auf die verbreitete Verengung von Rationalität zu ökonomischer Rationalität eingehen und aufweisen, wie in der Prozessualisierung sich daraus eine ideologische, affirmative Rationalisierung entwickelt. Sodann ist zu behandeln, wie H.A. Simon aus der Enge ausbricht, aber auch sein Ansatz noch erweiterungsbedürftig ist, um die volle Lebenswirklichkeit, in der das Handeln der Unternehmung sich ereignet, im "Eigeninteresse" zu berücksichtigen. Wir setzen dabei auf Vernunft. Während es Webers Anliegen war zu beweisen, wie Vernunft sich in den letzten Jahrhunderten abendländischer Geschichte in Rationalität verwandelt hat, geht es hier darum, aufzuzeigen, daß eine Reintegration des ökonomischen Zweckmäßigkeitskalküls in Vernunft möglich ist.

Wir wählen als Einstieg Schumpeters allgemein gehaltene Begriffsumschreibung von Rationalität. Schumpeter sieht in der Rationalität die Überwindung des prärationalen Denkens, das weitgehend durch seine "kollektive" und "affektive" Natur geprägt ist. "Rationales Denken oder Verhalten und eine rationalistische Zivilisation bedeuten deshalb nicht das Nichtvorhandensein der erwähnten Kriterien, sondern bloß eine zwar langsame, aber unaufhörliche Erweiterung jenes Sektors des sozialen Lebens, innerhalb welchem Individuen oder Gruppen mit einer gegebenen *Situation* (hervorgeh. von M.-F.) fertig werden, indem sie erstens versuchen, das Beste aus ihr herauszuholen durch Verlaß - mehr oder weniger, aber nie vollständig - auf ihre eigenen Fähigkeiten; zweitens indem sie dies gemäß den Regeln der Folgerichtigkeit tun, die wir Logik nennen; und drittens, indem sie dies aufgrund von Arbeitshypothesen tun, die zwei Bedingungen erfüllen: daß sie minim an Zahl sind, und daß jede sich von ihnen in Begriffen möglicher Erfahrung (M.-F.: man bemerke den Kantbezug) ausdrücken läßt."[12]

Mit dieser Umschreibung könnte nicht nur die Ökonomie zurecht kommen; sie ließe nicht nur lebensnähere homines oeconomici zu, sie läßt sich auch im Nicht-Ökonomischen anwenden. Sie ist offen für die Vielfalt der Axiome und Arbeitshypothesen, durch die sich einzelne Wissenschafts- und Lebensbereiche sowohl voneinander abgrenzen als auch zugleich ihren integrativen Beitrag für das lebensweltlich Ganze formulieren. Die verbreitete ökonomische Rationalität verfährt umgekehrt. Sie verengt Rationalität derart, daß sie lebensfremd wird und behauptet sodann, das ökonomische Prinzip sei das universell generalisierbare Denkprinzip; es finde in allen Wissenschafts- und Lebensbereichen Anwendung.[13] Es entspricht zwar dem Trend, daß die Ökonomie weite Bereiche der Lebenswelt auch geistig kolonialisiert, doch die logischen Prinzipien und Hypothesen, nach denen etwa Jurisprudenz, Medizin, Theologie, Psychologie, um nur einige Disziplinen zu nennen, verfahren, haben mit Ökonomie nichts zu tun. Ökonomen, die ihr "Universalprinzip" anderen Disziplinen als Hilfe anbieten, übersehen, daß solches sich Ver-Messen - ich bezweifle nicht die "gute Absicht" (Kirchgässner) dabei - schlicht daran liegt, daß sie aufgrund ihrer ökonomischen Einseitigkeit die Totalität und Komplexität der Lebenswirklichkeit auch nur sehr *einseitig wahrnehmen* können. Hier wird stark Reduziertes als umfassend gültig für "wahr" genommen.

Das Ökonomische Prinzip personalisiert sich modellhaft im "homo oeconomicus". Der Steckbrief dieses Homunculus darf hier als bekannt vorausgesetzt werden. Um kritisch darauf eingehen zu können, brauchen wir vorab die konstituierenden Items nur kurz anzusprechen.

1. Ökonomischer Akteur ist stets der Mensch als Einzelner. Er wird dabei ausschließlich geleitet von dem angeblich auf Adam Smith zurückführbaren radikalen Prinzip Eigennutz.

2. Der Einzelne ist in seiner Entscheidung frei. Es bestehen also autonome Wahlalternativen.

3. Der Einzelne hat die Intelligenz und die informativen Möglichkeiten, die Einflußfaktoren auf seine Entscheidungen, sowie die Folgen, einschließlich der Nebenfolgen, zu überblicken. Die Theorie räumt hier inzwischen immerhin auch die Möglichkeit ein, daß es "Restriktionen" geben kann.

4. Der Einzelne verfügt über eine widerspruchsfreie und stabile Präferenzstruktur. Diese ermöglicht es ihm, die zu erwartenden Folgen ebenfalls in eine Rangordnung zu bringen.

5. Alles Handeln hat nur ein Ziel. So Kirchgässner: "Letztlich gibt es nur ein einziges Ziel, welches nicht selbst auch Mittel ist, nämlich das Ziel der Nutzenmaximierung, dem die Auswahl aus den Verfügung stehenden Alternativen dient."[14]

6. Nutzenmaximierung setzt Quantifizierbarkeit voraus. Für die Unternehmung gilt also das Finalziel: Gewinnmaximierung.

Kirchgässner bemüht sich bei allem Eintreten für den homo oeconomicus um Behutsamkeit. Er verweist, wie andere Forscher (z.B. Homann, Suchanek), auf das *Modellanliegen*, das nicht den wirklichen Menschen wiedergeben wolle. Er sagt: "Rationalität bedeutet in diesem Modell lediglich, daß das Individuum prinzipiell in der Lage ist, gemäß seinem relativen Vorteil zu handeln, d.h. seinen Handlungsraum abzuschätzen und zu bewerten, um dann entsprechend zu handeln."[15] Das ist wohl nur als Freizeichnungsklausel zu verstehen, hier keine Sollensvorgabe gegeben zu haben, obwohl sich solche hinter der erfolgreichen Gesetzmäßigkeit, die das Modell aufzuweisen vorgibt, eindeutig verbirgt. Der implizite Imperativ lautet doch: Reduziere dich als normaler Mensch, wenn Du vor einer Entscheidung stehst, stets zum homo oeconomicus, und Du wirst Deine höchst mögliche Sinnmaximierung erfahren! Unzutreffend ist es deshalb auch, von "Individuum" zu sprechen, denn hier wird *Teilbarkeit*, also ein *Dividuum*, unterstellt: Schizophrenie nicht als Geisteskrankheit sondern als - ökonomische - Lebenskunst.

Gehen wir zunächst die sechs Items durch. Vorweg fällt auf, daß nicht nach Unternehmer/Manager und Mitarbeitern differenziert wird. Den *Einzelnen* sodann als grundsätzlich eigenverantwortlichen Akteur darzustellen trifft zentral den Kernpunkt von Marktwirtschaft. Und wenn dem in der Unternehmung wirklich konsequent Beachtung geschenkt würde, verlören sich leichter die scheinbaren Systemzwänge der eindimensionalen Zielsetzung Gewinnmaximierung: "Zwänge", die in der Tat leicht ihre Eigendynamik entwickeln können. Die Zentrierung auf den Einzelnen als solchen entspricht aber durchaus auch unserer selbstidentifikatorischen Fokussierung: der Einzelne handelt und nicht die Ökonomie.

Für das Axiom *Eigennutz* als letzte causa menschlichen Handelns gibt es in der Ökonomie genügend altehrwürdige Begründer, so Mandeville, Ricardo und J.S. Mill. Adam Smith hingegen, hier am häufigsten als Zeuge hervorgeholt, ist die am wenigsten geeignete Berufungsinstanz. Das billige Prinzip Eigennutz, wonach der egoistischste Akteur als Nebenwirkung zugleich die beste aller sozialen Wirklichkeiten hervorbringt, ist eine eklektische Smith-Interpretation, gegen die ich seit zwei Jahrzehnten angehe.[16] Außerdem muß man den "Wohlstand der Nationen" und die "Theorie der ethischen Gefühle" wie Adam Smith, der Professor für Moralphilosophie, es tat, als Einheit betrachten, um das bei Smith tatsächlich zu findende Selbstinteresse im Kontext der sozialen Verschränkung einer *Sympathielehre* und dem "impartial spectator" als Regler zu erfassen. Jedem positivistischen Ökonomen dürfte das Weltbild durcheinander geraten, wenn er folgende Stelle aus der "Theorie der ethischen Gefühle" zur Kenntnis nähme: "Und daher kommt es, daß, viel für andere und wenig für uns selbst zu fühlen, unsere egoistischen Neigungen im Zaume zu halten und unseren wohlwollenden die Zügel schießen zu lassen, die Vollkommenheit der menschlichen Natur ausmacht, und allein in der Menschheit jene Harmonie der Empfindungen und Affekte hervorbringen kann, in der ihre ganze Schicklichkeit und Würde gelegen ist. Sobald die Glückseligkeit oder das Unglück anderer in irgendeiner Beziehung von unserem Verhalten abhängt, wagen wir es nicht - wie die Selbstliebe es uns einflüstern möchte -, den Vorteil des einen dem Vorteil der vielen vorzuziehen. Der 'innere' Mensch ruft uns sofort zu, daß wir uns selbst dabei zu hoch und andere zu niedrig werten, und daß wir, wenn wir so vorgehen, die Verachtung und den Zorn unserer Brüder verdienen."[17]

Daß eine Theorie, die entgegen Smith axiomatisch monomotivatorisch Eigennutz zugrunde legt, gemäß dem Gesetz der Selbstreflexivität in praxi adäquat self fulfilling reality schafft, ist eine andere Sache. Der im Wirtschaftsleben tatsächlich häufig unerläßliche Eigennutz läßt sich weniger positiv freiwillig, sondern negativ unumgänglich aus rekursiver Folgewirkung ableiten: im Wirtschaftsleben tätig sein, und sei es auch nur als Mitarbeiter, heißt nolens volens im Wettbewerb stehen. Also im Überlebensinteresse auch Eigennutz walten lassen. Aber das "auch", d.h. das *sozial eingebundene* Eigeninteresse, ist entscheidend, wenn man sich auf Adam Smith und seine "unsichtbare Hand" berufen will.

Daß der Einzelne in seiner *Entscheidung frei* ist, entspricht unserer identifikatorischen Vorstellung von Selbstautonomie. Als Ordnungsrahmen muß diese Freiheit rechtlich gewährleistet sein. Die sich solcher Freiheit bietenden Wahlalternativen, sind auch dort, wo sie sich ökonomisch auswirken, durchaus nicht immer rein ökonomischer Natur. Man denke nur an das identifikatorisch signifikante Problem der Berufswahl und an die Handhabung von persönlichen Konflikten. Brodbeck stellt in diesem Zusammenhang fest, daß in Bezug auf den Handlungsbegriff die Lehre der Klassiker vom *ethisch richtigen* Handeln im Vordergrund stand, sich bei den Neoklassikern auf Handeln als Wahl zwischen *gegebenen* Alternativen reduziert habe.[18]

Das *Informations*fenster wird dadurch nicht transparenter, daß man über möglichst viel Informationen verfügt. Wir können im Cyberspace-Zeitalter annehmen, daß versierte Unternehmen für eine wichtige Entscheidung in der Lage sind, sich global umfassend und instantan zu informieren. Doch trifft der modische Sprachgebrauch, bei Terminplanungen von Zeitfenster zu sprechen, exakt die Horizontbegrenzung des zuverlässig Erfaßbaren. Die aktuellen Daten und Hochrechnungen können sich schon sehr kurzfristig, beispielsweise durch ökonomische Ereignisse sowie Politik, Naturkatastrophen, interaktive Dissonanzen, ändern. Da grundsätzlich inzwischen allen Unternehmen ein hochleistungsfähiges Informationsinstrumentarium zur Verfügung steht, entwertet sich exponential schnell der Nutzen solcher Information. Wenn eine große Anzahl von Marktteilnehmern in gleicher Richtung handelt, stellt sich leicht das Gegenteil der erhofften Wirkung ein. Außerdem muß jeder Teilnehmer befürchten, daß der andere ihm zuvorkommt. Kurz, nicht nur die Entwicklung der Zukunft einzuschätzen, bleibt nicht abschaffbares Risiko unternehmerischen Handelns, IT-bedingt gilt inzwischen immer mehr, daß nur auf den Tageswert einer Information Verlaß ist.

Die *Präferenzskala* des Einzelnen als objektivierbare Orientierungsskala ist reine Fiktion. Wenn Kirchgässner deren Vorhandensein von der Psychologie bestätigt findet, übersieht er, daß auch Psychologen gelegentlich nicht Mathematisierbares zu mathematisieren trachten. Daß der Einzelne über eine Präferenzstruktur verfügt, sei unbestritten, wenn wir den Bewußtseinsgrad offen lassen, mit dem jeder Einzelne damit umgeht und uns außerdem von der Statik einer solchen Struktur distanzieren. Es mag auch sein, daß der Einzelne sie halbwegs erkennen, abgrenzen, um ihre Konfliktträchtigkeit wissen kann und sie *situativ* auch ordinal zu ordnen in der Lage ist. Auf keinen Fall läßt sich aber eine solche Ordnung kardinalisieren, d.h. wie es für die *Nutzenmaximierung* erforderlich wäre, in *Geldwerte* transformieren. Ökonomisch macht eine Präferenzskala und Nutzenmaximierung punktuell Sinn, wenn ich vergleiche, was vergleichbar und außerdem tatsächlich in Geld ausdrückbar ist, wie in der Unternehmung bei einer Investitionsentscheidung und privat beim Kauf eines Autos. Doch bereits beim Autokauf spielen, worauf ich alsbald zurückkommen werde, auch nicht quantifizierbare Präferenzen mit hinein.

Daß die Wirtschaftspraxis funktioniert, liegt jenseits solchen in sich höchst anspruchsvoll mathematisierten und formal geschlossenen Glasperlenspiels. Sie macht um so mehr Gewinne, je besser sie in der Lage ist - siehe Soros - nur das, was rechenbar ist, rechenhaft anzugehen - ein durchaus breites und genuin ökonomisches Aktionsfeld -, *gleichrangig* aber *soziales Gespür* - siehe wieder Soros -, Überzeugungskraft, Mitarbeiter- und Kundeninteressen, gesellschaftliche Verträglichkeit sowie darüber hinaus reichende öffentliche Verantwortung mit fokussiert.

Theoretiker und auch "harte" Praktiker decken zumeist diese lebenspralle Unternehmenswirklichkeit zu. Ich sehe den Grund darin, daß das Ökonomische Prinzip, wenn auch abgelöst von seiner fiktiven Personalisierung in den letzten Jahrzehnten geradezu zu einem *Glaubensbekenntnis* der kapitalistischen Welt geworden ist. Solchem Glauben huldigen inzwischen auch Staaten und Kommunen, indem sie beispielsweise in der Privatisierung von Post, Bahn, Energieversorgung, Krankenhäusern, Altersversorgung, den Lösungsschlüssel ihrer Leistungsnotstände sehen.

Ähnlich wie in Planwirtschaften der Plan erfüllt wird, weil die Praktiker das Planparadigma laut beten, es aber informal unterlaufen, ihm also zuwider handeln, scheint es mir im Kapitalismus für die wissenschaftliche Karriere angebracht, l'art pour l'art, dem "mainstream" gemäß, zu betreiben und dabei möglichst Kollegen zu übertreffen, und die Praktiker brauchen es, damit der verbreitete Glaube an das allein selig machende Ökonomische Prinzip seinen Schein beibehält, zumal wenn ihnen an den Universitäten in den besten Jahren ihres Lebens jenes Prinzip wissenschaftlich eingetrichtert wurde, so daß sie es unauslöschbar internalisiert haben.

Ich bezeichne diesen Vorgang als *affirmative Rationalisierung* und meine damit nicht die Schiene von Taylor, REFA, DIN, ISO, sondern einen psychischen Umhüllungsprozeß, wie ihn auf einem anderen Feld die Psychoanalyse kennt.

Die bisher konstruktivste Kritik kommt nicht von Gegnern des Kapitalismus, sondern von H.A. Simon, dessen Beitrag für das Verständnis rationaler Prozesse als "Evolution" wir bereits in Abschnitt 5.1 gewürdigt haben. Simon entfaltet seine Kritik anhand der Theorie des subjektiv erwarteten Nutzens, einer entscheidungstheoretisch hoch mathematisierten Implementierung des Grundprinzips "ökonomische Rationalität". Die Hauptbestandteile dieser Theorie sind: Jede Person verfügt über eine klar definierte (kardinale) Nutzenfunktion sowie eine klar definierte endliche Menge von Alternativen zur Auswahl und kann allen zukünftigen Mengen von Ereignissen eine konsistente gemeinsame Wahrscheinlichkeitsverteilung zuordnen. Sie wählt dann jene Strategie, "die den *erwarteten Nutzen* der Menge der Ereignisse, die aus dieser Strategie folgen, nach Maßgabe der Nutzenfunktion *maximiert*."[19]

Simon hält es für völlig irreal, daß die Person einen umfassenden Überblick über alle aktuellen und entscheidungsrelevanten Daten hat, geschweige denn eine gemeinsame Wahrscheinlichkeitsverteilung vornehmen kann. Gemäß dieses "Göttlichkeitsmodells" hat der Entscheidungskandidat "all seine widersprüchlichen Teilwerte miteinander in Einklang gebracht und ausbalanciert und sie zu einer einigen Nutzenfunktion verschmolzen, die alle diese zukünftigen Zustände der Welt nach seiner Präferenz ordnet."[20]

Angeblicher Anwendung steht Simon äußerst skeptisch gegenüber. Im Wissenschaftsbereich mag das für ihn angehen, wenn man sich damit begnügt, die irreale Hypothesenkonstruktion rein mathematisch durchzuspielen. Formal mag man zu Stimmigkeit gelangen. Doch: "Wenn diese Annahmen explizit gemacht werden, wird offensichtlich, daß die Theorie des subjektiv erwarteten Nutzens niemals in der realen Welt angewendet wurde oder angewendet werden wird - mit oder ohne Computer, gleich welcher Größe."[21]

Allenfalls ließen sich bei Mikroproblemen eine tatsächlich begrenzbare und auch kardinal definierbare Situation finden. Simon hat deshalb, zusammen mit Kollegen, ein "Verfahren für Unternehmensentscheidungen über Produktionsmengen, Lagerbestand und Belegschaft unter Unsicherheitsbedingungen" entwickelt, kommt aber zum Ergebnis, daß auch hier die Annäherung an die Realität nur fragmentarisch greift. Zu der nicht operationablen *Wert*struktur (!) der Handelnden kommt hinzu, daß der Durchschnittsmensch gar nicht in der Lage wäre, diese hoch abstrakte Theorie, selbst in relativ einfachen Situationen, zur Anwendung zu bringen. Wozu auch, wenn die Validität der Ergebnisse nicht gesichert ist?

Simon hält es deshalb, ohne grundsätzlich die ökonomische Rationalität als Leitidee in Frage zu stellen, also durchaus im Interesse von Effizienz, für geboten, die Kriterien der evident waltenden *begrenzten Rationalität* beim Namen zu nennen und ihr Geltung neben dem "Göttlichkeitsmodell" zuzugestehen. In der Realität sind tagtäglich von jeder Person auf den verschiedensten Ebenen, auch privaten, Entscheidungen zu treffen, die keineswegs immer einander berühren, und von den Millionen Variablen, die das menschliche Entscheidungsszenario bestimmen können, kommen nur wenige ins Bewußtsein und in Betracht, und diese wenigen Variablen geraten auch nur gelegentlich in Konflikt zueinander. Zutreffend bemerkt Simon, daß für den potentiellen Autokäufer sich das Interesse auf diese eine Präferenz, ein Auto zu kaufen, konzentriert. Die dabei zum Zuge kommende Wertungsskala baut sich informationsgeleitet aus ökonomischen, aber auch aus affektuiven Elementen, wie Geschmack, Geltungsbedürfnis, Freude am (zu) schnellen Fahren und ähnlichem, auf. Wir dürfen, Simon weiterdenkend, davon ausgehen, daß der Autokäufer vor anderen, vielleicht sogar vor sich, den Kauf eines ganz bestimmten Autos affirmativ rationalisieren und als reinen Kosten-Nutzen-Vergleich ausgeben wird. Der psychologisch versierte Verkäufer wird aber alsbald den Hintergrund solch vorgegebener Nutzenmaximierung intuitiv erkennen und auf dieser Schiene ins Geschäft zu kommen wissen.

Damit sind wir bei der zweiten Erweiterung, die Simon für erforderlich hält, der *intuitiven Rationalität*. Anders als bei begrenzter Rationalität, mit der sich dank bewährter und lernfähiger Erfahrung die alltäglichen Entscheidungen meistern lassen, führt ein intuitives "Aha" zu kreativen Erkenntnis und Entscheidungsdurchbrüchen, die dann auch strengerer rationaler Überprüfung standhalten. Intuitive Durchbrüche sind, wie Simon ausführt, zumeist das Ergebnis eines jahrelangen rationalen Bemühens um eine Sache, was einen überdurchschnittlichen Vorrat an Assoziationsmöglichkeiten schafft. Die grundlegende Voraussetzung übersieht Simon allerdings, die schon im Kindesalter voll entfaltete Fähigkeit im analogen Denken.[22]

Es ist bemerkenswert, daß Simon sowohl bei der begrenzten Rationalität als auch bei der Intuition die affektive Komponente mit berücksichtigt, wobei er allerdings fehlleitend zu pauschal von "Gefühlen" spricht. Gefühle können, so Simon, unsere Aufmerksamkeit auf eine ganz bestimmte Entscheidungsrichtung hin fokussieren, und angeblich können intuitive Durchbrüche als "heißes" Denken coram publicum dort starke Gefühlsregungen erwecken. Auch das ist viel zu unscharf, denn nicht immer erfolgt ein intuitiver Durchbruch coram publicum, und gerade dort, man denke an Spitzenpolitiker und Spitzenentertainer, herrscht eine andere kreative Intuition vor, nämlich spontan zu erfassen, was *das Publikum* zu hören und zu sehen begehrt.

Wie auch immer, von einem Nobelpreisträger anläßlich der Harry Camp Lectures an der Stanford University vorgetragen, kann die rein instrumental orientierte Wirtschaftswissenschaft nunmehr nicht-quantifizierbare Entscheidungseinflüsse nicht einfach ignorieren. Simon: "Eine Verhaltenstheorie der Rationalität, die den Fokus der Aufmerksamkeit als eine wesentliche Determinante von Entscheidungen behandelt, trennt weder das Gefühl vom menschlichen Denken noch unterschätzt es in irgendeiner Weise die machtvollen Auswirkungen von Gefühlen auf die Zielsetzung der menschlichen Problembewältigung."[23]

So weit so schlecht. Wenn man der Fokussierung der Aufmerksamkeit so große Bedeutung beimißt, dann wäre doch kritisch zu hinterfragen, ob mindestens nicht noch andere Richtpotentiale dahinter stecken als "Gefühle", und spätestens hier käme man nicht umhin, wie auch immer zu thematisieren, daß sehr häufig *Sinnorientierung das entscheidende Richtpotential* ausmacht, exakt zu unterscheiden von dem Hungergefühl eines Obdachlosen und dem Liebesdurst eines verschmähten Liebhabers, deren Aufmerksamkeit durchaus auch einseitig fokussiert ist. Diese Ungenauigkeit bei Simon ist wohl nicht als Zufall zu bezeichnen, denn so kann die "reine" ökonomische Rationalität ihre Leitfunktion behalten, instrumental aber durch zwei zusätzliche Stützrationalitäten eine realitätsnähere Bereicherung erfahren.

Damit Sinnorientierung aber derart thematisiert werden kann, daß sie frei von instrumentaler Vereinnahmung wird, ist eine weitere Art von Rationalität einzuführen. Simon bezeichnet seine drei Rationalitäten als "Vernunft". Das können wir gelten lassen, wenn wir sie unter den von Adorno und Horkheimer eingeführten Begriff der *instrumentalen Vernunft* subsumieren. Für Habermas handelt es sich dabei um eine "positivistisch halbierte Rationalität". Eine umfassendere Rationalität habe all das einzuschließen, "was von den instrumentalen Bestimmungen der Vernunft ausgeschieden wird".[24] Diese umfassendere Vernunft möchte ich aber nicht wie Habermas und der an Habermas anknüpfende Wirtschaftsethiker P. Ulrich als "kommunikative Vernunft" bezeichnen, sondern von *integrativer Vernunft* sprechen.[25] Bei Vernunft klingt das Wort "Vernehmen" an. Bei kognitiver Entfaltung all seiner Sinnes- und Geisteskräfte vernimmt das menschliche Bewußtsein autonom sowohl die sachlogischen Bedingtheiten, also die Wenn-dann-Gesetzmäßigkeiten, die zu berücksichtigen sind, will man ein bestimmtes Ziel erreichen, als auch die sinnleitenden Unbedingtheiten, die bei jeder Handlung zur Bewährung anstehen. Wir kommen damit, angeregt durch Albrow (siehe Abschnitt 4.3), Kants Vorstellung vom Zusammenwirken Hypothetischer Imperative und des Kategorischen Imperativs nahe.[26] Praktisch gewendet bedeutet integrative Vernunft, daß der autonome Wille des Einzelnen vom Kategorischen Imperativ her sich die Handlungsempfehlungen des jeweils angebrachten Hypothetischen Imperativs, hier also durchaus der ökonomischen Rationalität, zunutze macht, um Ziele zu erreichen, die letztlich den Menschen nicht als Mittel sondern als Zweck betrachten. Anders formuliert: Integrative Vernunft kommt dann zum Zuge, wenn ethische Unbedingtheit und die Bedingtheit der "Sachzwänge" in der bezeichneten Reihenfolge zur Übereinstimmung finden.

Integrative Vernunft ist deshalb, soll die unbedingte ethische Komponente nicht zu bloßer Gesinnungsethik erstarren, untrennbar, "erfüllungshalber", auf die Bedingtheiten der Sachkomponente verwiesen. Doch in den technischen, ökonomischen und politischen Bedingtheiten droht sich derzeit Vernunft zunehmend zu erschöpfen. Keine noch so engagierte "Wirtschaftsethik" vermag hier Ratschläge zu geben, wie der Kategorische Imperativ inhaltlich konkret auszufüllen wäre. In einer sinnzerbröselnden Gesellschaft ist der Einzelmensch mehr denn je darauf angewiesen, hier seinen Inhalt selber zu finden, ein beschwerlicher, aber wie ich meine, nicht aussichtsloser Prozeß, durch den schlußendlich auch die gesellschaftlichen Institutionen zu einer neuen Sinnbestimmung gelangen können.

Ob eine Unternehmung auf dem Weg ist, sich frei entfaltender integrativer Vernunft zu öffnen, ist von außen schwer zu erkennen. Doch spricht die Vermutung dafür, sobald man weiß, daß eine Unternehmung sich explizit eine mehrdimensional *gleichrangige* Zielperspektive gesetzt hat, in der auch eine ethische Wertorientierung erkennbar ist. Allerdings ist keine PR-Abteilung so dumm, der Öffentlichkeit zu verkaufen, das Unternehmen strebe letztlich nur Nutzenmaximierung an. Kirchgässners eingangs zitierte Feststellung, daß es letztlich nur ein Ziel, nämlich das der Nutzenmaximierung gäbe, ist ein Musterbeispiel für die Verwechslung von Zielen mit Zwecken. Das ökonomische Rationalprinzip als Selbstzweck! Das Beispiel unterstreicht damit zugleich die Richtigkeit der Feststellung von Rawls, daß normative Ziele sich nicht mit einem formalen Rationalitätsbegriff begründen lassen, sondern von außen eingeführt werden müssen.[27] Schon Weber hat treffend bemerkt, daß aus ethischer Sicht ökonomische Rationalität sich als etwas durchaus Irrationales darstellen könne.[28]

5.3 Macht - Freiheit - Kommunikation

Das deutsche Wort Macht leitet sich vom Gotischen "magan" her und bedeutet soviel wie Kraft und Vermögen, das Mögliche zu tun. Der Ausspruch in Schillers Wilhelm Tell "Der Starke ist am mächtigsten allein" würde diesem Ursprungskürzel entsprechen. Auch das Schlagwort "Wissen ist Macht" ist nur ein solches Kürzel. Wir müssen erstens zwischen der Macht im Umgang mit *Sachen* und mit Lebewesen, hier ausschließlich bezogen auf *Menschen*, unterscheiden. Wo beides ineinander greift, hat die Macht um Umgang mit Menschen allermeist die übergeordnete integrierende Funktion. Zweitens ist zu berücksichtigen, daß, bezogen auf Menschen, Macht stets ein Macht*verhältnis* konstituiert; d.h. auf Akzeptanz und ein Geben und Nehmen angewiesen ist. Nicht nur Robinson wäre kurz über lang verrückt geworden, hätte er nicht schließlich seinen Freitag gefunden, mit dem er ein Machtverhältnis einging, innerhalb dessen er zwar der dominierende, aber auch zugleich der Abhängige war. Das Modell Robinson veranschaulicht sehr schön auch etwas für Machtverhältnisse Typisches: Er mißtraute lange Zeit seinem Freitag und traf mancherlei Sicherheits- und Erziehungsmaßnahmen.

Max Weber gelingt es als erstem, den seit der griechischen Philosophie andauernden Machtdiskurs so zu definieren, daß die moderne Problematik damit in Reichweite kommt. Wir erinnern uns: "Macht bedeutet jede Chance, innerhalb einer sozialen Beziehung den eigenen Willen auch gegen Widerstreben durchzusetzen, gleichviel, worauf diese Chance beruht." Wie wir in unserem Weber-Exkurs festgestellt haben, bleibt allerdings die darin so wichtige sozialpsychologische Erkenntnis nicht viel mehr als ein Merkposten. Stattdessen bringt er seinen Ansatz in seine Herrschaftstypologie mit einer Schwerpunktverschiebung zur Rechtssoziologie hin ein und erkundet von dort her die Machtchancen legitimatorisch. Da wir hier die Legitimationsfrage nicht legalistisch sehen, sondern fragen: Durch welche Leistungen muß die Unternehmung vor der Gesellschaft ihre Existenzberechtigung nachweisen? kommen wir über Webers legitimatorische Anliegen nicht weiter. Es reicht für unsere Zwecke, die Legalität des Unternehmers als Verfügungsberechtigter über sein Eigentum im Rahmen der Rechtsordnung zur Kenntnis zu nehmen und nicht in Frage zu stellen.

Auf der Suche nach einer Definition, mit deren Hilfe wir die Machtverhältnisse in der Unternehmung unter die Lupe nehmen können, bringt uns Foucaults Formulierung voran. Er bezeichnet Macht als Verhältnisse zwischen Partnern, bedingt durch "ein Ensemble von Handlungen, die sich gegenseitig hervorrufen und beantworten", und dieses Ensemble ist mit *sachlichen Fähigkeiten* und *Kommunikationsbeziehungen*, obwohl nicht mit Macht als solcher gleichzusetzen, untrennbar "verschachtelt".[29]

Ehe wir daher in puncto Kommunikation der "kommunikativen Vernunft" vertrauen, müssen wir genauer wissen, welche Machtvorstellungen und -mechanismen sich "verschachteln"; denn die Parameter stützen sich nicht nur gegenseitig, die innerhalb solcher Verschachtelung agierenden Menschen verstehen sich außerdem als identifikatorisch frei, indem sie freiwillig das Ihre tun, um die Machtverhältnisse aufrecht zu erhalten. *Freiheit* ist, wie Foucault feststellt, eine *unerläßliche Voraussetzung für das Ausüben von Macht*, im Unterschied zur Ausübung von Gewalt. Foucault geht aber - und damit meines Erachtens tiefer lotend als die Sozialisations- und Rolleninterpreten - davon aus, daß diese Autonomie eine arge Selbsttäuschung ist. Der Einzelne, sei es nun der mehr oder weniger Mächtige, ist "an seine Identität (ge)fesselt, (die) ihm ein Gesetz der Wahrheit auferlegt", das er anerkennen muß "und das andere in ihm anerkennen müssen".[30] Dieses Gesetz der Wahrheit ist "historisch" entstanden, im Zuge einer im achtzehnten Jahrhundert einsetzenden Rationalisierung der Machtverhältnisse.

Foucault sieht in solcher Rationalisierung eine säkularisierende Transformation ursprünglich religiös geprägter *Pastoralmacht* in eine der Effizienzsteigerung von Institutionen dienende *Selbstdisziplinierung* des Einzelnen, die ihn vom Individuum zum bloßen *Subjekt* macht. Anliegen der Pastoralmacht war es, das Seelenheil der Betreuten in einer anderen Welt zu sichern. Das erforderte echte Hingabe des Hirten an seine Herde einerseits, strikte Überwachung und Inpflichtnahme zu Gott wohlgefälligem Leben und Opferbereitschaft andererseits. "Man kann diese Form von Macht nicht ausüben, ohne zu wissen, was in den Köpfen der Leute vor sich geht, ohne ihre Seele zu erforschen, ohne sie zu veranlassen, ihre innersten Geheimnisse zu offenbaren." [31] In den 1980er Jahren konnte ich anläßlich mehrerer längerer Arbeitsaufenthalte in einer kleinen irischen Dorfgemeinde beobachten, wie Reste solch ursprünglicher Pastoralmacht noch heute funktionieren. Mehrmals am Tag machte der katholische Dorfgeistliche seine Runden, war auch im Pub und den kleinen Läden allgegenwärtig und mit den Leuten im Gespräch.

Foucault hat mit seiner *Archäologie der Macht* mehrere Institutionen, Irrenanstalten, Gefängnisse, Spitäler, Armee und Schulen, daraufhin untersucht, wie sich die Machtverhältnisse durch Disziplinierung und Dressur, vom Zwang der Dauerbeaufsichtigung befreiten.[32] Die Unterwerfung durch Subjektivierung führte allmählich dazu, daß man sich zuverlässig auf identifikatorische Selbstdisziplinierung verlassen konnte. Es erscheint mir hier nicht erforderlich, auf die von Foucault beschriebenen Disziplinierungstechniken, besonders "Anatomopolitik" (Atomisierung der Bevölkerung in Machterhaltungsmodule via Internalisierung) und "Biopolitik" (Disziplinierung des Körpers) sowie Aussonderung des Nichtnormalen, näher einzugehen. Man mag an der Einseitigkeit von Foucaults Beweisführung Kritik üben, sie ist aber außerordentlich hilfreich, um unternehmensbezogen die effizienzsteigernden Errungenschaften eines Bentham, J. St. Mill, Pullman, Taylor, Ford I, und ihr zugleich aufrichtig sozial-ethisches Engagement besser zu verstehen.[33]

Der paternalistische Unternehmer verkörpert geradezu paradigmatisch säkularisierte Pastoralmacht. Er beutet seine Leute nach seinem Wahrheitsverständnis nicht aus, sondern gibt ihnen eine Sinnfindungschance; er sieht sich in echter Fürsorgepflicht stehend. Obwohl Foucault, vielleicht wegen seines frühen Todes, nicht dazu gekommen ist, seine archäologische Methode speziell der Unternehmung zuzuwenden, verdanken wir ihm doch eine grundlegende Sichtweise, die einen exzellenten Einstieg dafür böte: "Denn wenn das menschliche Subjekt innerhalb von Produktions- und Sinnverhältnissen steht, dann steht es zugleich in sehr komplexen Machtverhältnissen."[34] Solche Sinnverhältnisse bietet die jeweilige Unternehmenskultur. Eine Vielfalt von Ritualen, Tabus, Sprachmustern, Statussymbolen, zeigt dem längst nicht mehr paternalistisch führbaren Mitarbeiter, was unausgesprochen gewünscht wird und wo es längs geht.

Für die Analyse von Machtverhältnisse in Institutionen offeriert Foucault fünf Schritte: 1. Analyse der Machtdifferenzierungen und ihrer systemischen Verflechtung; 2. Analyse der Typen von Zielen; 3. Analyse der instrumentalen Modalitäten; 4. Analyse der Form der Institutionalisierung; 5. Analyse der Rationalisierungsgrade.[35] Mit Ausnahme des fünften Schrittes, wo besser nach der zum Zuge kommenden Rationalität gefragt werden sollte, wäre das ein geeignetes Suchraster für eine empirische Erkundung, wobei unsere Unternehmensmodelle 1900 und 2000 sowie unsere integrative Organisationsperspektive die Grundlage für eine Chequeliste böten. Vor weitgehender Fehlinterpretation im einzelnen wären wir bewahrt, wenn es uns gelänge, den Drehpunkt des Ganzen, d.h. Zielentstehung, Zielinhalt und Zielstrategie sowie die zum Zuge kommende Rationalität wirklich zuverlässig zu erfassen. Denn unser Modell 2000, so fortschrittlich es sich vordergründig darstellt, reduziert sich zur Nutzenmaximierungsmaschinerie, sobald die Ziel- und Rationalitätsvorstellungen des Modells 1900 walten.

Doch auch ohne eine empirische Erhebung dürfte sich generell Zuverlässiges über die momentane Situation der Machtverhältnisse und deren identifikatorischen Kontext folgern lassen. Sie ist konkret in dem aktuellen, über die Unternehmung hinausreichenden Spannungsfeld angesiedelt, dessen Polarität Giddens mit "disembedding" und "reembedding" zutreffend umschrieben hat.[36] Je mehr die Betroffenen, und das sind wir alle, dabei bereit und in der Lage sind, unsere bisherigen Wahrheiten zunächst konsequent in Frage zu stellen, desto eher finden wir konstruktiven Grund unter den Füßen. Ich stimme mit Foucault überein, daß die Identitäten der Machtpartner die Machtverhältnisse etablieren. Aber spätestens seit den 1960er Jahren stimmt die von ihm beschriebene und kritisierte frei bejahte Selbstdisziplinierung nicht mehr. Die "determinierte" internalisierte Freiheit ist weitgehend im Wandel begriffen zu einer noch offenen, noch nicht völlig richtungbestimmten *Freiheit für ...* Studenten revoltieren gegen ihre Professoren, Kinder gegen ihre Eltern, Frauen gegen die Männervorherrschaft. Selbst in der katholischen Kirche gibt es konstruktiv rebellierende Gläubige. Die Umbrüche legen nicht nur Machtverhältnisse bloß, sie zielen auch nicht auf die Utopie machtfreier menschlicher Handlungsräume, sie weisen auf einen Wandel zu neuer Strukturierung der Machtverhältnisse hin, auch wenn man dazu meist erst auf dem Weg ist.

Wenn im Berufsalltag in noch nicht evidenter "Rebellion" Mitarbeiter ihren Blaumann oder weißen Kittel überziehen, sind sie dennoch nicht die Arbeitnehmer von Anno dazumal. Sie tragen durch ihr gewandeltes Selbstverständnis mit zum Wandel der Unternehmenskultur in Richtung Modell 2000 bei und wissen, je qualifizierter sie sind, auch um ihr eigenes Machtpotential. Je mehr Zugeständnisse die Unternehmung in der Selbstgestaltung ihres Wirkungsfeldes macht, desto befriedigender wird das Ergebnis für beide Seiten. Doch wenn die Öffnung zur Membership und die gleichberechtigte Einbindung in den Zieldiskurs anstünde, würden sich die Geister scheiden. Ich vermag in diesem Sich-Sperren der Unternehmer gegen diesen ersten Schritt, ohne den Identitätsorientiertes Management nicht in Gang kommen kann, nur die Furcht zu erblicken, damit würden die Leinen losgemacht zu völlig neuen Ufern. Genauso wäre es! Anders formuliert: Wir haben bisher fast ausschließlich von Identität als dem Selbstverständnis von Mitarbeitern gesprochen. Das vorgelagerte Initial kann aber selbstverständlich nur darin bestehen, daß die Unternehmensleitung selber sich schonungslos die Frage nach dem Selbstverständnis ihrer Unternehmerfunktion stellt. Ich bin davon überzeugt, daß Schumpeter, würde er heute leben, die Fähigkeit des Unternehmers zur schöpferischen Selbstzerstörung auch auf seine institutionelle Innovationsfähigkeit ausdehnen würde.

Foucault sieht die Etablierung der Machtverhältnisse entscheidend dadurch gesichert, daß sie in die Kommunikationsprozesse mit eingelassen sind. Das bedeutet: Ein neues Kommunikationsverständnis, etwa nach Vorstellung der Diskursethik, kann nur greifen, wenn sich die Machtverhältnisse modifizieren, und auch dann wäre mit einer längeren Interimsperiode zu rechnen. Die habitualisierten Kommunikationsmodi sind ja weitgehend internalisiert, und es bedarf eines bewußten Umlernens.

Das Mittel der verbalen Kommunikation ist die Sprache. In der Sprechfähigkeit kommt ein wesentlicher Bereich der sozialen Kompetenz eines Menschen zum Ausdruck. Ob wir nun marxistische, systemtheoretische oder sozialisationstheoretische Spracherklärungen bemühen, sie alle kommen zum Ergebnis, daß die jeweils bestehende Gesellschaft im Interesse ihrer Selbsterhaltung sprachregelnd und damit das Bewußtsein beeinflussend wirkt. Zugleich kann man aber auch an Sprachentwicklung gesellschaftlichen Wandel ablesen. Sprache hat nicht nur eine Inhalts-, Beziehungs-, Appell- und Selbstoffenbarungsqualität, der Einzelne denkt auch in Sprache, erinnert sich in Sprache, bzw. formt Erinnerungsbilder in Sprache um, und sogar seine Wahrnehmung wird von Sprache beeinflußt, wenn beispielsweise ein ihm begegnendes Wort ihn in seiner ganz persönlichen Semantik an ein frühkindliches oder jüngeres Erlebnis von großer Betroffenheit erinnert und er nun überhöhend, retuschierend oder ausblendend reagiert.

Wenn eine Kommunikationsgemeinschaft zustande kommen soll, bedarf es einer gemeinsamen Semantik, und damit ist bereits eine erste Sprachregelung programmiert. Ob wir von

- Untergebenen
- Arbeitnehmern
- Beschäftigten
- Belegschaft
- Gefolgschaft
- Betriebsgemeinschaft
- Angestellten
- Arbeitern
- Werkern

- Mitabeitern
- Kollegen
- Kumpeln
- Genossen
- Mitgliedern

sprechen, macht, egal, ob es sich um Inhalts-, Beziehungs-, Appell- oder Selbstoffenbarungsaspekt handelt, jeweils sehr unterschiedliche dem Selbstverständnis zugrunde gelegte Machtverhältnisse evident. Damit sind grundsätzlich auch die Grenzen umrissen, innerhalb derer ein wirklich argumentativer Diskurs möglich ist. Ich schließe nicht aus, daß im Sinne der Vorstellung von Ulrichs "realer Kommunikationsgemeinschaft" das hartnäckige wiederholende Einbringen einer von dem generellen Selbstverständnis abweichenden Argumentation möglich ist. Doch bereits, wenn der Diskursant das Vehikel Sprache nutzend, sich der etablierten Wörter bedient, dürfte er sich in Mißverständnissen seitens der Zuhörer verfangen.[37]

Daß gerade in der Unternehmung, nur durch Dialog, ein werthaltig geschlossener Denkkreis über sich hinausweisend aufgebrochen werden könnte, halte ich für höchst unwahrscheinlich und versuche nachfolgend, es zu demonstrieren.

Für die Analyse von Kommunikationsbeziehungen haben sich sieben Grundannahmen bewährt:

1. Empfangen können, nicht Senden, ist die Grundvoraussetzung für Kommunikation.

2. Kommunikation ist nicht zu verwechseln mit Information.

3. Man kann nicht nicht-kommunizieren.

4. Jede Kommunikation hat einen Inhalts- und einen Beziehungsaspekt.

5. Ein identischer Vorgang läßt sich in der gleichen Sprache ausdrücken, aber bereits durch Interpunktion unterschiedlich gliedern.

6. Es ist zwischen digitalen und analogen Kommunikationsabläufen zu unterscheiden. Die Fähigkeit zum analogen Kommunizieren macht die Eigenart menschlicher Kommunikation aus.

7. Zwischenmenschliche Kommunikationsabläufe sind entweder symmetrisch, d.h. durch die Gleichheitsposition der Partnerbeziehungen, oder asymmetrisch, d.h. durch die ungleiche Position der Partnerbeziehungen, gekennzeichnet.

Bei den Annahmen 3 - 7 lehne ich mich an die "Pragmatischen Axiome" von Watzlawick et alii an, bringe sie aber als analytische Werkzeuge in einen anderen Kontext, d.h. ich lasse seine Verknüpfungsprinzipien, die mit Totalität, Feed Back, Homöostase, Äquifinalität, in die Sackgasse eines kybernetischen Behaviorismus zu geraten drohen, außer Betracht.[38]

Zu 1: Vordergründig leidet fast jede Talk Show im Fernsehen an dem signifikanten Mangel, daß der andere den Partner nicht ausreden läßt, sondern ihm ins Wort fällt. Das ist nicht nur grobe Unart, sondern verweist paradigmatisch auf das Faktum: Man hört nur, was man will, bzw. deutet, was akustisch ankommt a priori nach seinem eigenen Wahrnehmungsmuster, a priori hier als Vor-Urteil gemeint. So äußerte sich unlängst in einer Talk Show, als die geplante Reform der Mitbestimmung zur Sprache kam, ein renommierter Unternehmer, es gäbe dank Betriebsrat schon genug an Bürokratie und überflüssigem teurem und entscheidungshemmendem "Palaver".[39] Aus der Sicht eines "typischen" Unternehmers (Modell 1900) kann ein anderes Verständnis gar nicht aufkommen. Die gesetzlich verordnete Mitbestimmung, aus meiner Sicht kein hinreichender Weg, modifiziert immerhin, wenn auch auf etwas altertümliche Weise, asymmetrische Machtverhältnisse in der Unternehmung, daher als Wahrnehmung Rauschen oder Palaver.

Zu 2: Ulrich bringt das schöne Beispiel, daß ich meinen Hund zwar informieren kann, er solle etwas ganz Bestimmtes tun, und er mag auch rückkoppelnd mit dem Schwanz wedeln und sogar meiner Aufforderung folgen. Argumentieren kann ich aber weder gemeinsam mit dem Hund, noch ihm mit Argumenten kommen. Eine große Informationsmenge in der Unternehmung ist von dieser digitalähnlichen Eigenart. Sie kommt zu dem inzwischen unerläßlichen umfangreichen Digitalbereich der Elektronik hinzu, der auch dort, wo Programme auf Mehrseitigkeit angelegt sind, auf *eindeutigen* Informationsaustausch abstellt, ohne Wertung, Affekte, spontane Assoziationen und Argumente. Derartige Zweiweginformation stellt keine Kommunikation im sozialpsychologischen Sinne dar. Je mehr sie sich ausbreitet, je mehr verkümmert die Fähigkeit zum echten Gespräch, von einer zwischenmenschlichen Begegnung im Gespräch nicht zu reden.

Zu 3: Nicht nur die intendierte oder nicht intendierte Körpersprache, Blick, Gebärde, Gestimmtheit sendet, bereits das Erscheinen eines Menschen in einem Gesprächskreis kann zu einer völlig veränderten Kommunikationsweise führen, selbst wenn der Betreffende schweigt. Man denke an die betriebliche Besprechung eines Meisters mit seiner Gruppe, und plötzlich kommt der Betriebsleiter zu "Besuch".

Zu 4: Watzlawick et alii führen treffend aus, wie der Inhaltsaspekt eine abhängige Variable des Beziehungsaspekts wird. Letzterer bestimmt weitestgehend, wie eine Botschaft interpretiert wird. "Na, das haben Sie ja fein hingekriegt." seitens des Vorgesetzten geäußert, kann je nach der Beziehung zu ihm als Lob oder ironisierter Tadel gedeutet werden. Mißverständnisse, die von der Beziehungsseite her kommen, finden sich bereits bei Partnern, die auf gleicher Ebene stehen. Man kann sich hier zwar dialogisch noch tiefer in Mißverständnisse hineinsteigern, aber ebenfalls auch häufig eine Klärung finden. Sobald die Kommunikationspartner auf hierarchisch unterschiedlichen Stufen stehen, ist zu vermuten, daß die rangniedrigeren Partner im Interesse, sich die Beziehung nach oben nicht zu verscherzen (Karriere und Existenzsicherung können davon abhängen), ihren Äußerungen einen Filter vorschalten, also ganz im Sinne des Symbolischen Interaktionismus Theater spielen, d.h. sie werden versuchen so zu argumentieren, wie sie erwarten, daß es die Vorgesetzten und die anerkannten opinion leaders gerne hören wollen. In diesem Schein des *Als-Ob* wahrt man die Grenzen der Unternehmensphilosophie. Im ökonomischen Kern kommt man dabei meistens schon zur Sache, aber in gewohnten Gleisen und oft um so umständlicher, je moderner das Unternehmen ist und sich beispielsweise explizit zu einem Leitbild und einer Unternehmenskultur mit festgelegten Merkmalen bekennt. Hier sind bestimmte kommunikative Rituale tunlichst zu beachten und Leitschlagwörter, wie "Umweltschutz", "der Kunde als Partner", "Shareholder Value", vielleicht sogar "Corporate Identity", wo immer möglich, schmückend einzublenden.

In Anlehnung an das Verdikt von Roethlisberger "The Foreman, master and victim of double talk" möchte ich vom verbreiteten *double talk* in der Unternehmung sprechen. Einer solchen Situation tagtäglich ausgesetzt zu sein, muß zu schweren interpsychischen Konflikten führen. Doch wo double talk an der Tagesordnung ist, sind auch die double binds nicht weit: Im Rahmen einer engen Beziehung "wird eine Mitteilung gegeben, die a) etwas aussagt, b) etwas über ihre eigene Aussage aussagt und c) so zusammengesetzt ist, daß diese beiden Aussagen einander negieren bzw. unvereinbar sind ... Der Empfänger dieser Mitteilung kann der durch sie hergestellten Beziehungsstruktur nicht dadurch entgehen, daß er entweder über sie metakommuniziert (sie kommentiert) oder sich aus der Beziehung zurückzieht".[40] Man muß also darauf reagieren, ohne ihr gerecht werden zu können. Als treffendes Beispiel rekapituliere ich in der Erinnerung aus den Führungsleitsätzen eines deutschen Automobilkonzerns sinngemäß: "Sie haben in kritischen Situationen, wenn Sie es für geboten halten, ohne Angst vor Entlassung oder Rückstufung, gegen bestehende Vorschriften unseres Unternehmens zu handeln. Haben Sie aber bitte Verständnis dafür, daß wir Sie entlassen müssen, wenn dadurch für das Unternehmen ein größerer Schaden entsteht."

Daß es sich hier nicht um einen Einzelfall handelt, möchte ich durch weitere Beispiele demonstrieren. Einige dieser Beispiele sind Wahrens "Zwischenmenschliche Kommunikation und Interaktion in der Unternehmung" entnommen:[41]

Sei kooperativ, aber setze Dich durch.

o   Halte Dich an Regeln, aber berücksichtige den Einzelfall.

o   Von unseren Führungskräften erwarten wir, daß sie im Einzelfall erfolgsorientiert von der Regel abweichen, bei Mißerfolg aber bereit sind, die Verantwortung zu übernehmen.

o   Zwei Statements aus einem Unternehmensleitbild:

Der Mensch steht bei uns im Mittelpunkt. Er ist das wichtigste zukunftsorientierte Kapital unseres Unternehmens.

Und kurz darauf:

Die Steigerung des Shareholder Values hat Vorrang vor allen anderen Zielen des Unternehmens.

o Unsere Führungskräfte tragen als Führungskader Teamverantwortung für das Unternehmensganze. Das entbindet sie aber nicht aus der Einzelverantwortung für ihr Fachressort.

o Aus der Einleitung eines Qualitätshandbuchs:

TQM schließt auch die Kostenqualität mit ein. Das Bemühen um einen kontinuierlichen Verbesserungsprozeß schließt auch das Bemühen aller Mitarbeiter um eine Senkung der Personalkosten mit ein.

Aus ökologischer Verantwortung werden Produktlinien, bei denen eine Umweltbelastung nicht vermeidbar oder die Vermeidung zu kostspielig ist, in Betriebsstätten der Dritten Welt verlagert.

Diese Art realer Kommunikationsgemeinschaft ist in keiner Weise geeignet, die Machtasymmetrie in der Unternehmung aufzubrechen, sondern dazu geeignet, sie zu festigen. Sie bindet tagtäglich außerordentlich viel psychische Energie der Mitarbeiter, um intrapsychischen Konflikten standzuhalten. Nicht von ungefähr ist das double bind-Phänomen besonders von der Schizophrenieforschung vertieft untersucht worden.

Zu 5: Ob wir interpunktieren "Der Betriebsleiter, sagte der Direktor, sei eine Niete." Oder "Der Betriebsleiter sagte, der Direktor sei eine Niete." ist, wie ersichtlich, für die Aussage inhaltlich eine entscheidende Weichenstellung. Didaktisch ist es deshalb durchaus angebracht, die Bedeutung der Interpunktion zu betonen. Doch weit gewichtiger im Alltag ist die Interpunktion im übertragenen Sinne, nämlich daß Kommunikationsteilnehmer die gleiche Botschaft kausal unterschiedlich gliedern.

Ein Beispiel: Eine Familien KG, die Strickbekleidung herstellt, sieht sich aufgrund sinkender Nachfrage veranlaßt, das Programm zu erweitern und steigt in die Herstellung von Tuchbekleidung ein. Nach drei Jahren stellt sich heraus, daß nicht nur Investitionen und Markteinführungskosten nicht zurückfließen. Auf dem neuen Markt setzt sich das Unternehmen nicht durch, und der alte Markt erweist sich noch stärker rückläufig als vor drei Jahren, weil das Engagement der Unternehmung nachgelassen hat und außerdem durch die Programmausweitung der Ruf, "der" Strickbekleidungsspezialist zu sein, dahin ist. Das Unternehmen steht kurz vor dem Konkurs.

Man kann sich nun im Kreis der Shareholders trefflich darüber streiten, ob der Grund für den anstehenden Konkurs im Rückgang des Umsatzes des Stammgeschäfts, bei den zu hohen Investitionskosten oder einer qualitativ nicht greifenden Markteinführungsstrategie und Fehleinschätzung des neuen Marktes oder im Zusammenwirken dieser drei Parameter zu finden ist. Je nachdem, ob vom Beziehungsaspekt her ein Schuldiger gesucht werden soll oder ob einer der Beteiligten sich exkulpieren möchte, lassen sich drei in sich konsistente Standpunkte vertreten. Ausschlaggebend für die Zukunft der Familien KG dürfte, wiederum beeinflußt vom Beziehungsaspekt, sein, welcher "Interpunktion" sich die Hausbank und die Hauptgläubiger anschließen.

Zu 6: Wie bereits angeführt, nimmt die Verbreitung digitaler Kommunikation zu. Um so bedeutsamer wird die analoge Kommunikation für den nicht digitalisierbaren "Rest". Entscheidend für das Gelingen des Leistungsvollzugs bleibt, so up to date der IT-Unterbau sein mag, der humane Überbau, das interaktive Zusammenspiel der den Computer nur als Instrument nutzenden Mitarbeiter. Klärungsbedarfe, Improvisationsbedarfe, Konfliktschlichtung, Motivation, soziale Gleichrichtung, lassen sich nicht computerisieren. Hilfreich wäre auch die analoge Kommunikationsfähigkeit bei der Bewältigung von außergewöhnlichen Ereignissen, also besonders im Krisenmanagement. Die verbreitete double talk- und double bind-Kultur bringt es aber mit sich, daß es "zweckmäßiger" ist, nicht auf das Charisma des Diskursmanagers, sondern auf des Charisma des letztlich autonom anordnenden Machers zu setzen.

Zu 7: Watzlawick et alii unterscheiden symmetrische und komplementäre Kommunikation. Komplementär bezeichnet die Ungleichheit der Kommunikationspartner. Als Beispiele werden die kulturellen Kontexte Mutter-Kind, Lehrer-Schüler, Arzt-Patient genannt. Ich ziehe es vor, anstatt von Komplementarität von Asymmetrie zu sprechen, weil das eindeutiger ist. Außerdem liegen die Beispiele (eigentlich schon beim ersten Erscheinen der amerikanischen Ausgabe 1967) daneben. Zur Elternerfahrung gehört es, daß bereits Kleinkinder nicht mehr ohne weiteres die elterliche Autorität akzeptieren, weder das "Machtwort", geschweige denn Gewaltmittel). Ebenso gehört Schülerterror, der bisweilen, wie wir wissen, vor Lehrermord nicht zurückschreckt, zum Berufsrisiko von Pädagogen. Ärzte vermögen in ihrer Praxis zwar immer noch das erste und letzte, allzu oft dialogabschneidende Wort gegenüber ihren Patienten haben. Aber die Patienten sind "so frei", während des langen Verweilens im Wartezimmers ihre Kritik am Doktor gegenseitig auszutauschen, und sie sind im Zweifel auch "so frei", das doc hopping zu praktizieren.

In obigen drei Modellsituationen haben die "untergeordneten" Kommunikationspartner das Bewußtsein entwickelt, frei und gleichberechtigt zu sein. Und dieses Bewußtsein ist richtig. Es ist das Bewußtsein eines *demokratiegemäßen* Verhaltens. Unbeschadet dieses Bewußtseins gilt, daß auch eine Gesellschaft mit demokratischer Grundhaltung auf eine Differenzierung nach Funktionen sowohl in öffentlichen als auch privaten Institutionen angewiesen ist. Nur so können die Institutionen wirkungsvoll agieren. Das ist der *arbeitsteilige* und zugleich *kooperative* Aspekt.

In einer demokratischen Gesellschaft läßt sich nicht alles formal analog zu den politischen Organen gestalten, aber das erfolgreiche Zusammenspiel erfordert von allen Personen, die funktional in einem *Überordnungsverhältnis* stehen, in das sie von den ihnen Untergeordneten nicht hineingewählt worden sind, daß sie sich von ihrem Auftrag her so weit wie nur irgend möglich, als *deren Delegierte* begreifen. Nur wenn solches Selbstverständnis als Funke bei den Untergeordneten ankommt, werden sie zu gleichberechtigten *Mitgliedern*, die ihren Delegierten Vertrauen schenken und auch ohne kontinuierliches Hinterfragen Anweisungen, die sich aus seiner Funktion ergeben, befolgen.

Dieses Aufbauen von Vertrauen kann kein Spiel im Sinne eines Managementkonzepts sein, sondern es muß sich als selbstidentifikatorischer Prozeß entwickeln. Nur wo *vorgelebte* Gleichheit glaubhaft wird - sie wird nicht schon glaubhaft durch das Schleifen von Statussymbolen -, werden Freiheit und Unterordnung kompatibel, und trotz funktionaler Unter- oder besser Zuordnung hat der Kommunikationsprozeß nunmehr die Chance, zum *Diskurs von Gleichen* zu werden. Verdecktes kommt auf den Tisch. Kritik bleibt keine Einbahnstraße, double talk und double bind haben die Chance, sich zu minimieren. Das Wagnis, laut innovativ - und das heißt zunächst meistens "quer" zu denken, hat grünes Licht. Zeitökonomisch dürfte sich auch ergeben, daß man viel schneller zur Sache kommt, weil der Mißverständnisse, Selbstdarstellungen und Appelle weniger werden.

Ein derartiges Zusammenwirken des arbeitsteilig kooperativen und des demokratiegemäßen Prinzips bezeichne ich als Komplementarität. Wie bei einem Puzzle greifen die Einzelteile *unterschiedlicher Art,* aber auf einander abgestimmt, auf *gleicher Ebene* ineinander, und kein Teil darf fehlen. Oder, ein vielleicht noch treffenderer Vergleich: Eine Unternehmung, welche die Machtverhältnisse gleichberechtigt zu würdigen weiß, formiert sich leistungsorientiert annähernd analog einer Fußballmannschaft. Hier haben wir nicht nur das Spielfeld als Ebene sondern zugleich eine Identifikationsgemeinschaft mit umfaßt; hier könnte sich auch der konkreative Sprung ereignen, über den wir weiter oben gesprochen haben. Unsere Vorstellung von Komplementarität hat also nichts mit Watzlawicks Begriff Komplementarität zu tun.

Nur kritische Selbstreflexion über das Selbstverständnis von Macht seitens der Unternehmensspitze befreit die Kommunikationsprozesse von ihrer kontraproduktiven Stützfunktion von Macht. Ohne diesen initiierenden ersten Schritt ist es überflüssig, über eine bessere Kommunikation in der Unternehmung nachzudenken. Auch als identifikatorisches Vehikel kommt sie ohne diese Vorbedingung nicht in Betracht. Mit unternehmenskulturellen Sprachspielen kann das nicht funktionieren.

Mit dem Satz des frühen Wittgenstein "Die Grenzen meiner Sprache bedeuten die Grenzen meiner Welt" läßt sich sehr schön die Enge des Wahrnehmungs-, Denk- und Kommunikationsfeldes eines Menschen veranschaulichen, der seine Leitprinzipien ausschließlich vom homo oeconomicus beziehen würde.[42] In Reinkultur gibt es dieses Zerrbild in der Realität gottlob nicht, wohl aber, von der Lebenswelt vermeintlich abgeschottet, derart schizoid veranlagte Sprach- und Handlungsspiele im Betriebsalltag. Der späte Wittgenstein überwindet die bloße Abbildfunktion von Sprache und berücksichtigt die Möglichkeit der Bewußtseinserweiterung aufgrund der sozialen Verknüpfung der Menschen durch Sprache. Diese Rückbindung ins soziokulturelle und interaktive Umfeld dürfte aber kaum zur Grenzerweiterung mittels kritischen Diskurses führen, solange der Sprachraum durch normative, aber auch konkrete Machtbarrieren, die stets zugleich Denk- und Sprachregulierungen darstellen, *auto*poietisch *gesichert* bleibt. Wenn also eine Unternehmensleitung um eine neue Kommunikationskultur bemüht ist, muß sie als *Vorausleistung* bereit sein, selbstkritisch ihr Selbstverständnis von Macht und Kommunikation zu hinterfragen und ihr lieb gewordene Strukturen zu opfern.

5.4 Identität - Rollen

Wie im Verlauf mehrfach gezeigt wurde, werden soziale Verhältnisse nicht unerheblich von Erwartungshaltungen mit reguliert. Wer in einem Machtverhältnis vom Partner erwartet, daß jener der Mächtigere sei, vergrößert von vorneherein dessen Chancen, tatsächlich der Mächtigere zu sein; und der Vorgesetzte, dessen oberste Devise es bleibt "Kontrolle ist sicherer als Vertrauen", sieht sich nach und nach zunehmend von Mitarbeitern umgeben, denen er kein Vertrauen schenken kann. Auch sie würden ihm keines schenken. Beim Konstrukt Rolle spielen Erwartungen nicht nur mit hinein. Rollen konstituieren sich ausschließlich durch komplementäre Erwartungsverhältnisse.

Wir müssen das Realkonstrukt Rolle aus drei Gründen in unsere Betrachtung einbeziehen: Erstens: Nur Rollen ermöglichen es, daß das Zusammenspiel der megaspezialisierten Arbeitsteilung in der modernen Gesellschaft funktioniert. Aus objektiv beschreibbaren Positionen lassen sich zwecklogische Handlungsalgorithmen für die Positionsinhaber ableiten. Zweitens: Dieser definierten Leistungserwartungen entsprechend handelnd, wird jeder Positionsinhaber zum Rollenspieler, gemäß der Dahrendorfschen Vorstellung von Rolle als dynamisiertem Aspekt einer Position. Wie sich der Einzelne *intern* mit seiner Rolle auseinandersetzt und wie es ihm gelingt, sie mit der Vielzahl anderer Rollen, denen er täglich gerecht werden muß, zu vereinbaren, ist seine Sache. Allenfalls wird aus seinem Handlungsverhalten gefolgert, ob die Institution mit dem Aufbau der Gegenerwartung in Form der motivationalen Ausstattung jeder Position mit Gegenleistungen, Belohnungen und Sanktionen, richtig liegt. Drittens: Deshalb neigen Institutionen zu pragmatischer Gleichsetzung von Rolle und Identität, im Einklang mit verbreiteter Rollentheorie, die von sozialer und personaler Rollenidentität spricht und damit bezeichnet, was aus formulierbarer Erwartung und mittels Beobachtung über den Rollenträger gefolgert werden kann. Personale Identität erschöpft sich dann darin, was der Positionsinhaber offen-sichtlich als persönliche Eigenart in das Rollenstereotyp einbringt. Solch ein Gleichsetzen bzw. Ausblenden ist besonders für ein Mißverständnis von Unternehmensidentität förderlich. Die eine Variante besteht darin, die Unternehmung gezielt auf einen bestimmten Marktbereich hin und einen angestrebten Ertrags- und Wachstumspfad zu *positionieren* und von hierher die Handlungsbedarfe und damit die Rollenerwartung in streng ökonomischer Rationalität abzuleiten.[43] Die zweite Variante instrumentalisiert die Unternehmung zur Corporate Identity-Veranstaltung, zu der neben verdinglichender Visualisierung auch normative Vorgaben gehören.

Wir unterscheiden zwischen rollenharten und rollenweichen Institutionen. Als Unterscheidungskriterium setzen wir das Vermögen einer Institution, mittels unterfütterter Macht traditionale Rollenmuster gegenüber den "Partnern" ohne Wenn und Aber durchzusetzen. Das Rollenritual in Einrichtungen der öffentlichen Verwaltung und der Rechtspflege, aber auch in Unternehmungen, entspricht überwiegend diesem Muster. Den rollenweichen Institutionen, wie inzwischen überwiegend Ehe, Familie, den großen christlichen Religionsgemeinschaften, fehlt entweder diese Macht, oder sie sind aufgrund Einsicht so elastisch, dem Rollendruck der Partner nachzugeben, um gemeinsam ein neues zeitgemäßes Rollenverständnis zu finden: im eigenen Interesse, denn die Institution, die Rollenumbruchbewegungen strikt ablockt, also die Gesetzmäßigkeit der Reziprozität mißachtet, klinkt sich vom allgemeinen Sinnentwicklungsprozeß in der Gesellschaft aus. Auf die Dauer ist das nicht durchhaltbar, und einer Institution, die sich zu spät dieser Herausforderung stellt, kann sich das als unausweichlicher Offenbarungseid erweisen.

Weil sich generelle Rollenerosionen *von über die Rolle hinausgehenden Sinnerosionen* ableiten, die das existentielle Selbstverständnis von Menschen betreffen, muß der Suche nach einem neuen Rollenverständnis das Bemühen um ein neues übergeordnetes Sinnverständnis vorausgehen. Nehmen wir als Beispiel die im Sinnverständnis der Beteiligten weitgehend unsicher gewordene Institution Ehe. In Deutschland sollen steuer- und arbeitsrechtliche Maßnahmen die Rolle des Hausmanns verlockender machen als bisher. Daß sich aber in Schweden die Hausmannsfrage *so* schon seit Jahrzehnten nicht mehr stellt, ist darauf zurückzuführen: Das Grundverständnis von ehelicher Partnerschaft läßt dort die Frage, welche Rollen spezifisch weiblich, welche dagegen typisch männlich sind, weit hinter sich. Anders formuliert, nicht an der Stundenzahl, wie oft der Mann im Haushalt hilft, ihn eigenverantwortlich bewältigt und Babies wickelt, läßt sich ablesen, ob eine Ehe stimmt. Wenn sie aber stimmt, regelt sich die situationsäquate Kooperation jenseits jeder Rollenproblematik. Allgemeiner formuliert: Wo Rollenrevolten als Signale für Sinnumbrüche verstanden werden, gelangt man auf die richtige Suchspur; die Rollenproblematik wird sekundär. So wie sich beispielsweise für die Unternehmung die Identitätsfrage als "Unternehmung wozu?" stellt, läßt sich daraus abgeleitet auch für jede Rolle die Frage stellen: "Rolle wozu?"

Wir arbeiten uns zunächst an eine definitorische Umschreibung heran. Sodann durchleuchten wir bei Mead, Goffman, Krappmann, Habermas eher sozialpsychologische als soziologische Theorieansätze, in denen sich Rollen und Identität zwar durchdringen, Identität aber letztlich unterdeterminiert bleibt. Bevor wir uns schlußendlich wieder mit unserer Referenzinstitution, der Unternehmung, befassen können, werde ich versuchen, die Bestimmungslücke zu schließen.

Seit Linton's Prägung des Begriffe Rolle 1936 in "The Study of Man" haben bis in die 1970er Jahre hinein Soziologie und Sozialpsychologie eine Vielfalt von Rollenauffassungen entworfen.[44] Seitdem ist Rolle, sei es als heuristische Erklärungsstruktur gesellschaftlicher Verknüpfung, sei es als Objekt empirischer Untersuchungen mit statistischer Validität zu einem unentbehrlichen *Realkonstrukt* geworden. Ich spreche von "Real-", weil hier tatsächliches Handeln beobachtet werden kann. Ich spreche von "-konstrukt", weil hier eine Beschränkung auf das nur *außen* objektiv Meßbare vorprogrammiert ist, so daß die *intrapsychische* genuin identifikatorische Auseinandersetzung, die sich im Rollenträger abspielt, leicht außer Betracht bleibt.

Es reicht deshalb nicht aus, wenn Dahrendorf (1958) folgert: "Soziale Rollen sind Bündel von Erwartungen, die sich in einer gegebenen Gesellschaft an das Verhalten der Träger von Positionen knüpfen."[45] Durch diese einseitige "Positionierung" wird Rolle identifikatorisch zu einer Leerform. Dahrendorf hätte bereits unter der Berücksichtigung des damaligen amerikanischen Forschungsstandes solche Einseitigkeit vermeiden können.[46] Er scheint selber seine Einseitigkeit zu bemerken, gerät aber bei der Verteidigung in einen Argumentationsnotstand. Zunächst meint er eine Abgrenzung der Soziologie von der Sozialpsychologie vornehmen zu müssen. Doch leugnet er die moralische Autonomie des Einzelnen, die ja zu Rollenauseinandersetzung führen muß, nicht. Solches in der Soziologie zu berücksichtigen, hieße aber, Dahrendorfscher Weber-Interpretation zufolge, die Soziologie zu moralisieren, d.h. sie mit Werturteilen zu belasten. Das trifft nicht den Kern; die selbstidentifikatorischen Werturteile hat in der *Realität jeder Einzelne selber* zu treffen. Die Sozialpsychologie hat aber zu berücksichtigen, daß sich aufgrund der *komplementären* Erwartungshaltung zwischen den Beteiligten für das Realkonstrukt Rolle und das ontogenetische Axiom Identität eine *gemeinsame Schnittmenge* ergibt.

In nicht nachvollziehbarer Dialektik wendet sich Dahrendorf am Ende seines Essays scheinbar gegen sein eigenes Design: "Das Bewußtsein des ganzen Menschen und seines Anspruchs auf Freiheit muß als Hintergrund jeden Satz, den er spricht oder schreibt, bestimmen; die Gesellschaft muß ihm stets nicht nur als Tatsache, sondern als Ärgernis gegenwärtig sein."[47] Gerade weil in seiner Soziologie nur der homo sociologicus, nicht der wirkliche "ganze" Mensch seinen Platz hat - wer für das Paradox des doppelten Menschen kein Verständnis aufbringt, sollte nach Dahrendorfs ausdrücklicher Auffassung der Soziologie den Rücken kehren[48] -, meint er dem realen Menschen die Optionen offen zu halten. Unbeabsichtigt redet Dahrendorf damit der Spaltung des Menschen in eine mehr oder weniger öffentliche, objektivierbare Rollenperson und eine mehr oder weniger privatistische Autonomie des Wort. Immerhin evozierte das mit dem Essay in der Fachwelt erregte Ärgernis wichtige, die Diskussion anregende Kritiken.[49]

Die nachfolgenden zwei Jahrzehnte sind im emanzipatorischen Interesse davon geleitet, Rolle sowohl als Erklärungsschlüssel für Prozesse der Sozialisation zu nutzen, als auch nach Lösungen Ausschau zu halten, die den Einzelnen mit Rollenkompetenz ausstatten, also die Chance gewähren, autonomer Mitgestalter von role taking und role making zu sein. Besonders das von Mead und Goffman initiierte interaktionistische Rollenverständnis verbreitet sich, in Überwindung des 'klassischen' Rollenfunktionalismus Parsonsscher Tradition, dank emanzipatorischem Engagement. Seitdem läst sich nicht mehr über Rolle diskutieren, ohne zugleich die Identitätsthematik mit zu bedenken.

Weil wir zur Klärung der Beziehung Identität - Rolle nicht um die Beschäftigung mit explizit interaktionistischen Ansätzen herumkommen, dabei aber sowohl die semibehavioristische Akzentuierung der amerikanischen Forschung als auch die emanzipatorische Akzentuierung der deutschen Weiterdenker zu überwinden sind, ist nach einer Definition Ausschau zu halten, welche die interaktionistische Perspektive sehr wohl einschließt, sich aber zugleich offen hält für ein Weiterdenken. Eine solche Begriffsbestimmung bietet Luckmann: "*Soziale Rolle* wird als ein typischer subjektiver Sinnzusammenhang verstanden, der:

(a) faktisch *handlungsorientiert* ist ...

(b) direkt auf *sozialen* Typisierungen beruht ...

(c) auf *'komplementäre'* Sinnzusammenhänge bezogen ist ...

(d) mehr oder minder eindeutig *institutionalisiert* ist", sei es von außen, sei es durch "moralische Überzeugung (...), Gewöhnung, Angst, Scham, Verlegenheit."[50]

Diese Umschreibung hat den Vorzug, sich nicht auf eine Metaebene zu versteigen, und sie ist geeignet, interaktionistischen, systemischen, besonders aber auch identitätsorientierten Untersuchungsgängen Richtung zu geben. Der "subjektive Sinnzusammenhang" und die "moralische Überzeugung" legitimieren letzteres, ohne daß wir hier überprüfen müßten, ob wir uns mit Luckmanns Auffassung vom Zustandekommen moralischer Überzeugung einverstanden erklären könnten.

Wenden wir uns nun den hier bedeutsamsten sozialpsychologischen Ansätzen zu. Bereits bei Mead (1863 - 1931) ist die Rollenthematik zugleich als Identitätsthematik gefaßt. Wir werden Mead nur gerecht, wenn wir seine geistige Position im Schnittpunkt von Darwinscher Evolutionstheorie, behavioristischer Psychologie, deutschem Idealismus und amerikanischem Pragmatismus verstehen. Während sich Darwinismus und Behaviorismus ausschließlich für die biologische Funktionalität des Menschen interessieren, sieht der deutsche Idealismus den Menschen befähigt zu subjektiver geistiger Autonomie; der Mensch vermag dank seines Bewußtseins zu sich selbst zu kommen. Während aber Kant Erkenntnis und damit Selbsterkenntnis *vor jeder Erfahrung* bei jeder Person veranlagt sieht, derart, daß sie bei deontologischer Bindebereitschaft zur Grundlage einer allgemeinen Gesetzgebung werden kann, setzt Mead nach intensiver Auseinandersetzung mit Kant, Fichte, Schelling, Hegel, aber auch mit James und Dewey, dem transzendalen "einsamen" Subjekt Kants die Gemeinschaft Handelnder und kommunizierender Menschen entgegen, in welcher der Mensch erst zu sich findet.[51]

Damit scheint sich Mead im Einklang mit dem Pragmatismus zu befinden, und doch fügt er sich nicht in dessen Main Stream-Klischees. Dem Pragmatismus geht es darum, Lebensgesetzlichkeiten aus dem Handeln (pragma (gr.) = Handeln) und nicht aus "übergeordneten ersten Prinzipien" zu erklären. Die pragmatische und behavioristische Verbundenheit Mead's besteht in der Bedeutung, die er im Vergleich zum Tier dem hoch differenzierten menschlichen Nervensystem zuweist.[52] Doch diese Kuppelungsstelle wird zugleich zur Entkuppelungsstelle. Während der Behaviorismus auf schier unbegrenzte Konditionierungsmöglichkeiten dank des Reiz-Reaktionsschemas setzt (siehe Skinner's Walden II), geht Mead davon aus, daß der Reflexbogen sich durch interaktives menschliches Handeln aufbrechen läßt. Der Mensch wird somit ontogenetisch, ähnlich wie später von Plessner und Gehlen, als entwicklungsbedürftiges und gemeinschaftsbedürftiges Wesen betrachtet, soll er Mensch werden und damit auch Distanz zu sich selbst finden. Die hochdifferenzierte Arbeitsteilung der modernen Gesellschaft bietet das kulturelle Interaktionsfeld.

Soziale Kommunikation beruht entscheidend auf der gedanklichen Antizipation der Reaktion der Bezugspartner. Im Unterschied zum Gebärdenspiel bei Tieren geht das menschliche Antizipieren der Reaktion des Anderen so weit, daß er sich selbst in dem anderen zu erleben vermag. "Wir lösen in der anderen Person etwas aus, was wir auch in uns selbst auslösen, so daß wir unbewußt diese Haltungen übernehmen. ... Je mehr wir in uns selbst die Reaktion auslösen, die unsere Gebärde im anderen auslöst, desto besser verstehen wir ihn."[53]

Oder exakter formuliert: Im kontinuierlichen Perspektivenwechsel erfährt die Person über die Reaktion des anderen, ob sein Kommunizieren/ Verhalten als *signifikantes Symbol* interaktiver Verständigung angenommen wird. Falls ja, würde eine derartige interaktive Situation zugleich die Voraussetzungen eines komplementären Rollenverhältnisses erfüllen.[54] Im analytisch nur bedingt zergliederbaren Wechselspiel von überwiegend biologisch triebhaftem Ich ("I")[55], dem inneren Bild des generalisierten Anderen ("Me") und tatsächlicher Kommunikation/Interaktion lernt der Mensch, sich als *Objekt* s e i n e s Rollenspiels zu begreifen, und je mehr diese Fähigkeit zur Rollendistanzierung zunimmt, desto stärker entfaltet sich seine geistige Autonomie, seine Ich-Identität ("Self"). Mead scheut sich nicht, hier "Geist" beim Namen zu nennen, stellt aber unmißverständlich klar, daß nach seiner Auffassung *Geist das Produkt des gesellschaftlichen Prozesses* sei. "Der Vorteil unserer Auffassung liegt darin, daß sie uns eine genaue Beschreibung ermöglicht und wir tatsächlich die Genesis und Entwicklung des Geistes erklären können, während die Ansicht, daß Geist eine erbliche biologische Eigenschaft des Organismus sei, uns sein Wesen und seinen Ursprung nicht weiter erklären hilft ..."[56]

Nun könnte man leicht daraus folgern, ob man Geist auf eine Grundausstattung, deren Letztbegründung offen bleibt oder als Resultante sozialer Prozesse zurückführt, sei eine rein theoretische Fragestellung, zumal die Vertreter der ersten Auffassung, wie der Verfasser dieses Buches, die Entwicklungsbedürftigkeit nicht leugnen und die Forschung (vor allem Piaget, Kohlberg) hier in periodischer Abfolge Entwicklungsstadien bis hin zur Reife nachgewiesen hat. Es hat jedoch diametrale Konsequenzen für die Strategie der Menschenführung, ob man sich die erste oder die zweite Auffassung zu eigen macht. Die Anhänger des "A Priori" sehen ihren Beitrag zur Identitätsförderung in Respektierung und Förderung personaler Selbstentfaltung. Es gilt vor allem Kompetenzen zu fördern und Freiräume zu gewähren, in welche längst mündige und erwachsene Menschen ihre entfaltete, aber vor Ort bisher nicht geforderte Identität kreativ einbringen und zum Wohle eines größeren sozialen Ganzen weiter entwickeln können. Die pädagogischen Urbilder vom Samenkorn und vom Gärtner treffen, falls man sie nicht biologistisch als konkrete Analogie mißdeutet, diese Auffassung. Der zweiten Auffassung mag es gleichwohl um geistig moralische Autonomie des Menschen gehen. Da sie aber den Menschen ausschließlich Produkt seines gesellschaftlichen Umfeldes sieht, wird euphorisch davon ausgegangen, daß man über das Instrumentarium gesellschaftsrelevanter Mechanismen, wie kompensatorischer Erziehung, Rollenderegulierung, kritischem Diskurs, Frauenquoten und dergleichen individual autonomes Selbstbewußtsein (= Identität) *herstellen* kann. *Gärtner* und *Macher* stehen sich hier unvereinbar gegenüber. Mead hat mit seiner Vorstellung der Herstellbarkeit von Geist besonders den "Machern" in weiterführender Nachfolge Impulse gegeben, vor allem, was die Bedeutung signifikanter Symbole, die Verfeinerung der Rollentheorie und seine Vorstellung vom Wirkungsgrad einer "idealen Kommunikationsgemeinschaft"[57] betrifft, und doch ist er der erste - und er bleibt hier einer der wenigen Soziologen -, für den Rollendistanz mehr bedeutet als Rollenkompetenz.

Ich greife aus den Beiträgen des an Mead anknüpfenden Symbolischen Interaktionismus Goffman heraus, weil sich in der Abfolge Mead, Goffman, Krappmann, Habermas eine Zentrierung auf formal gleiche Strukturelemente der Beziehung Rollen - Identität nachweisen läßt. Goffman unterscheidet zwischen sozialer Identität auf dem Feld der tagtäglich anfallenden funktionalen Erwartungen als *horizontale* Dimension und persönlicher Identität, die sich auf biographisch erkennbare Besonderheit gründet, als *vertikale* Dimension des Rollenverhaltens. "Mit *persönlicher Identität* meine ich ... positive Kennzeichen oder Identitätsaufhänger und die einzigartige Kombination von Daten der Lebensgeschichte, die mit Hilfe dieser Identitätsaufhänger an dem Individuum festgemacht wird. Persönliche Identität hat folglich mit der Annahme zu tun, daß das Individuum von allen anderen differenziert werden kann und daß rings um dies Mittel der Differenzierung eine einzige kontinuierliche Liste sozialer Fakten festgemacht werden kann, herumgewickelt wie Zuckerwatte, was dann die klebrige Substanz ergibt, an er noch andere biographische Fakten festgemacht werden können."[58]

Der Einzelne muß also zwei *Außenerwartungen* gerecht zu werden versuchen. Würde er dabei seine persönliche "uniqueness" zu unausgewogen betonen, entspräche er leicht nicht mehr dem durchschnittlichen unpersönlichen Funktionsbedarf, wie er sich in der sozialen Rollenerwartung artikuliert; er liefe Gefahr, aus der "Normalität" zu fallen und sich damit selbst zu stigmatisieren. Andererseits wird von ihm ein bestimmtes Mindestmaß an "uniqueness" erwartet, sonst könnte er danach durch jede x-beliebige Person ausgetauscht werden, und das ist bei sozialer Rollenerwartung um so weniger wünschenswert, je stärker die objektivierbaren Inhalte hoch qualifizierte Spezialfähigkeiten darstellen, so daß man vom Rollenträger nicht nur erwarten muß, daß er diese Fähigkeiten mitbringt, sondern, was beispielsweise bei der Einstellung von Führungskräften entscheidend ist, untrennbar damit die ganz persönliche Bindung an seine Rolle hinsichtlich Engagement und Verantwortung. Wäre dem nicht so, so wäre die Rekrutierung für Führungspositionen ein Kinderspiel, besonders bei Berufsanfängern. Der Kandidat mit Examensnote "sehr gut" und akzeptabler Gehaltsforderung würde die Einstiegschance erhalten; bei mehreren derart gleichwertigen Bewerbern könnte man auslosen.

Wie wir sehen, verharrt Goffman bei der Außenbetrachtung. Das wird auch bei seiner Sicht von Rollendistanz sichtbar. Die Autonomie des Einzelnen besteht nur darin, abzuspüren, welche Inhalte sozialer und persönlicher Identität nominal gefragt sind, um dann in einem differenzierten *Balanceakt* eine substantielle Mischung, die ankommt, zu offerieren. Indem der Einzelne aber nicht sich selbst, sondern nur den Erwartungshaltungen anderer an ihn möglichst optimal und spiegelbildlich gerecht zu werden bemüht ist, muß es als abwegig gelten, wenn Goffman das Ergebnis eines solchen Balanceaktes als "Ich-Identität" bezeichnet. Das Gegenteil ist der Fall. Der Einzelne verliert sich dabei in einem fremdbestimmten Rollenspiel, und Konfliktanfälligkeit ist vorprogrammiert. Folgerichtig ist es allerdings, dann davon zu sprechen, daß hier *Theater* gespielt wird, sowohl eine "phantom normalcy" als auch eine "phantom uniqueness" in Szene gesetzt werden. Wie Habermas treffend bemerkt, sitzt der Einzelne dabei einem doppelten Bluff auf. Er täuscht damit nicht nur den anderen, sondern auch sich eine persönliche Einzigartigkeit vor. Weitergedacht ergibt sich aus Rolle als Komplementärkonstrukt, daß wir alle Theater spielen würden und individual, wie gesellschaftlich betrachtet das komplexe Rollen- und Identitätsszenario auf nichts als gegenseitigen Bluff und Selbstbetrug hinausliefe. Goffman's Sichtweise mag einen Teilbereich menschlichen Verhaltens zutreffend aufdecken; eine Generalisierung wäre völlig abwegig. Bei Rolle und Identität geht es grundsätzlich um mehr als um "*Fassadenarbeit*".[59]

Auch für Krappmann ist die Erlangung von Ich-Identität ein Balance-Akt. Ihm gelingt eine Definition, die immerhin berücksichtigt, daß Ich-Identität mehr bedeutet als die bloße Balancebewältigung von Rollen. "Ich-Identität ereicht das Individuum in dem Ausmaß, als es, die Erwartungen der anderen zugleich akzeptierend und sich von ihnen abstoßend, seine besondere Individualität festhalten und im Medium gemeinsamer Sprache darstellen kann."[60] "Der hier entwickelte Identitätsbegriff versucht ... dem Erfordernis Raum zu geben, kreativ die Normen, unter denen Interaktionen stattfinden, zu verändern. Dieses *kritische Potential* (hervorgeh. von M.-F.) des Individuums zieht seine Kraft aus der strukturellen Notwendigkeit, nicht übereinstimmende Normen negierend zu überschreiten."[61]

Ähnlich wie Mead meint Krappmann solch ein kritisches Potential lasse sich durch Rollendistanz entwickeln. Er erweitert das Kompetenzinstrumentarium außerdem um *Ambiguitätstoleranz*, d.h. um die Fähigkeit konflikträchtige, ambivalente Rollenanforderungen durchzustehen, sowie um das erzieherische Aufbrechen von Rollen mittels *kompensatorischer Gegenmilieus*.

Mit der Triade Vater-Muter-Kind wählt Krappmann ein Fundamentalbeispiel für Beziehungsprobleme und weist nach, wie hier das Kind frühzeitig die Fähigkeit zu Rollendistanz und Ambiguitätstoleranz erwirbt.[62] Zweifellos weisen diese Fähigkeiten, die u.a. darin bestehen, den einen Elternteil gegen den anderen auszuspielen, eine selbstidentifikatorische

Qualität auf. Sie sagen etwas aus über den Reifegrad des Kindes innerhalb seines Selbstfindungsprozesses. Die anderen instrumentalisieren zu können heißt aber noch lange nicht, den Reifegrad erreicht zu haben, um im Sinne Meadscher Auffassung von Rollendistanz sich selber zum Gegenstand einer Objektbetrachtung machen zu können.

Habermas knüpft an Krappmanns Balanceakrobatik an, entwirft aber einen viel breiteren Bezugsrahmen. Besonders anschaulich projiziert er in seinen "Notizen zum Begriff der Rollenkompetenz" (1972) Rollen und Identität letztlich auf die "universalgeschäftliche Ebene" und das dort sich realisierende autonome moralische Bewußtsein.[63]

Um sich aber auf dieser Ebene voll entfalten zu können, bedarf es eines individualen Vorlaufprozesses der Entwicklung moralischen Bewußtseins, der selbstverständlich in einen sozialen Kontext integriert ist. Hier legt Habermas in grundsätzlicher Akzeptanz Kohlberg's sechs Entwicklungsstufen des moralischen Bewußtseins zugrunde und bringt sie in untrennbare Verbindung mit Sprachkompetenz, kognitiver Kompetenz und Rollenkompetenz.

Kohlberg unterscheidet für die Stufenfolge drei Ebenen:[64]

Präkonventionelle Ebene der Heteronomen Moral

1. Stufe: Orientierung an Strafe und Gehorsam.

2. Stufe: Egoistische Orientierung. Richtig sind Handlungen, wenn sie zur eigenen Bedürfnisbefriedigung beitragen. Die Bedürfnisse anderer Menschen sind zu berücksichtigen, wenn das hierzu erforderlich ist.

Konventionelle Ebene der Rollenaneignung

3. Stufe: Rollenkonformismus; Orientierung an interpersonaler Übereinkunft, um vor sich gut dazustehen.

4. Stufe: Orientierung an Gesetz und Ordnung um ihrer selbst willen.

Postkonventionelle oder prinzipiengeleitete Ebene

5. Stufe: Der Einzelne lernt Rollen als moralischen Wert im Sinne naturrechtlicher Vertragstheorie zu begreifen.

6. Stufe: Der Einzelne gelangt zu einem eigenen moralischen Standpunkt und orientiert sich dabei an universellen ethischen Prinzipien, die im allgemeinen in Gesetzen aufspürbar sind. Im Zweifel gilt aber: "Orientierung am Gewissen als Handlungsdirektive und an gegenseitigem Respekt und Vertrauen. Anerkennung der Menschenwürde auch jenseits der Legalität."[65]

Wir brauchen für unser Vorhaben nicht Kohlberg's Untersuchungsmethode zu hinterfragen, noch unseren Zweifeln nachgehen, ob für jeden zu moralischer Eigenständigkeit gelangten Menschen die gleichen ethischen Universalprinzipien zum Zuge kommen. Unserem Denkansatz kommt es vielmehr zu Paß, daß Kohlberg, wie auf andere Weise vor ihm Piaget, die schrittweise Entfaltung von geistiger und moralischer Autonomie nachweist, daß also der Prozeß der Selbstidentifizierung keine Fiktion ist, sondern sich parallel zur kognitiven Entwicklung in Kindheit und Jugendalter belegen läßt; menschliche Rationalität erweist sich dabei zugleich als moralische Rationalität.[66]

So wichtig Stufe 6 für das politisch emanzipatorische Anliegen von Habermas sein muß, wissenschaftlich geht Habermas es primär darum, zu beweisen, daß der "Sprechakt" den "universalpragmatischen" Schlüssel darstellt, der, später "kommunikative Vernunft" genannt, nur kundig genutzt werden muß, um dem Einzelnen den Weg kritischer Selbstfindung zu eröffnen und der ihn dort von Tür zu Tür begleitet. Deshalb versucht er, mittels der Kriterien sprachliche Kompetenz, kognitive Kompetenz, Rollenkompetenz das Kohlbergsche Entwicklungstableau so zu interpretieren, daß die zweit- und drittgenannten Kompetenzen zu abhängigen Variablen der ersten werden.

Dementsprechend ist das Ich für Habermas ein ausschließlich kommunikatives Ich, ein Wesen, das es dergestalt nirgends gibt[67], auch wenn umgekehrt mit Wittgenstein gelten muß, daß die Sprache des Menschen die Grenze seiner Welt spiegelt. Die Doppelstellung der Ich-Identität, mit anderen Personen gleich und gleichzeitig einmalig zu sein, bedarf, wie schon bei Krappmann, jedoch mit der Zutat kommunikativer Akzentuierung, "einer prekären und verletzbaren Balance einerseits zwischen Rollenkomplementarität und Rollenambiguität, um die die soziale Identität und gleichzeitig deren fiktiven Charakter, ihre Scheinmoralität zu erhalten und *kommunikativ* (hervorgeh. von M.-F.) sichtbar zu machen; und andererseits einer Balance zwischen Rollendistanz und Rollenflexibilität, um die personale Identität und gleichzeitig den fiktiven Charakter ihres Absolutheitsanspruchs, ihre Scheinindividualität zu erhalten und *kommunikativ* (hervorgeh. von M.-F.) sichtbar zu machen.[68] Es ist nicht nachvollziehbar, warum Habermas, Goffman lediglich verfeinernd, es für Rolle und Identität beim Theaterspiel beläßt, und es ist zu fragen, *für wen* diese ganze Maskerade "kommunikativ sichtbar" gemacht werden soll. Sollte der Habermassche Akteur das *kommunikative Ich*, damit gemeint sein, wäre hier eine Anleitung zum schizoid Werden gegeben. Sollte den antizipierten "Anderen" sichtbar gemacht werden, daß die Interaktion aller Beteiligten nur Theater ist, so dürfte es für den Aufklärer, falls er je theaterunabhängigen Grund unter die Füße bekommen sollte (bei Habermas nicht vorgesehen) übel ausgehen. Er könnte sich am laufenden Band Beleidigungsklagen einhandeln oder würde als Spinner stigmatisiert gelten.

Als Fazit unseres Streifzuges durch das sozialwissenschaftliche Theoriegelände kann gelten: Es ist uns nicht gelungen, einen Theorieansatz ausfindig zu machen, der die Beziehung zwischen Rollen und Identität konsistent zu klären oder wenigsten ganzheitlich zu umschreiben vermöchte. Mead nimmt die Chance für Ganzheitlichkeit zurück, indem er die dafür die Richtung weisend von ihm formulierte Dimension Geist auf ein behavioristisches Herstellungsverfahren von Geist reduziert. Goffman und Krappmann verfangen sich im Rollenmechanismus. Habermas wählt mit Kohlberg's Forschungsergebnissen zur Entwicklung des moralischen Bewußtseins einen Ausgangspunkt, der es ermöglichen würde, Identität und Rolle klar zu trennen; denn Rolle nimmt bei Kohlberg eine Zwischenstufe ein, und auf der letzten, der 6. Stufe bedarf es für den von den selbst gewählten moralischen Prinzipien geleiteten Menschen keiner Rollenbalance, um Rollenherausforderungen gerecht zu werden. Doch Habermas nutzt den Einstieg über Kohlberg nur als Argumentationsfolie für seinen Kommunikationsmonismus. Fruchtbar ist aber unser Streifzug insofern, weil wir nunmehr als Eigenleistung leicht den verbleibenden Erklärungs- und Ergänzungsbedarf benennen und erörtern können.

Mit Ausnahme von Kohlberg bleibt bei den behandelten Autoren die Verknüpfung von Identität und Rolle letztlich ungeklärt. Dieses mag einer dem Begriffsnominalismus sich sperrenden Realität geschuldet sein. Nicht nur Rolle als sichtbares Verlaufsmuster und Identität als unterlegtes Sinnmuster vermischen sich derart in der Lebenswirklichkeit, daß man leicht

Rollenidentität schon für Identität als solche nehmen und dann wie Keupp zum Begriff der "Patchwork-Identität" gelangen kann, denn jede Rolle tendiert leicht zu einem eigenen Sinnmuster, und jeder Mensch sieht sich in der Regel tagtäglich, zumindest, wenn er "mitten im Leben" steht, einer Vielzahl recht unterschiedlicher Rollenerwartungen ausgesetzt.[69] Ab einer bestimmten Reifestufe findet aber jeder "normale" Mensch, hier stimmen wir voll mit Kohlberg überein, zu seiner Identität, einem in sich stimmigen Persönlichkeitsbewußtsein. Nur wo dieses nicht gelingt - und Sozialarbeit und Psychotherapie mögen es häufiger mit solcher Art von "Normalsituationen" zu tun haben -, bezeichnet Patchwork-Identität höchst zutreffend die vielfache Gespaltenheit einer Person, die in ihrer Identitätsarbeit auf das Zusammenfügen von Rollenidentitäten angewiesen ist: eine nur therapeutisch überwindbare Münchhausen-Situation; denn nur dank voll entfalteter identifikatorischer Kompetenz vermag die Person zu konkurrierenden, widersprüchlichen und sich mitunter rasant wandelnden Rollenansprüchen wirklich Distanz zu gewinnen und jene zu meistern. Solches Meistern erfordert keineswegs immer Balancen, und es ist auch keinesfalls immer ein Balanceakt möglich. Von der *übergeordneten* Sinnleitlinie her können, das gilt sowohl für die Person als solche als auch in ihrem Hinblick auf die Unternehmung, Rollen teils als auszuhaltendes Spannungsfeld begriffen und angenommen werden - z.B. bei einem unter Rationalisierungsdruck stehenden Personalchef -, teils - wie beispielsweise bei Einkleidung von Botschaften in die üblichen Höflichkeitsrituale -, ohne eine Spur von Persönlichkeitsspaltung spielerisch angegangen werden.

Wo Rollenprobleme den Sinnkern der Person berühren, geht es nicht um Rollen-, sondern um *Sinnkonflikte*, die ungleich schwieriger zu lösen sind. Für Rollenkonflikte als solche gibt es von einer übergeordnet bestehenden Sinnebene her durchaus konstruktive Lösungen, nämlich

o eine eigenständige Rolleninterpretation, verbunden mit einem Schuß Zivilcourage. Beispielsweise handeln Facharbeiter aus ihrem Berufsethos heraus mitunter sorgfältiger und kundenorientierter als es dem Betrieb vom Kostendenken her genehm ist.

o das initiative Wagnis eines Rollendiskurses, um so, auch im Interesse der Unternehmung, zu einer Rolleninnovation beizutragen.

o das Anstreben einer anderen Tätigkeit, sei es durch Arbeitsplatz-, Firmen- oder gar Berufswechsel.

Die Fachliteratur verbaut sich die Einsicht in solche konstruktiven Selbstgestaltungschancen weitgehend durch die unzureichenden Definitionen von sozialer Identität - sozialer Rolle, personaler Identität - personaler Rolle. Der Einzelne findet unabhängig solch theoretisch waltender Begriffsnominalismen bei voll entfalteter identifikatorischer Kompetenz unverwechselbar zu *seiner* Identität. Je intensiver er diesen Standort findet, desto mehr gewinnt er an Freiheit, seine Rollen zu positionieren und zu gestalten bzw. interpretativ mitzugestalten; das wird reflexiv seinen identifikatorischen Prozeß stärken und weiterentwickeln. Es ist also letztlich für ihn entscheidend, *was er unter seiner personalen Identität und seiner sozialen Identität versteht:* Was kann ich für die Gesellschaft tun, was will ich in ihr gelten?

Dem steht gegenüber, daß zugleich *andere Personen*, bereits im Betrieb, in *verschiedenen* Varianten dem Einzelnen soziale und personale Identität beimessen, wobei soziale Identität als normengerechte arbeitskooperative Funktionalität und personale Identität als Würdigung der persönlichen Eigenart, der "Ecken und Kanten" in praxi nicht auftrennbar sind; vor allem Engagement, soziale Sensibilität und Verantwortungsbewußtsein sind weder entsozialisierbar noch entpersonalisierbar. Hier ist die Praxis der Theorie voraus, denn die Einheit von personal und sozial ist für sie eine Selbstverständlichkeit, wenn auch dominierend nicht aus Sicht der Mitarbeiter, sondern der Unternehmung.

Inwieweit werden Unternehmungen dem entscheidenden Fazit unserer Überlegungen gerecht? Das Fazit lautet:

1. Das Rollengefüge der Unternehmung ergibt funktionale Stimmigkeit nur von einer übergeordneten Sinnorientierung her.

2. Je stimmiger der Mitarbeiter als Member zu *seiner* Identität findet und je bündiger daraus handlungsrelevant ein gemeinsames vom Sinnkern her einheitliches Bewußtsein aller Mitglieder erwächst, desto größer ist

3. die Chance, der Vielfalt der Rollen, der Rollenkompatibilität und der Rollenelastizität gerecht zu werden.

Mir scheint, ohne dies hier wissenschaftlich fundieren zu können, die Vermutung berechtigt, daß die übergeordnete Bedeutung identifikatorischer Kompetenz für den souveränen Umgang mit Rollenerwartung bisher überwiegend nur bei der Rekrutierung und Beurteilung von Führungskräften Beachtung gefunden hat. Bezeichnend ist es, daß Neuberger, wenn er Beispiele von "Rollendilemmata" bei Führungskräften nennt, ausschließlich *extra-funktionale* Qualifikationen aufführt, die ohne die tragende Basis einer vollen Identifikation mit der Aufgabe nicht entfaltbar wären.[70] Von den Rollendilemmata der Geführten spricht Neuberger nicht, obwohl der Buchtitel "Führen und geführt werden" lautet. Dabei ist die Grenzziehung zwischen Führen und geführt werden, zwischen "oben" und "unten", längst wenig hilfreich. Für Identitätsorientiertes Management ist *jeder* Mit-Arbeiter, weil Mit-*Glied*, in seinem Bereich selbstverantwortliche Führungskraft. Ich habe deshalb weiter oben von einem umgekehrten Delegationsverhältnis gesprochen. Durch die Einbindung in den kontinuierlichen Sinnorientierungsprozeß für das Unternehmensganze erhält auch die bescheidenste Teilaufgabe einen neuen Bewußtseinsbezug zur übergeordneten Aufgabe.

Im Bewußtsein demokratischer Gleichheit vergibt sich das Mitglied nichts bei funktional gebotener solidarischer Unterordnung. Wechselseitige Rollenerwartungen passen sich nun sehr schnell, ohne Macht, Status und sonstige Besitzstandsbarrieren, auf jeden Fall fern von Rollenkonflikten, an die aktuellen Erfordernisse der Aufgabe an. Die gängige Führungslehre könnte hier von gelungener Rollenverflüssigung oder einem kontinuierlichen Rollen-Floating sprechen. Doch nicht diese Bezeichnung dieses Vorgangs scheint mir an dieser Stelle das Entscheidende, sondern sein Aussagewert für das Prozeßganze. Eine Unternehmung, in der sich situationsadäquate Rollenverflüssigung tagtäglich ereignet, steht bereits mitten drin im selbstidentifikatorischen Prozeß.

5.5 Die Unternehmerfunktion

Wir brauchen nur modellhaft die Entwicklung eines Unternehmens als Wachstum einer Ein-Mann-Unternehmung über die Mittelstands- zur Großunternehmung zu verfolgen, um zu erkennen, daß ohne Unternehmer eine marktwirtschaftliche Unternehmung unmöglich ist. Auch ohne unsere Vorstellung von identitätsorientiertem Management, die eine Neubesinnung auf genuine Unternehmerfunktionen erforderlich macht, wäre eine Neubestimmung überfällig. Mehr noch, bis vor einigen Jahrzehnten war der Unternehmer in der Volkswirtschaftslehre ein blinder Fleck. In den deterministischen Gleichgewichtsmodellen der Neoklassik ist für den Unternehmer als entscheidender Beweger kein Platz. Neuere Theorieansätze, die von unaufhörlichem wirtschaftlichem Wandel und damit von Ungleichgewichten und Ungewißheit ausgehen, entdecken mit Schumpeters dynamisch innovativem Unternehmer den entscheidenden Anknüpfungspunkt wieder, d.h. das Herzstück von Unternehmer sein, das nicht delegierbar ist. Soweit sie allerdings deren innovative Findigkeit auf Arbitragekünste (Kirzner 1973) und die Minimierung von Transaktionskosten (Casson 1982) beschränken, führen sie Schumpeter ad absurdum.[71]

Die Betriebswirtschaftslehre ist noch bescheidener. Sie ist weder über Riegers Gewinnmaximierer und finanzieller Risikoträger noch über Gutenbergs "dispositiven Faktor", dessen erfolgreiche kombinatorische Leistung zur Gewinnvereinnahmung legitimiert, hinausgekommen.[72] Gutenberg realisiert immerhin, daß es längst "Angestellte und abhängige Geschäftsführer" sind, welche, vor allem in Großunternehmen, überwiegend die Leitung innehaben, doch die damit anstehende Klärung zwischen Manager und Unternehmer unterbleibt. Wir können hier keine umfassendere Klärung nachholen, müssen aber für unsere Zwecke festhalten: Daß zunehmend mehr Unternehmungen von Managern geleitet werden, ist ein Faktum. Es scheint mir deshalb zutreffend zu sein, von Managerunternehmern zu sprechen, aber nicht um Manager mit Unternehmern gleichzusetzen, sondern um zu markieren, daß zu den hoch professionalisierten Qualitäten des Machen Könnens, also des Handhabens von Finanzierung-, Organisations-, Marketing- und Führungstechniken, genuin unternehmerische Qualitäten hinzukommen müssen. Diese Merkmale sind teils identifikatorischer Natur, teils von dynamisch innovativer Qualität im Schumpeterschen Sinne. Wer sie als Kapitaleigner nicht besitzt, muß scheitern, auch wenn er selber unmittelbar und direkt *sein* Unternehmen leitet. Die Kapitaleignerfunktion kann also nicht dafür ausschlaggebend sein, einem leader das Prädikat Managerunternehmer zuzuerkennen.

Wenn ich im folgenden von Unternehmer spreche, so ist damit gedanklich der Managerunternehmer mit umfaßt. Auch wenn das Konzept Identitätsorientiertes Management von Membership-Führung, also von Führung *mit* den Mitarbeitern und wechselseitiger Delegation ausgeht, bleibt ein beträchtlicher unverzichtbarer Rest nicht delegierbarer Entrepreneurship, der allerdings eines neuen Selbstverständnisses bedarf.

Der persönliche Antrieb für eine Unternehmerkarriere kann sehr unterschiedlich und komplex sein. Er ist, gleichgültig ob aus Machtstreben, Geltungsdrang, Spieltrieb, materiellem Anreiz, wahrgenommener Verpflichtung gegenüber einem Erbe, sozialer Neigung, vielfältigen Kompensationsbedürfnissen gebündelt, hier nicht zu bewerten. Auf der eigenen Suche nach ihrer Identität wird sich aber jede Persönlichkeit, die allein oder in corporate governance eingebunden, ein Unternehmen leitet, fragen müssen, ob die Eigen-Sinnigkeit ihres Tuns die objektivierbaren Schlüsselqualifikationen erfolgreicher Unternehmensführung umfaßt und, falls erforderlich, sich neu definieren müssen: eine Identitätsarbeit, die ein Berufsleben lang währen kann, denn es geht nicht nur darum, sich Qualifikationen anzuarbeiten, sondern auch darum, sie mit den konterkarierenden Neigungen und Fähigkeiten zu arrangieren.

Wem folgende Qualitäten fehlen, der kann nicht Unternehmer sein:

1. die Fähigkeit, sich als identifikatorische Leitfigur in die Unternehmung einzubringen.

2. die Fähigkeit und der drive zu kontinuierlichen Innovationen nach außen und nach innen.

3. die Fähigkeit und die Bereitschaft zu Letztentscheidungen.

Identitätsfigur

Im Modell Ein-Mann-Unternehmung ist die Identifikation kein Problem. Die Identifikation der Unternehmung fällt mit der des Unternehmers zusammen ("Ursituation"), und sie braucht auch nicht eigens reflektiert zu werden. Je größer das Unternehmen personalmäßig wird, desto mehr droht bis zum Identitätspluralismus hin eine Identitätsspaltung quer durch die Unternehmung, eine verborgene Quelle von Mißverständnissen und Reibungsverlusten. In der Praxis sind erfolgreiche Unternehmen immerhin mitunter bemüht, die Identität ihrer Führungskader zu entwickeln, letztlich einer *Vorgabe*, die von den Beteiligten, unterstützt durch Teamkonzepte und Seminare, zu internalisieren ist. Nicht immer wird dabei die "Ursituation" überwunden.

Wenn sich identitätsorientiertes Management die Suche nach einer gemeinsamen Identität *aller* Beteiligten als Aufgabe stellt, hat der Unternehmer, indem er sich eingliedert, nur die Chance, *seiner* Vorstellung einen breiten Konsens[73] zu verschaffen, wenn er sie glaubhaft als Member, aber auch mit identifikatorischem Einfühlungsvermögen in den Prozeß des identifikatorischen Wir-Werdens, vertreten kann. Er muß also zugleich mit die vernünftige Einsicht und die Charakterstärke aufbringen, um einen Konsens gelten zu lassen, der von seiner Sichtweise abweicht. Mehr noch: Je größer die Unternehmung ist, desto stärker steht und fällt das gemeinsame Bewußtsein der Mitglieder mit der *fernwirkenden* identifikatorischen Ausstrahlungskraft der Führungsspitze. Je mehr es dem Unternehmensleiter gelingt, die Unternehmenswerte zu leben und er als Mensch wie Du und Ich vorstellbar ist, desto förderlicher für das gemeinsame Bewußtsein und das Vertrauenspotential unternehmerischen Anregungen, Vorschlägen und Entscheidungen gegenüber. Der Nestlé-Konzern hat über viele Jahre in H.O. Maucher einen solch beispielhaften identificator = idenficicandus zum Vorstandsvorsitzenden gehabt.

Kontinuierliche Innovation

Das Konzept Identitätsorientiertes Management geht davon aus, daß Unternehmen nur überlebensfähig bleiben, wenn sie in der Lage sind, sich kontinuierlich der Diskontinuität, also dem Wandel, zu stellen. Den Wandel zu initiieren und durchzusetzen, ist aber die ausschließliche Funktion, die, wie Schumpeter (1947) feststellt, Unternehmertum legitimiert: "One necessary distinction is that between enterprise and management: evidently it is one thing to set up a concern embodying a new idea and another thing to head the administration of a going concern, however much the two may shade off into each other."[74] Ohne den Mut des Unternehmers, den diskontinuierlichen Wandel zu wagen (so Schumpeter schon 1911), gäbe es kein wirtschaftliches Wachstum. Der Unternehmer ist die äußere Macht, die stationäre Gleichgewichtstendenzen einer Volkswirtschaft durch ihre schöpferischen Innovationen immer wieder zerstört (1942). Dieses Schöpferische besteht nicht im Erfinden neuer Möglichkeiten, sondern im Aha-Gespür für den Erfolg derselben, die tatsächliche ökonomische Initiative und Durchsetzungsentschlossenheit neuer Kombinationen von Produktionsmitteln. "... the entrepreneur gets things done!" (1947)[75]

Schumpeter nennt explizit fünf Fälle neuer Kombinationen von Produktionsmitteln:[76]

1. Herstellung neuer, dem Konsumenten nicht vertrauter Güter.
2. Einführung neuer Produktionsmethoden.
3. Erschließung neuer Absatzmärkte.
4. Erschließung neuer Bezugsquellen und von Rohstoffen und Halbfabrikaten.
5. Durchführung neuer Organisationen, wie Monopolisierung oder Durchbrechen eines Monopols.

Heute im Jahre 2003 kann diese Auflistung allerdings nur vordergründig hilfreich sein. Die politisch und technologisch ungeahnten globalen Umbrüche lassen längst mehr Möglichkeiten zu, beispielsweise den multinational an weltweit gestreuten Standorten operierenden Konzern. Doch stellt sich die Frage, ob der Profit des ins Globale ausgeweiteten Wirtschaftens sich wirklich innovativem Unternehmertum und somit Gestaltparametern unseres Modells 2000 verdankt oder ob es sich um schlichtes Mitläufertum, das imitierende Ausnutzen einer scheinbar offenen Situation handelt, wie sie die Informationstechnologie, die wirtschaftspolitische Deregulierung der Finanzmärkte und das Nord-Süd-Gefälle, "bisher" noch ohne erkennbaren Eigenschaden, bietet. Die globale Herausforderung als solche hat in toto ihr innovatives Unternehmertum noch nicht gefunden. Jenes wird im Einzelfall nicht bei Megafussionen und outsourcing, sondern bei der Förderung der Eigenentwicklung von Drittländern, Umweltverantwortung, Nachhaltigkeitskonzepten (Sustainable Development), kurz bei der Wahrnehmung globaler Folgenverantwortung zu finden sein. Weil es dabei um eine neue Sinn- und Legitimationsfrage des Wirtschaftens geht, berührt solch anstehendes neues unternehmerisches Selbstverständnis von Innovation zentral die Thematik unserer Untersuchung.

Doch Schumpeters Innovationsliste ist auf eine noch grundsätzlichere Weise erweiterungsbedürftig, was man allerdings seiner rein nationalökonomischen Perspektive zugute halten muß, auch wenn sie sich ausdrücklich "sozialökonomisch" versteht.[77] Er berücksichtigt nur die Herausforderungen des Marktes, nicht die Binnenherausforderung an die Unternehmensgestaltung als solche, die sich daraus ergibt. Nur der Unternehmer vermag grünes Licht zu geben, daß die Unternehmung sich zu einer Sinn- und Sozialgestalt transformiert, welche in ihrer Flexibilität, Kreativität und einheitlichen Aktionsrichtung den Herausforderungen des 21.Jahrhunderts gerecht zu werden vermag. Wer als Unternehmer der Unternehmung derart grünes Licht zu geben vermag, geht allerdings ein Wagnis völlig neuer Art ein. Er beweist den Mut, *seine eigene Funktion zu innovieren.*

Bei Membership-Führung im Rahmen eines identitätsorientierten Managements dankt der Unternehmer also keinesfalls als Gestalter ab. Er ist im Gegenteil weit mehrdimensionaler gefordert als seine Vorgänger. Ich verweise auf meine Ausführungen zur Integrativen Vernunft in Abschnitt 5.2. Integrative Vernunft weiß sich auch auf *sich zurücknehmendes Gestalten* einzulassen. Den identifikatorischen Prozeß zu impulsieren und zu fördern, wie die Mitgestaltung und Mitentscheidung der Mitglieder zum Zuge kommt, erfordert gerade im bislang ungewohntem sich Zurücknehmen mehr Gestaltungswillen zu Neuem als je zuvor. Ich verweise auf meine Ausführung in Abschnitt 5.3 zu Macht , Freiheit und Kommunikation.

Letztentscheidungen

Wenn in Membership-Führung die Mitglieder weitgehend nicht nur für Routineangelegenheiten in Coentrepreneurship eingebunden sind, ergeben sich doch mindestens vier Gründe für den Verbleib von Letztentscheidungen an der Unternehmensspitze. Vorrangig bleiben zweifellos Erstentscheidungen, also innovative Impulse. Auch käme ohne solche Erstentscheidung für eine Unternehmensgründung durch Unternehmer kein Unternehmen zustande. Zweitens wird es Entscheidungsbedarf geben, wenn ein Konsens nicht herstellbar ist und zu lange Zeit beanspruchen würde, selbst wenn man dem durch den Erwerb schnell zur Sache kommender Kommunikationstechniken entgegenwirken würde. Drittens gibt es Grundsatzentscheidungen, die einen Breitendiskurs nicht vertragen, beispielsweise über einen geplanten Börsencoup, die aber nach unserem Konzept eines Nachdiskurses bedürfen. Viertens und nicht zuletzt wäre ein Unternehmer, der nicht den Mut und die Fähigkeit zu Letztentscheidungen aufbrächte, eine paradoxe Gestalt. Zum einen führt sich ein Unternehmertum, das nicht entscheidungsfreudig und damit inbegriffen auch sozial nicht verantwortungsbereit ist, ex definitione ad absurdum, zum anderen bedarf es auch in demokratisch gelebten, wenn auch formal demokratisch nicht vollends verfaßbaren Kooperationen Menschen mit der Fähigkeit und der Bereitschaft zu Letztentscheidungen, was wohl immer nur einer Minderheit gegeben sein wird. Der signifikante Unterschied zu traditional gefaßten Führungsstrukturen liegt im Komplementärverhältnis, der interaktiven Rückkoppelung und in dem aus gemeinsamem Bewußtsein gewachsenen gegenseitigen Vertrauen.

---

[1] Meyer-Faje (1999: 140 - 158).

[2] Boulding, K.: Political implications of general systems research, in: General Systems 1961 (6): 1 - 7.

[3] Ulrich, H, Probst, G.J.B: Anleitung zum ganzheitlichen Denken, 3. Aufl., Bern/Stuttgart 1991.

[4] Woll, H.: Menschenbilder in der Ökonomie, München/Wien 1994: 175 f.

[5] Briggs, J., Peat, F.D.: Die Entdeckung des Chaos, München/Wien 1980.

[6] Nietzsche, F.: Werke in drei Bänden. Herausgegeben von K. Schlechta, München 1994, Bd. II: 284.

[7] Müri, P.: Chaos-Management. Die kreative Führungsphilosophie, München 1985: 131 ff.

[8] Hammer, M.: Das prozeßorientierte Unternehmen. Die Arbeitswelt nach dem Reengineering, München 1999: 20.

[9] Schneider, M.: Kein Gramm zu viel, in: Manager-Magazin (8) 1993.

[10] Whitehead, A.N.: Prozeß und Realität, Entwurf einer Kosmologie, 2. Aufl., Frankfurt a.M. 1984.

[11] Simon, H.A.: Homo rationalis. Die Vernunft im menschlichen Leben, Frankfurt a.M./New York 1993: 48 f.

[12] Schumpeter, J.A.: Kapitalismus, Sozialismus und Demokratie, Bern 1950: 199 ff. Diese Formulierung steht in Einklang mit seiner bereits 1937 im Vorwort zur japanischen Ausgabe "Theorie der wirtschaftlichen Entwicklung geäußerten Rationalitätskritik"; abgedruckt bei Schumpeter, J.A: Essays on Economic Topics, Ed. by R.V. Clemence, Port Washington NY 1951: 158 - 163.

[13] Kirchgässner, G.: Homo oeconomicus. Das ökonomische Modell individuellen Verhaltens und seine Anwendung in den Wirtschafts- und Sozialwissenschaften, Tübingen 1991. Siehe auch Becker, G.S.: Der ökonomische Ansatz zur Erklärung menschlichen Verhaltens, Tübingen 1982.

[14] Kirchgässner (1991: 15)

[15] Kirchgässner (1991: 17).

16 Siehe hierzu vor allem: Meyer-Faje, A.: Adam Smiths politökonomisches System - eine Antwort auf die Gefährdung der Conditio Humana, in: Meyer-Faje, A., Ulrich, P. (Hrsg.): Der andere Adam Smith. Beiträge zur Neubestimmung von Ökonomie als Politischer Ökonomie, Bern/Stuttgart 1991: 303 - 340.

17 Zitiert nach Novak, M.: Die katholische Ethik und der Geist des Kapitalismus, 2. Aufl., Trier 1998: 38.

18 Brodbeck, K.-H.: Die fragwürdigen Grundlagen der Ökonomie. Eine philosophische Kritik der modernen Wirtschaftswissenschaften. Darmstadt 1998: 193.

19 Simon, H.A.: Homo rationalis. Die Vernunft im menschlichen Leben, Frankfurt a.m./New York 1993: 22.

20 Simon (1993: 23).

21 Simon (1993: 23).

22 Siehe auch meine Ausführungen zur neotenischen Kompetenz unter 3.2.3.

23 Simon (1993: 41).

24 Habermas, J.: Theorie und Praxis. Sozialphilosophische Studien, 3. Aufl., Frankfurt a.M. 1969: 259.

25 Damit wird die Führungsqualifikation "Sensitiv denken können" (Meyer-Faje (1999: 234 ff.) genauer gefaßt.

26 Siehe hierzu Kant, I.: Werke in sechs Bänden, herausgegeben von W. Weischedel, Darmstadt 1998, Bd. IV: 76 ff., 156 ff.

27 Höffe, O.: Sittlichkeit als Rationalität des Handelns, in: Schnädelbach, H. (Hrsg.): Rationalität. Philosophische Beiträge, Frankfurt a.m. 1984: 166.

28 Weber (1980: 353).

29 Foucault, M.: Botschaften der Macht. Der Foucault-Reader, herausgegeben von J. Engelmann, Stuttgart 1999.

30 Foucault (1999: 166).

31 Foucault (1999: 169).

32 Besonders sind zu nennen: Foucault, M.: Archäologie des Wissens, Frankfurt a.m. 1973; Foucault, M.: Die Ordnung der Dinge, Frankfurt a.m. 1974; Foucault, M.: Wahnsinn und Gesellschaft, Frankfurt a.m. 1974; Foucault, M.: Überwachen und Strafen, Frankfurt a.m. 1994 - Zur Einführung Dreyfus, H.L., Rabinow, P.: Michel Foucault. Jenseits von Strukturalismus und Hermeneutik, 2. Aufl., Weinheim 1994; den postmodernen Kontext berücksichtigt besonders Welsch, W.: Vernunft. Die

zeitgenössische Vernunftkritik und das Konzept der transversalen Vernunft, Frankfurt a.M. 1995.

[33] Siehe hierzu auch Sennett, R.: Autorität. Frankfurt a.M. 1985.

[34] Foucault (1999: 162).

[35] Foucault (1999: 195 ff.).

[36] Giddens, A.: Konsequenzen der Moderne, 2. Aufl., Frankfurt a.M. 1997.

[37] Siehe Ulrich, P.: Transformation der ökonomischen Vernunft. Fortschrittsperspektiven der modernen Industriegesellschaft, Bern/Stuttgart 1986: 295 ff.

[38] Watzlawick, P., Beavin, J.H., Jackson, D.D.: Menschliche Kommunikation. Formen, Störungen, Paradoxien, Bern/Stuttgart 1969. Ferner: Bateson, G.: Ökologie des Geistes, 2. Aufl., Frankfurt a.M. 1983. Zur Kritik siehe besonders Ziegler, J.: Kommunikation als paradoxer Mythos. Analyse und Kritik der Kommunikationstheorie Watzlawicks und ihrer didaktischen Verwertung, Weinheim/Basel 1977.

[39] ARD, 18.2.2001, 21.45 Uhr.

[40] Watzlawick (1969: 196). Siehe auch Bateson (1983: 276 ff.).

[41] Wahren, K.-H.: Zwischenmenschliche Kommunikation und Interaktion in Unternehmen. Grundlagen, Probleme und Ansätze zur Lösung, Berlin/New York 1987.

[42] Wittgenstein, L.: Tractatus logico-philosophicus, in: Sloterdijk, P. (Hrsg.): Wittgenstein, ausgewählt und vorgestellt von Macho, Th.H., München 1996: 148.

[43] Beispiele hierfür bietet Große-Oetringhaus, W.F.: Strategische Identität - Orientierung im Wandel. Ganzheitliche Transformation zu Spitzenleistungen, Berlin 1996.

[44] Tiefenpsychologische Ansätze werden hier nicht berücksichtigt. Hier wäre bei systematischer Behandlung auf die wichtigen Beiträge von Erikson einzugehen, jedoch mit dem Ergebnis: Seine Betrachtung greift nur eine vergangene stationäre Epoche.

[45] Dahrendorf, R.: Homo Sociologicus. Ein Versuch zur Geschichte, Bedeutung und Kritik der Kategorie der sozialen Rolle, 8. Aufl., Köln/Opladen 1969 (1. Aufl. 1958): 33.

[46] Siehe hierzu die Literaturhinweise von Tenbruck, F.H.: Zur deutschen Rezeption der Rollentheorie. In: KZfSZ (1) 1961: 1 - 39, hier 38, Fußn. 7.

[47] Dahrendorf (1969: 95).

[48] Dahrendorf (1969: 94).

⁴⁹ Eine Übersicht der wichtigsten Kritiken bietet Dahrendorf (1969: 119).

⁵⁰ Luckmann, Th.: Persönliche Identität, soziale Rolle und Rollendistanz. In: Marquard, O. und Stierle, K. (Hrsg.): Identität 2. Aufl., München 1996: 301.

⁵¹ Joas, H.: George H. Mead. In: Käsler, D. (Hrsg.): Klassiker des soziologischen Denkens. Bd. 2, München 1978: 7 - 39, hier 8 f. - Siehe ferner: Joas, H.: Praktische Intersubjektivität. Die Entwicklung des Werkes von G.H. Mead, Neuaufl. Frankfurt a.M. 2000.

⁵² Mead, G.H.: Geist, Identität und Gesellschaft, 2. Aufl., Frankfurt a.M. 1975: 284 ff.

⁵³ Zitiert, weil dort in zutreffenderer Übersetzung, nach Herzog, W.: Das moralische Subjekt. Pädagogische Intution und psychologische Theorie, Bern/Göttingen 1991: 261.

⁵⁴ Hierauf gründet sich später der Symbolische Interaktionismus.

⁵⁵ Hier bleibt Mead ungenau, denn zugleich räumt er dem Ich genuine Fähigkeit zu Kreativität und Spontaneität, ein, was sich nicht aus "Triebhaftigkeit" allein herleiten läßt.

⁵⁶ Mead (1975: 268 - 271, hier 269).

⁵⁷ Mead (1975: 376).

⁵⁸ Goffman, E.: Stigma. Über Techniken der Bewältigung beschädigter Identität, Frankfurt a.M. 1967: 74. Siehe auch Goffman, E.: Wir alle spielen Theater. München 1969.

⁵⁹ Daniel, C.: Theorien der Subjektivität. Einführung in die Soziologie des Individuums, Frankfurt a.M./New York 1983: Kapitel 6: Das Fassaden-Ich des Identitätsarbeiters (St. Cohen/L. Taylor und E. Goffman): 167 - 190.

⁶⁰ Krappmann, L.: Soziologische Dimensionen der Identität. 3. Aufl., Stuttgart 1973: 208.

⁶¹ Krappmann (1973: 205).

⁶² Krappmann, L.: Neuere Rollenkonzepte als Erklärungsmöglichkeit für Sozialisationsprozesse. In: Aufwärter, M. (Hrsg.): Seminar: Kommunikation, Interaktion, Identität I, Frankfurt a.M. 1976: 307 - 331.

⁶³ Habermas, J.: Kultur und Kritik. Verstreute Aufsätze, 2. Aufl., 1977, Frankfurt a.M.: 195 - 231. Siehe ferner: Habermas, J.: Erkenntnis und Interesse. Frankfurt a.M. 1969: 17 - 203. Habermas, J.: Zur Rekonstruktion des historischen Materialismus. 6. Aufl. Frankfurt a.M. 1995: 63 - 129.

[64] Siehe vor allem Kohlberg, L: Zur kognitiven Entwicklung des Kindes. Frankfurt a.M. 1974, sowie Kohlberg, L.: Essays on Moral Development. Vol. I: The Philosophy of Moral Development, San Francisco 1981.

[65] Übernommen von Herzog (1991: 380). Kohlberg läßt es nicht mit der 6. Stufe auf sich bewenden. Kohlberg, L.: Die Psychologie der Lebensspanne. Frankfurt a.M. 2000.

[66] Zu Piaget siehe Meyer-Faje (1999: 195 f., 206 f.).

[67] Habermas (1977: 229).

[68] Habermas (1977: 231).

[69] Keupp, H.: Diskursarena Identität: Lernprozesse in der Identitätsforschung. In: Keupp, H. und Höfer, R. (Hrsg.): Identitätsarbeit heute. Klassische und aktuelle Perspektiven der Identitätsforschung, 2. Aufl., Frankfurt a.M. 1998: 11 - 39; Keupp, H. u.a.: Identitätskonstruktionen. Das Patchwork der Identitäten in der Spätmoderne, Reinbek 1999.

[70] Neuberger, O.: Führen und geführt werden. 3., völlig überarbeitete Auflage von "Führung", Stuttgart 1990: 96 ff.

[71] Schoppe, S.G., Wass von Czege, A. et alii: Moderne Theorie der Unternehmung. München/Wien 1995: 281 - 295; Krüsselberg, U.: Theorie der Unternehmung und Institutionenökonomik. Die Theorie der Unternehmung im Spannungsfeld zwischen neuer Institutionenökonomik, ordnungspolitischem Institutionalismus und Marktprozeßtheorie, Heidelberg 1993; besonders 121 - 168.

[72] Gutenberg, E.: Grundlagen der Betriebswirtschaftslehre, Bd. 1,. 10. Aufl., Berlin/Heidelberg 1965: 5 ff.

[73] Die Vereinfachung "Konsens" mag hier genügen. Selbstverständlich geht es in diesem sozialgenetischem Vorgang um mehr: um eine Bereicherung sowohl der individualen als auch der kooperativen Identitäten.

[74] Schumpeter, J.A.: The Creative Response in Economic History (1947), in: Schumpeter (1951: 216 - 226, hier 218); ferner Schumpeter, J.A.: Theorie der wirtschaftlichen Entwicklung. Eine Untersuchung über Unternehmergewinn, Kapital, Kredit, Zins und den Konjunkturzyklus, 1. Aufl., Leipzig 1912. Mir war die 4. Aufl., München/Leipzig 1935, zugänglich; Schumpeter, J.A.: Kapitalismus, Sozialismus und Demokratie. 2. erw. Aufl., Bern 1950, 1. amerikanische Aufl. New York 1942. .

[75] Schumpeter (1950: 219).

[76] Schumpeter (1935: 100 f.); siehe auch Schneider, E.: Joseph A. Schumpeter. Leben und Werk eines großen Sozialökonomen, Tübingen 1970: besonders 22 - 34.

[77] Noch umfassender als Schneider ist Swedborg in Schumpeters Werkverlauf dem roten Faden "Sozialökonomie" in dessen Selbstverständnis nachgegangen. Swedborg, R.: Joseph A. Schumpeter, Eine Biographie, Stuttgart 1994.

6. Zusammenfassung: Bausteine für ein konkreatives Szenario

Was bringt das Konzept Identitätsorientiertes Management der Führungspraxis?

1. Ein selbständig entwickeltes WIR der Unternehmensmitglieder.

2. Diese Selbständigkeit fördert die grundsätzliche Fähigkeit der Mitglieder zu Coentrepreneurship.

3. Die Ziel- und Legitimationsfrage ist auf jeweils aktuellstem Stand. Das fördert nach außen die Marktchancen und das Image in der Gesellschaft. Innen vollziehen sich erforderliche Mobilität und Flexibilität schneller und reibungsloser, weil sie einsichtiger sind.

4. Kommunikation überwindet endlich das Als-Ob und deckt damit bisher verborgene bzw. sorgsam chiffrierte Wahrheiten (das Reden um den heißen Brei) auf.

5. Auf allen für die Unternehmung relevanten Bereichen innovieren sich die humanen Ressourcen und entfalten sich neue Qualitäten aufgrund des stärkeren individualen Selbstbewußtseins bei gleichzeitigem Wir-Verbund. Wir können von einem konkreativen Sprung des human capital sprechen.

6. Je besser der selbstidentifikatorische Prozeß in Gang kommt, desto mehr können wir von den Mitgliedern der Unternehmung als einer Mannschaft sprechen.

7. Die Wahrnehmung von Führungsbegabungen für Spitzenfunktionen wird wesentlich erleichtert, weil sich Mitglieder als Coentrepreneure alsbald selbst offenbaren.

8. Der Dauerdiskurs "Unternehmung wozu?" ist gewährleistet.

In *Abb. 12* sind mit den zehn W-Fragen, dem Führungskonzept, dem Organisationskonzept und den Nebenbedingungen die signifikanten Faktoren eines erfolgreichen identitätsorientierten Managements nochmals zitiert.

Abb. 12

KIM:
Das Konzept Identitätsorientiertes Management

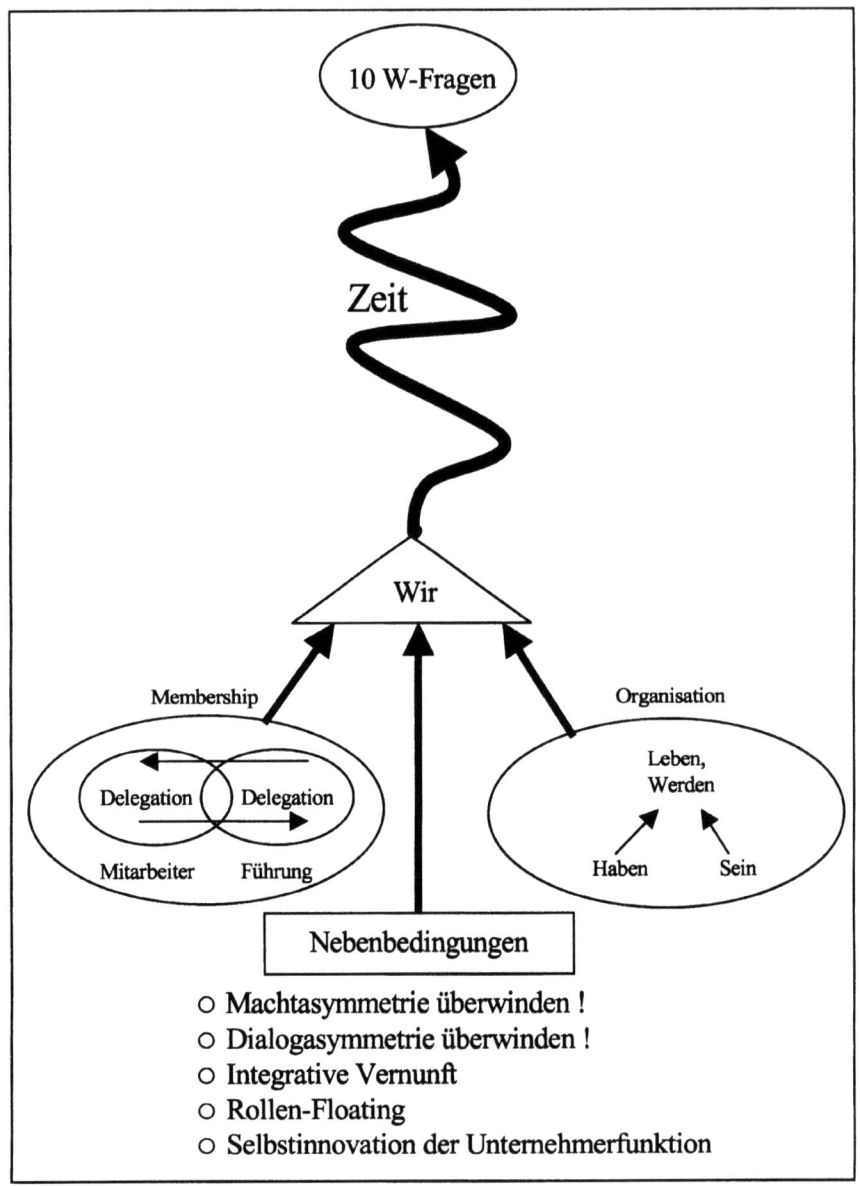

Für ein Szenario, das dem Betriebsalltag gerecht werden könnte, liegen also die Bausteine vor, und auch die Grundbeziehungen sind in meiner Untersuchung herausgearbeitet. Das Szenario selbst zu erstellen, wäre im Rahmen dieser Arbeit ein fehlleitender Rezeptanspruch. Zunächst müssen vor Ort in individuellen Untersuchungs- und Beratungszusammenhängen Testszenarien der Bewährung ausgesetzt werden.

Wer sich durch mein Buch gearbeitet hat, hat sich mit der theoretischen Fundierung von identitätsorientiertem Management auseinandergesetzt. Nur in einer solchen Fundierung, so verbesserungsfähig sie immer sein wird, sehe ich die Chance, daß ein Managementkonzept wirklich tragen kann. Daß die meisten Managementkonzepte mit der Zeit verschleißen, hat wesentlich seinen Grund mit darin, daß die Grundlagen dafür nicht auf verwertungsneutrale logische Konsistenz Gesamtschau (= Theorie) aus ist, sondern von vorneherein verkürzt auf pragmatische Konsistenz, auch in der literarischen Grundlegung. Ludwig Erhard hat einmal gesagt, wenn man eine klare theoretische Orientierung habe - er meinte ein stimmiges Leitbild von Sozialer Marktwirtschaft -, könne man sich um so eher pragmatische Kompromisse leisten. Dem ist analog in der Verschränkung von Theorie und Praxis eines identitätsorientierten Managements nichts hinzuzufügen.

Um so mehr ist bei der Umsetzung und Implementierung eine gedanklich konsistente Leitvorstellung als Kompaß erforderlich, weil viele dafür benötigte Instrumente - ich denke beispielsweise an Mitarbeiterschulung und -assessment, training on the job, Gruppenarbeit, Juniorenvorstände, profit centers, task forces, Organisation vom Kundenauftrag her - als solche bereits vorhanden zu sein scheinen. Doch während eine Zange eine Zange bleibt, egal welchem Zweck sie dienlich ist, müssen identitätsorientiert die meisten Managementinstrumente neu bedacht und modifiziert werden, aber es müssen auch neue Instrumente hinzukommen. So ist es für das sich Einleben in Membership nicht nur, wie gelegentlich schon geübt, förderlich, wenn Führungskräfte von Zeit zu Zeit als Hospitanten "back to the line" finden, sondern es ist als Pendant dazu erforderlich, daß "Linienwerker" als kurzfristig rotierende Direktionsassistenten hospitieren, um Einblick in den Alltag von Führungskräften zu gewinnen. Das Konzept Identitätsorientiertes Management, für das ich im Alltagsgeschäft die Kurzbezeichnung KIM vorschlagen möchte, erfordert also bei der Umsetzung eine Fülle von Innovationen en detail, die sich auf der konkreten

Handlungsebene, konkreativ in einen selbstidentifikatorischen Prozeß einsteigend, aus den hier vorgelegten Leitlinien, ohne allzu große Schwierigkeiten, erfolgreich entwickeln lassen dürften.

Epilog

Alle Dinge haben
einen *Preis*.
Der Mensch allein
hat *Würde*.

I. Kant

Abbildungsverzeichnis

		Seite
Abb. 1	Herausforderungen für Mensch und Unternehmung.	57
Abb. 2	Ziele - Mittel - Zwecke	74
Abb. 3	Die Eckparameter des Identitätsorientierten Managements	90
Abb. 4	Die identifikatorischen Kompetenzfaktoren	98
Abb. 5	Handlungskompetenz	102
Abb. 6	Moralische Kompetenz	106
Abb. 7	Soziale Kompetenz	109
Abb. 8	Neotenische Kompetenz	112
Abb. 9	Selbstüberschreitungskompetenz	113
Abb. 10	Orientierungsdimensionen der Organisation	115
Abb. 11	Gesinnungsethik - Verantwortungsethik	166
Abb. 12	KIM: Das Konzept Identitätsorientiertes Management	232

Sachregister

Affirmative Rationalisierung 181, 187

Autonomie 20, 74, 83, 97 ff., 112, 122, 165, 193, 207 ff.

Autopoiesis 48, 115, 119, 165

Begrenzte Rationalität 25, 188

Begrenztes Umfeld 32

Behaviorismus 198, 209 f.

Bewußtsein 10, 14, 21 f., 44, 63, 104, 108 ff., 118, 121, 124, 140, 149, 181, 188, 190, 196, 203, 208, 214, 218 f., 222, 225

Bürokratische Herrschaft 152 ff.

Calvinismus 134 ff.

Chaos 173 ff., 225

Charismatische Herrschaft 159 ff.

Clique talk 49, 51

Co-Entrepreneurship 39, 47 f.

Corporate Identity 41, 50, 67, 81, 199, 206

Delegation, Delegierte 19, 27, 35, 85 ff., 94, 121, 203, 220, 232

Deregulierung 31, 58, 223

Dialektik 40, 49, 57, 76, 108, 152, 208

Diskurs → Interaktion, Kommunikation

Dividuum 183

Double talk 49 ff., 62, 94, 103, 200, 203

Dynamisches Umfeld 38 f.

Eckparameter 19, 90, 235

Eigennutz, Eigeninteresse 13, 73, 182, 184 f.

Eindimensionale Leitidee 36

Emanzipation 52, 58, 195, 206

Erosion 16, 106

Ethik 102 f., 132 ff., 226

Ethische Rationalität 143

Evolution 16, 24, 114, 120, 122, 149, 160, 179 f., 187, 209

Fixkostenblock 33, 42

Fortschritt 122 f.

Freiheit 13, 26, 65, 80, 85, 94, 112 f., 128, 139, 173 f., 185, 191 ff., 208, 218, 224

Führen, Führung 32, 37, 39, 47, 52, 119, 219, 229

Fusionen → auch Megafusionen 37, 43, 71, 76

Ganzheitlichkeit 10, 14, 51, 129, 175, 216

Geist 13, 29, 95, 98, 112, 138 f., 169, 210 f., 216, 226, 228

Geldrechnung 30

Geldumwandlungsprozeß 34, 178

Gerechtigkeit 13, 94, 106

Gesinnungsethik 163, 166, 190, 235

Gewinnmaximierung 13, 75

Gewinnstreben 30, 120, 135, 144, 164, 174

Gleichheit 26 f., 83, 94, 104, 203, 219

Globalisierung 14, 31, 39 f., 42, 53 f., 57, 109, 119, 151, 159
Goldstandard 32

Haben - Sein 117 f.
Handeln 55, 127, 132 f., 140 ff., 162 ff., 181 ff., 207 ff.
Handlungsgefüge Unternehmung 16
Handlungskompetenz 20, 60, 84, 97, 109 ff.
Harzburger Modell 35, 37, 154, 158
Herausforderungen 9, 16 ff., 53 ff., 223
Herrschaft 23, 151 ff., 167 ff.
Hetrarchie 85
Hierarchie 33, 35, 47, 52, 85
Homo educandus 96
Homo oeconomicus 11, 24, 138, 182, 183, 204
Homo sociologicus 208
Homo systemicus 174
Humankapital 26
Humanpotential 46 f., 77 f., 88
Hypothetischer Imperativ 190

Identifikation → auch Selbstidentifikation
- als Leitidee 14 ff., 64 ff.
- Identifikatorische Allianzen 72
- Identifikatorische Kompetenz 71, 74, 80, 88, 94 ff.
- Identifikationsfigur 48, 66, 87 f., 221 f.
- Identitätsprovokatoren → auch Herausforderungen 19, 68
Informationstechnologie → IT

Innovation 39, 78, 222 ff.
Institution 37, 55, 58, 61, 67 f., 94, 168, 205 f.
Instrumentale Vernunft 190
Integrative Vernunft 24 f., 181, 190 f., 224
Interaktion → auch Kommunikation, Symbolischer Interaktionismus 39, 49, 210, 213
Internet 37, 51, 108
Intuitive Rationalität 25, 177
Intuitive Coincidenz 49
IT 31 f., 37, 39 f., 49, 51 f., 56, 89, 121 f., 129, 175 f., 185, 202

Kategorischer Imperativ 190
Kognitive Kompetenz 214
Kognitive Rationalität 98
Kognitive Vernunft 121
Kommunikation 19, 24, 26, 28, 51, 85, 108, 121, 148, 170, 176, 191 ff., 210, 224, 227, 231
Kompetenz →
- Handlungskompetenz
- Identifikatorische Kompetenz
- Kognitive Kompetenz
- Moralische Kompetenz
- Neotenische Kompetenz
- Selbstüberschreitungskompetenz
- Soziale Kompetenz
Komplementarität 26, 151, 202 f., 224
Komplexität 24, 46, 82, 95, 103, 164, 175, 186
Konkreativität 38 f., 47, 53, 94, 204, 231
Kooperation 47, 74, 82 f., 107, 114 ff., 206

238

Kreative Impulse → auch Chaos 177
Kreativität 13 f., 32, 38, 47, 112, 161, 223, 228
Kybernetik 49, 83, 108, 115 f., 121, 175 f.

Lean Management 108, 175
Lebenswelt 14, 16, 60, 130, 138, 182, 204
Legale Herrschaft 152 ff.
Legitimation 11, 23, 67, 80, 105, 115, 134, 152, 168, 173
Legitimationsbewußtsein 32, 34, 38, 44
Legitimierung 46, 117, 132
Leistungsorientierung, mehrdimensional 44 ff.
Leistungsprozeß 34, 48, 80
Leitimago der Organisation 115 f.
Lernen → Neotenische Kompetenz
Letztentscheidungen 221, 224
Lineare Konfiguration 32, 36

Machbarkeit 95, 99 ff.
Macht 26, 150 ff., 191 ff.
Manager 9, 26 f., 48, 68, 72, 115, 118, 156, 170, 220 ff.
Marktwirtschaft 32 f., 38, 42 f., 55, 61, 67, 118 f., 183, 233
Maschine 36, 115
Mechanistisches Systemdenken 36
Megafusionen 22, 40, 42, 75
Mehrdimensionale Leitidee 44 f., 142, 145

Membership-Führung 17 ff., 27, 53, 68, 82 ff., 123, 175, 195, 220 ff.
Menschenbild 23, 65,130 f.
Mittel, im Konztext Zwecke - Ziele 19, 73 f., 93, 141 ff.
Modell 1900 15 f., 32 ff.
Modell 2000 16 f., 38 ff.
Moralentwicklung 127, 149, 214 f.
Moralische Kompetenz 20, 97 f., 102 ff., 127
Motivation 29, 38, 77, 83, 202

Nachhaltigkeit 44
Neotenische Kompetenz 21, 97, 110 ff., 235
Netzwerk 39, 43, 48
New Economics 54, 57, 67, 75
Nutzenmaximierung 25, 174, 179, 183, 186, 188, 191

Offenheit
- der Organisation 44
- systemisch 38, 43, 54, 112, 173
- der Zielfindung 21 f.
Ökonomische Rationalität 24 f., 92, 144, 186 ff.
Organisation 19, 21 f., 29, 48, 51, 83, 87, 89, 111, 114 ff., 150, 154 ff., 160, 178, 233, 235

Personalentwicklung 87, 96, 100, 125
Personale Identität 107, 218
Phänomenologie 15, 68, 95, 126, 130, 133
Präferenzskala 70, 185
Praktische Rationalität 147

Praktische Vernunft 121, 147 f.
Prärationales Denken 181
Prozesse 11, 17, 19 ff., 44, 50, 57, 64 ff., 91 ff., 105 f., 129, 132, 173, 176, 178 ff., 208, 211
Prozeßlogik contra Argumentationslogik 48

Qualifikation 100 f., 153, 166

Rationalität →
- Affirmative Rationalität
- Begrenzte Rationalität
- Intuitive Rationalität
- Ökonomische Rationalität
- Praktische Rationalität
- Prärationales Denken
- Wertrationalität
- Zweckrationalität
Raum-Zeit-Entgrenzung 37, 56 f.
Reduktionismus 98, 176
Reflexivität 35, 49 f., 75, 116, 176, 180
Rekursivität 75 f., 124
Remanenzproblem 89
Rolle 18 ff., 127 ff., 232

Sachkapital 26
Satisfizieren 25, 46, 120
Schöpferische Zerstörung 28, 41, 222
Selbstähnlichkeit 47 f., 117
Selbstidentifikation → auch Identifikation 9 f., 14, 21 f., 52, 64 ff., 91 ff., 132, 173, 179
Selbstidentifikatorische Kompetenz → Identifikatorische Kompetenz

Selbstidentifikatorische Prozesse → Prozesse
Selbststeuerung 35, 47 f., 89
Selbstüberschreitungskompetenz 21, 97, 112 ff.
Shareholder Value 20, 45, 67, 199
Sinn 16, 18, 21 ff., 53 ff., 103, 114 ff., 132 ff., 173, 178 f., 223
Sinnkonflikte 217
Situation 18, 99, 178, 181, 188
Solo-Entrepreneurship 32, 35, 37
Soziabilität 106 ff.
Soziale Identität 66, 215, 218
Soziale Kompetenz 21, 97, 106 ff., 235
Soziale Schere 57, 59
Soziales Handeln 133 f.
Sozialgenese, Soziogenese 19 f., 22, 53, 93
Sozialökonomie 73, 131 f., 230
Sprache 108, 176, 196 ff., 213 ff.
St. Galler Modell 43, 47, 91, 173
Stationäres Umfeld 32
Symbolischer Interaktionismus 211 ff.
System 14, 44, 54, 61 f., 112, 115 ff., 122, 125, 173 ff., 225

Traditionale Herrschaft 156 ff.
Transparenz
- Intratransparenz 32, 34 f.
- Partiale Transparenz 38, 46 f.

Unternehmensidentität 17, 19 f., 27, 37, 54, 68, 103, 205

Unternehmenskultur 15, 53 f., 62, 68, 70, 100, 111, 125 f., 128, 145, 159, 176, 194 f., 199

Unternehmer 28, 35, 47, 68, 71 f., 82 ff., 117, 119, 135, 154 f., 165, 179, 194 f., 198, 219 ff.

Unternehmung als Aktionsszenario 16 f., 22, 28, 30 - 53, 55, 67 f., 84, 91, 105, 135, 176, 178 f.

Unternehmung 1900 → Modell 1900

Unternehmung 2000 → Modell 2000

Verantwortung 17 ff., 79 ff., 102 ff., 121, 132 ff., 186, 200 f., 212

Verantwortungsethik 139, 162 ff.

Vernunft →
- Instrumentale Vernunft
- Integrative Vernunft
- Kognitive Vernunft
- Praktische Vernunft

Vertrauen 24, 46 f., 107 f., 203, 205, 215, 225

Virtualisierung, Virtualität 15, 22, 114, 179

Virtuelle Identität 37

Virtuelle Organisationsstruktur 84, 124

Wachstum 32 f., 38, 76, 78 f., 222

Werden 179 f.

Wertewandel 41f., 57 f.

Wertfreiheit 130, 167

Wertrationalität 141 ff., 150, 166 f.

W-Fragen 8, 69 ff., 231

Wir-Identität 27

Wirtschaftsordnung 138

Zeit-Raum-Entgrenzung 31, 58

Ziele 9 f., 19, 21, 47, 53, 69 f., 83 f., 91 ff., 113 f., 142, 183, 190, 194, 231

Ziele, im Kontext Zwecke - Mittel 19 f., 73 f., 191

Zwecke, im Kontrext Ziele - Mittel 19 f., 73 f., 92 f.

Zweckrationalität 141 - 150, 155

Literaturverzeichnis

Albrow, M.: The Application of the Weberian Concept of Rationalization to Contemporary Conditions, in: Lash, S., Whimster, S. (Ed.): Max Weber, Rationality and Modernity, London/Boston 1987: 164 - 182.

Bateson, G.: Ökologie des Geistes. 2. Aufl., Frankfurt a.M. 1983.

Baumeister, R. F.: Identity, Cultural Change and the Struggle for Self. Oxford 1986.

Becker, G.S.: Der ökonomische Ansatz zur Erklärung menschlichen Verhaltens. Tübingen 1982.

Binswanger, H.Ch.: Die Glaubensgemeinschaft der Ökonomen. Essays zur Kultur der Wirtschaft, München 1998.

Bleicher, K.: Das Konzept Integriertes Management. Frankfurt a.M./New York 1991.

Boulding, K.: Political implications of general systems research. In: General Systems (6) 1961: 1 - 7.

Brater, M., Büchele, U. et alii: Berufsausbildung und Persönlichkeitsentwicklung. Stuttgart 1988.

Briggs, J., Peat, F.D.: Die Entdeckung des Chaos. München/Wien 1980.

Brodbeck, K.-H.: Die fragwürdigen Grundlagen der Ökonomie. Eine philosophische Kritik der modernen Wirtschaftswissenschaften, Darmstadt 1998.

Burckhardt, J. (Hrsg.): Ein Gespräch - Joseph Beuys, Jannis Kounellis, Anselm Kiefer, Enzo Cucchi, 4. Aufl., Zürich 1994.

Burns, T., Stalker, G.M.: The Management of Innovation. London 1961.

Casson, M.: The Entrepreneuer. An Economic Theory, Oxford 1982.

Checkland, P.: Systems Thinking, Systems Practics, Chichester/New York 1984.

Chomsky, N.: Profit Over People, Neoliberalismus und Globale Weltordnung, 4. Aufl., Hamburg 2001.

Corsten, M., Lempert, W.: Moralische Kompetenz in einfachen Berufen als "human capital" und als humanes Kapitel, in: Die Unternehmung (2) 1996: 75 - 88.

Dahrendorf, R.: Homo Sociologicus. Ein Versuch zur Geschichte, Bedeutung und Kritik der Kategorie der sozialen Rolle, 8. Aufl., Köln/Opladen 1969.

Daniel, C.: Theorien der Subjektivität. Einführung in die Soziologie des Individuums, Frankfurt a.m./New York 1983.

Dreyfuß, H.L., Rabinow, P.: Michel Foucault. Jenseits von Strukturalismus und Hermeneutik, 2. Aufl., Weinheim 1994.

Elster, J.: Subversion der Rationalität. Frankfurt a.m./New York 1987.

Famulla, G.-F., Gut, P. et alii: Persönlichkeit und Computer. Opladen 1992.

Flik, H.: Das Amöben-Konzept. Die organisatorische Erschließung von unternehmerischen Chancen in der Gore-Kultur, in: H.-Ch. Riekhoff (Hrsg.). Strategien der Personalentwicklung, 4. Aufl., Wiesbaden 1997: 36 - 51.

Forrester, V.: Der Terror der Ökonomie. Wien 1997.

Forrester, V.: Die Diktatur des Profits. München 2001.

Foucault, M.: Mikrophysik der Macht. Über Strafjustiz, Psychiatrie und Medizin, Berlin 1976.

Foucault, M.: Überwachen und Strafen. Die Geburt der Gefängnisse, Frankfurt a.M. 1994.

Foucault, M.: Botschaften der Macht. Der Foucault-Reader. Herausgegeben von J. Engelmann, Stuttgart 1999.

Frankl, V.E.: Der Wille zum Sinn. Ausgewählte Vorträge über Logotherapie, 2. Aufl. der erw. Neuaufl., München 1994.

Freyer, H.: Die Bewertung der Wirtschaft im philosophischen Denken des 19. Jahrhunderts. Hildesheim 1966.

Fromm, E.: Haben oder Sein. Die seelischen Grundlagen einer neuen Gesellschaft, Stuttgart 1976.

Fukuyama, F.: Konfuzius und die Marktwirtschaft. München 1995.

Gharajedaghi, J., Ackhoff, R.L.: Mechanistische, organismische und soziale Systeme. In: Probst, G.J.B., Siegwart, H. (Hrsg.): Integriertes Management. Bausteine des systemorientierten Managements. Festschrift zum 65. Geburtstag von Prof. Dr.Dr.h.c. H. Ulrich, Bern/Stuttgart 1985: 281 - 298.

Giddens, A.: Politics and Sociology in the Thought of Max Weber. London 1972.

Giddens, A.: Modernity and Self-Identity. Self and Society in the Late Modern Age, Stanford, Ca. 1991.

Giddens, A.: Konsequenzen der Moderne. 2. Aufl., Frankfurt a.M. 1997.

Goffman, E.: Stigma. Über Techniken der Bewältigung beschädigter Identität, Frankfurt a.M. 1967.

Goffman, E.: Wir alle spielen Theater. München 1969.

Gomez, P., Zimmermann, T.: Unternehmensorganisation. Profile, Dynamik, Methodik, Frankfurt a.M./New York 1992.

Große-Oetringhaus, W.F.: Strategische Identität - Orientierung im Wandel. Ganzheitliche Transformation zu Spitzenleistungen, Berlin 1996.

Günther, G.: Das Bewußtsein der Maschinen, Eine Metaphysik der Kybernetik, Baden-Baden 1963.

Günther, G.: Selbstdarstellung im Spiegel Amerikas, in: Pongratz, L. (Hrsg.): Philosophie in Selbstdarstellungen. Bd. II, Hamburg 1975: 1 - 76.

Gutenberg, E.: Grundlagen der Betriebswirtschaftslehre. Erster Band: Die Produktion, 10. neu bearbeitete Aufl. 1965.

Habermas, J.: Erkenntnis und Interesse. Frankfurt a.M. 1969.

Habermas, J.: Kultur und Kritik, Verstreute Aufsätze, 2. Aufl., Stuttgart 1977.

Habermas, J.: Theorie des kommunikativen Handelns. 2 Bde., Frankfurt a.M. 1981.

Habermas, J.: Moralbewußtsein und kommunikatives Handeln. Frankfurt a.M. 1983.

Habermas, J.: Legitimationsproblem im Spätkapitalismus. Frankfurt a.M. 1993.

Habermas, J.: Zur Rekonstruktion des Historischen Materialismus. 6. Aufl., Frankfurt a.M. 1995.

Hammer, M.: Das prozeßorientierte Unternehmen. Die Arbeitswelt nach dem Reengineering, München 1999.

Heidegger, M.: Die Zeit des Weltbildes. In: Heidegger, M.: Holzwege. 7. Aufl., Frankfurt a.M. 1994: 75 - 113.

Heinen, E.: Das Zielsystem der Unternehmung. Grundlagen betriebswirtschaftlicher Entscheidungen, Wiesbaden 1966.

Hennis, W.: Max Webers Fragestellung. Tübingen 1987.

Herzog, W.: Das moralische Subjekt. Pädagogische Intuition und psychologische Theorie, Bern/Göttingen 1991.

Heymann, H.H. et alii: Mitbestimmungsmanagement, in: Harvard Manager (4) 1983.

Höffe, O.: Sittlichkeit als Rationalität des Handelns, in: Schnädelbach, H. (Hrsg.): Rationalität. Philosophische Beiträge, Frankfurt a.M. 1984.

Holleis, W.: Unternehmenskultur und moderne Psyche. Frankfurt a.M./ New York 1987.

Joas, H.: George H. Mead. In: Käsler, D. (Hrsg.): Klassiker des soziologischen Denkens. Bd. 2, München 1978.

Joas, H.: Praktische Intersubjektivität. Die Entwicklung des Werkes von Mead, G.H., Neuaufl. Frankfurt a.M. 2000.

Kant, I.: Werke in sechs Bänden, Weischedel-Ausgabe, Darmstadt 1998.

Katzenbach, D, Steenbuck, O. (Hrsg.): Piaget und die Erziehungswissenschaften heute. Frankfurt a.M./Berlin 2000.

Keupp, H.: Diskursarena Identität: Lernprozesse in der Identitätsforschung. In: Keupp/Höfer (1998: 11 - 39).

Keupp, H., Höfer, R. (Hrsg.): Identitätsarbeit heute. Klassische und aktuelle Perspektiven der Identitätsforschung, 2. Aufl., Frankfurt a.M. 1998.

Keupp, H. u.a.: Identitätskonstruktionen. Das Patchwork der Identitäten in der Spätmoderne, Reinbek 1999.

Kirchgässner, G.: Homo oeconomicus. Das ökonomische Modell individuellen Verhaltens und seine Anwendung auf die Sozialwissenschaften, Tübingen 1991.

Kierkegaard, S.: Werksausgabe in zwei Bänden. Hirsch-Gerdes-Ausgabe, Düsseldorf/Köln 1971.

Kieser, A., Kubicek, H.: Organisation. 2. Aufl., Berlin/New York 1983.

Kirzner, I.: Wettbewerb und Unternehmertum. Tübingen 1978.

Kohlberg, L.: Zur kognitiven Entwicklung des Kindes. Drei Aufsätze, Frankfurt a.M. 1974.

Kohlberg, L.: Essays on Moral Development. Vol. I: The Philosophy of Moral Development. San Francisco 1981.

Kohlberg, L.: Die Psychologie der Lebensspanne. Frankfurt a.M. 2000.

Krappmann, L.: Soziologische Dimensionen der Identität. 3. Aufl., Stuttgart 1973.

Krappmann, L.: Neuere Rollenkonzepte als Erklärungsmöglichkeit für Sozialisationsprozesse. In: Aufwärter, M. (Hrsg.): Seminar: Kommunikation, Interaktion, Identität I, Frankfurt a.M. 1976: 307 - 331.

Krappmann, L.: Die Identitätsproblematik nach Erikson aus einer interaktionistischen Perspektive. In: Keupp/Höfer (1998: 66 - 92).

Krüsselberg, U.: Die Theorie der Unternehmung und Institutionenethik. Die Theorie der Unternehmung im Spannungsfeld zwischen Institutionalismus und Marktprozeßtheorie, Heidelberg 1993.

Latham, G.P., Locke, E.A.: Zielsetzung als Führungsaufgabe, im HWFü, 1995: 2222 - 2234.

Lau, E.E.: Interaktion und Institution. Zur Theorie der Institutionalisierung aus der Perspektive einer verstehend-interaktionistischen Soziologie, Berlin 1978.

Lefrancois, G.R.: Psychologie des Lernens. Berlin/Heidelberg 1976.

Luckmann, Th.: Persönliche Identität, soziale Rolle und Rollendistanz. In: Marquard, O./Stierle, K. (Hrsg.): Identität. 2. Aufl., München 1996.

Malik, F.: Führen, Leisten, Leben, Stuttgart 2000.

Mander, J.: The Case against the Global Economy, in:Brand, J. et alii (Ed.): The Academy of the 21st Century, Bedum NL 1999: 135 - 143.

March, J.G., Simon, H.A.: Organisation und Individuum, menschliches Verhalten in Organisationen, Wiesbaden 1976.

Mead, G.H.: Geist, Identität und Gesellschaft. 2. Aufl., Frankfurt a.M. 1975.

Meyer-Faje, A.: Versuch zur Strukturierung einer Anthropologie wirtschaftlicher Tätigkeit. In: Die Mitarbeit (2) 1983: 83 - 95.

Meyer-Faje, A.: Das Menschenbild bei Adam Smith. In: Holler, M.J. (Hrsg.): Homo Oeconomicus III, München 1984: 43 - 62.

Meyer-Faje, A.: Betriebliche Motivation: kein Mythos - aber auch kein social engineering. In: Die Mitarbeit (2) 1985: 161 - 172.

Meyer-Faje, A.: Adam Smith: Zuverlässiger Kompaß für die postindustrielle Ökonomie. In: Orientierungen (2) 1990: 60 - 66.

Meyer-Faje, A.: Identitätsorientierte Menschenführung. Ein Beitrag zum Paradigmenwechsel in der Führungspraxis, Bern/Stuttgart 1990.

Meyer-Faje, A.: Adam Smiths politökonomisches System - eine Antwort auf die Gefährdung der Conditio Humana, in: Meyer-Faje/Ulrich (1991: 303 - 340).

Meyer-Faje, A.: Bausteine für eine identitätsfördernde Managementstrategie. In: Die Unternehmung (2) 1992: 89 - 100.

Meyer-Faje, A.: Identitätsorientiertes Handeln als Chance der Rückgewinnung lebensweltlicher Bezüge für die Mitarbeiter der Unternehmung, in: Biesecker, A, Grenzdörffer, K. (Hrsg):Ökonomie als Raum sozialen Handelns. Bremen 1994: 92 - 106.

Meyer-Faje, A.: Mensch und Unternehmung als Sinneinheit. Was ist die identifikatorische Basis? St. Gallen 1996.

Meyer-Faje, A.: Grundlagen des Identitätsorientierten Managements. München/Wien 1999.

Meyer-Faje, A., Ulrich, P. (Hrsg.): Der andere Adam Smith. Beiträge zur Neubestimmung von Ökonomie als Politischer Ökonomie, Bern/ Stuttgart 1991.

Morgan, G.: Images of Organization. Newbury Park/London 1986.

Mommsen, W.J.: Personality and Life Orders: Max Weber's Theme. In: Lash, S., Whimster, S. (Ed.): M. Weber, Rationality and Modernity, London/Boston 1987: 35 - 51.

Müller, W.R.: Führung und Identität. Bern/Stuttgart 1981.

Müri, P.: Chaos-Management. Die kreative Unternehmensphilosophie. München 1985.

Neuberger, O.: Führen und geführt werden. 3., völlig neu bearbeitete Aufl. von "Führung", Stuttgart 1990.

Nietzsche, F.: Werke in drei Bänden. Schlechta-Ausgabe, München 1994.

Novak, M.: Die katholische Ethik und der Geist des Kapitalismus. 2. Aufl., Trier 1998.

Offe, C.: Leistungsprinzip und industrielle Arbeit. Mechanismen der Statusverteilung in Arbeitsorganisationen der industriellen "Leistungsgesellschaft", 2. Aufl., Frankfurt a.M. 1972.

Ortmann, G.: Unternehmensziele als Ideologie. Zur Kritik betriebswirtschaftlicher und organisationstheoretischer Entwürfe einer Theorie der Unternehmensziele, Köln 1976.

Ortmann, G.: Formen der Produktion. Organisation und Rekursivität, Opladen 1995.

Peters, T.: Das Tom Peters Seminar. Management in chaotischen Zeiten, Frankfurt a.M./New York 1994.

Peters, T., Waterman jun., R.H.: Auf der Suche nach Spitzenleistungen. Was man von den bestgeführten US-Unternehmen lernen kann, 8. Aufl., Landsberg a.L. 1984.

Piaget, J.: Der Strukturalismus. Olten 1973.

Piaget, J.: Biologie und Erkenntnis. Über die Beziehung zwischen organischen Regulationen und kognitiven Prozessen, Frankfurt a.M. 1974.

Piaget, J.: Meine Theorie der geistigen Entwicklung. Frankfurt a.M. 1983.

Plessner, H.: Die Stufen des Organischen und der Mensch. Einleitung in die philosophische Anthropologie, Gesammelte Schriften, Bd. 4, Frankfurt a.M. 1981.

Pümpin, C., Gailinger, U.W.: Strategische Führung. Aufbau strategischer Erfolgspositionen in der Unternehmenspraxis, 2. Aufl., Bern 1988.

Rieger, W.: Einführung in die Privatwirtschaftslehre. 3. Aufl., Erlangen 1964, 1. Aufl. Erlangen 1928.

Rifkin, J.: Das Imperium der Rinder. Der Wahnsinn der Fleischindustrie, Frankfurt a.M./New York 2001.

Roethlisberger, F.J.: The Foreman; master and victim of double talk. In: Harvard Business Review, 1945.

Rolshausen, C.: Macht und Herrschaft. Münster 1997.

Rombach, H.: Strukturanthropologie. "Der menschliche Mensch", 2. durchges. Aufl., Freiburg/München 1993.

Rombach, H.: Phänomonologie des sozialen Lebens, Grundzüge einer phänomenologischen Soziologie, Freiburg/München 1994.

Salin, E.: Geschichte der Volkswirtschaftslehre. 4. erw. Aufl., Bern 1951.

Schein, E.H.: Unternehmenskultur, Ein Handbuch für Führungskräfte. Frankfurt a.M. 1995.

Scheler, M.: Die Stellung des Menschen im Kosmos. 13. verb. Aufl., Bonn 1995.

Scherf, H.: Marx und Keynes. Frankfurt a.M. 1986.

Schluchter, W.: Die Entstehung des modernen Rationalismus. Eine Analyse von Max Webers Entwicklungsgeschichte des Okzidents, Frankfurt a.M. 1998.

Schneider, E.: Joseph A. Schumpeter. Leben und Werk eines großen Sozialökonomen. Tübingen 1970.

Schneider, M.: Kein Gramm zuviel. In: Manager-Magazin (8) 1993.

Schoppe, S.G., Wass von Czege, A. et alii: Moderne Theorie der Unternehmung. München/Wien 1995.

Schumpeter, J.: Stichwort "Unternehmer" im HdSW, Bd. VIII, 4. Aufl., Jena 1928: 476 - 487.

Schumpeter, J.: Theorie der wirtschaftlichen Entwicklung. Eine Untersuchung über Unternehmergewinn, Kapital, Kredit, Zins und Konjunkturzyklus, 4. Aufl., München und Leipzig 1935.

Schumpeter, A.: Kapitalismus, Sozialismus und Demokratie. 2. erw. Aufl., Bern 1950.

Schumpeter, J.: Essays on Economic Topics of J.A. Schumpeter. Ed. by R.V. Clemence, Port Washington, New York 1951.

Searle, J.R.: Die Wiederentdeckung des Geistes, Frankfurt a.M. 1996.

Searle, J.R.: Geist, Sprache und Gesellschaft, Philosophie in der wirklichen Welt. Frankfurt a.M. 2001.

Senge, P.M.: The Fifth Discipline, The Art and Practice of the Learning Organization, New York 1990.

Simon, H.A.: Entscheidungsverhalten in Organisationen. Landsberg a.L. 1981.

Simon. H.A.: Homo rationalis. Die Vernunft im menschlichen Leben. Frankfurt a.M. 1993.

Sloterdijk, P., Heinrichs, H.-J.: Die Sonne und der Tod, Dialogische Untersuchungen, Frankfurt a.M. 2001.

Soros, G.: Die Krise des globalen Kapitalismus. Offene Gesellschaft in Gefahr, Berlin 1998.

Speer, H.: Herrschaft und Legitimität. Zeitgebundene Aspekte in Max Webers Herrschaftssoziologie, Berlin 1978.

Staehle, W.: Management. Eine verhaltenswissenschaftliche Perspektive, 6. Aufl., München 1991.

Swedborg, R.: Joseph A. Schumpeter. Eine Biographie. Stuttgart 1994.

Tarnas, R.: The Passion of the Western Mind. Unterstanding the Ideas That Have Shaped Our World, New York 1993.

Tenbruck, F.H.: Zur deutschen Rezeption der Rollentheorie. In: KZfSZ (1) 1961: 1 - 39.

Turner, B.S.: Max Weber, From History to Modernity, London/New York 1992.

Ulrich, H.: Die Unternehmung als produktives soziales System. 2. überarbeitete Aufl., Bern/Stuttgart 1970.

Ulrich, H.: Plädoyer für ganzheitliches Denken, Aulavortrag der Hochschule St. Gallen, in: Dokumentation zum 15. Internationalen Management-Symposium 1985.

Ulrich, H., Probst, G.J.B.: Anleitung zum ganzheitlichen Denken, 3. Aufl., Bern/Stuttgart 1991.

Ulrich, P.: Wirtschaftsethik und Unternehmensverfassung: Das Prinzip des unternehmenspolitischen Dialogs, in: Ulrich, H. (Hrsg.): Management-Philosophie für die Zukunft, Bern/Stuttgart 1981: 57 - 75.

Ulrich, P.: Transformation der ökonomischen Vernunft. Fortschrittsperspektiven der modernen Industriegesellschaft, Bern/Stuttgart 1986.

Ulrich, P.: Integrative Wirtschaftsethik. Grundlagen einer lebensdienstlichen Ökonomie, Bern/Stuttgart 1997.

Ulrich, P./Maak, Th. (Hrsg.): Die Wirtschaft in der Gesellschaft. Perspektiven an der Schwelle zum 3. Jahrtausend, Bern/Stuttgart 2001.

Viner, J.: Religious Thought and Economic Society. Four Chapters of an Unfinished Work, Duke University Press 1978.

Vogt, B.: Organizing Around Opportunity, in ISC (Ed.): Mobilizing Corporate Energies, St. Gallen 1993: 85 - 95.

Wahren, K.-H.: Zwischenmenschliche Kommunikation und Interaktion in Unternehmen. Grundlagen, Probleme und Ansätze zur Lösung, Berlin/New York 1987.

Warnecke, H.-J.: Die fraktale Fabrik. Revolution der Unternehmenskultur, Berlin/Heidelberg 1992.

Watzlawick, P., Beavin, J.H., Jackson, D.D.: Menschliche Kommunikation. Formen, Störungen, Paradoxien, Bern/Stuttgart 1969.

Weber, M.: Gesammelte Politische Schriften. Herausgeg. von J. Winkelmann, Tübingen 1958.

Weber, M.: Die protestantische Ethik. Eine Aufsatzsammlung, herausgeg. von J. Winkelmann, München/Hamburg 1965.

Weber, M.: Wirtschaft und Gesellschaft. Grundriß der verstehenden Soziologie, 5. rev. Aufl., herausgeg. von J. Winkelmann, Tübingen 1980.

Weber, M.: Wissenschaft als Beruf, 1917/1919, Politik als Beruf, 1919. Studienausgabe, herausgeg. von W.J. Mommsen und W. Schluchter, Tübingen 1994.

Weber, M.: Zur Psychophysik der industriellen Arbeit, Schriften und Reden 1908 - 1912, herausgeg. von W. Schluchter, in Zusammenarbeit mit S. Frommer, Tübingen 1998.

Weiß, J. (Hrsg.): Max Weber heute. Erträge und Probleme der Forschung, Frankfurt a.M. 1989.

Weizenbaum, J.: Die Macht der Computer und die Ohnmacht der Vernunft. 2. Aufl., Frankfurt a.M. 1980.

Weizenbaum, J.: Computermacht und Gesellschaft, Freie Reden, Frankfurt a.M. 2001.

Whitehead, A.N.: Prozeß und Realität. Entwurf einer Kosmologie, 2. Aufl., Frankfurt a.M. 1984.

Williamson, O.E.: Die ökonomischen Institutionen des Kapitalismus. Tübingen 1990.

Wittgenstein, L.: Tractatus logico-philosophicus. Ausgewählt und vorgestellt von Th. Macho, München 2001.

Wittgenstein, L.: Über Gewißheit. Frankfurt a.M. 2001.

Woll, H.: Menschenbilder in der Ökonomie. Wien/München 1994.

Wunderer, R., Mittmann, J.: Identitätspolitik. Einbindung des Mitarbeiters im unternehmerischen Wertschöpfungsprozeß, Stuttgart 1995.

Zander, Knebel, Pillat: Führungssysteme in der Praxis. Heidelberg 1972.

Ziegler, J.: Kommunikation als paradoxer Mythos. Analyse und Kritik der Kommunikationstheorie Watzlawicks und ihrer didaktischen Verwertung, Weinheim/Basel 1977.

Über den Verfasser

Prof. Arnold Meyer-Faje, geb. 1933, Dipl.-Kfm., Dr. phil., lehrte von 1972-1982 Betriebspsychologie und Betriebspädagogik an der Hochschule für Sozialpädagogik und Sozialökonomie, Bremen, und von 1982-1998 managementorientierte Betriebswirtschaftslehre, mit den Schwerpunkten Organisation und Führung an der Hochschule Bremerhaven.

Neben zahlreichen Beiträgen zur Organisations- und Führungsforschung hat er sich seit Jahrzehnten in der Wirtschaftsethik und in der Adam-Smith-Forschung engagiert und zu ordnungspolitischen Fragestellungen geäußert.

An Buchveröffentlichungen liegen vor: Der Betrieb im Wandel (1985). Identiätsorientierte Menschenführung (1990). Der andere Adam Smith (1991; Sammelband, gemeinsam herausgegeben mit Peter Ulrich, St. Gallen). Grundlagen des Identitätsorientierten Managements (1999).

MANNHEIMER SCHRIFTEN ZUR VERWALTUNGS- UND VERSORGUNGSWIRTSCHAFT

Schwab, Siegfried / Stihl, Hanspeter (Hg.)
Neubau der Verwaltung
Band 1, 1996, 152 Seiten, br., ISBN 978-3-8255-0146-4, € 20,35

Aus dem Inhalt:
- Ansätze einer innovativen Kommunalverwaltung
- Personalkostencontrolling in der Kommunalverwaltung – ein neuer Weg für die Zukunft
- Neue Steuerungsmodelle, dezentrale Ressourcenverantwortung
- Controlling, Ziele, Produkte sowie Kosten- und Leistungsrechnung als Instrument zur Erhöhung der Wirtschaftlichkeit in Kommunalverwaltungen *u.v.m*

Oehler, Eberhard / Schwab, Siegfried / Stihl, Hanspeter (Hg.)
Kosten- und Leistungsrechnung
Band 2, 1998, 156 Seiten, br., ISBN 978-3-8255-0166-2, € 20,35

Aus dem Inhalt:
- Das Verfahren der Budgetierung als Schritt zur Dezentralen Ressourcen- und Ergebnisverantwortung
- Produktorientierte Kostenrechnung. Aufbau einer produktorientierten Kostenrechnung beim Vermessungsamt der Stadt Mannheim
- Einführung einer produktorientierten Kosten- und Leistungsrechnung im Rahmen eines Pilotprojekts „Dezentrale Ressourcenverantwortung bei der Stadt Heidelberg"
- Produktorientierte Kostenrechnung – ein Leitfaden
- Hat der kommunale Eigenbetrieb in der Versorgungswirtschaft Zukunft? *u.v.m*

Oehler, Eberhard / Schwab, Siegfried / Stihl, Hanspeter (Hg.)
Neubau der Verwaltung II
Band 3, 1998, 160 S., br., ISBN 978-3-8255-0255-3, € 20,35

Aus dem Inhalt:
- Qualität und Total Quality Management (TQM) in der öffentlichen Verwaltung
- Die Rolle des Produktes im Neuen Steuerungsmodell und dessen interne Verrechnung am Beispiel des in Auszügen behandelten Produktbereichs „Personalwesen"
- Fehlzeiten in der Kommunalverwaltung
- Anreizsysteme als Instrument eines innovativen Personalmanagements in kleinen und mittelgroßen Gemeinden *u.v.m.*

Oehler, Eberhard / Schwab, Siegfried (Hg.)
Chancen und Herausforderung für die Kommunen und Versorgungsbetriebe
Band 4, 2000, 114 + X S., br., ISBN 978-3-8255-0302-4, € 20,35

Aus dem Inhalt:
- Qualität in der öffentlichen Verwaltung
- Umweltmanagement in der öffentlichen Verwaltung
- Chancen und Risiken marketingpolitischer Einflußnahme auf Kunden
- Betriebliche Gesundheitsförderung
- Das kommunale Energiemanagement *u.v.m*

CENTAURUS VERLAG

MANNHEIMER SCHRIFTEN ZUR VERWALTUNGS- UND VERSORGUNGSWIRTSCHAFT

Oehler, Eberhard / Schwab, Siegfried / Stihl, Hanspeter (Hg.)
Verwaltungs- und Versorgungsbetriebe an der Jahrtausendwende
Band 5, 2000, 180 S., br., ISBN 978-3-8255-0337-6, € 22,50

Aus dem Inhalt:
- Arbeitszeitflexibilisierung
- Personalinformationsmanagement bei privatwirtschaftlichen Unternehmen und bei Kommunalverwaltungen
- Veränderungsprozesse in der Personalabteilung
- Die Einführung der SAP Public Sector Module im interkommunalen Vergleich   u.v.m

Förster, Reiner / Meyer, Wolf-Kersten / Oehler, Eberhard / Schwab, Siegfried / Stihl, Hanspeter (Hg.)
Neubau der Verwaltung III
Band 6, 2001, 306 S., br., ISBN 978-3-8255-0356-7, € 28,–

Aus dem Inhalt:
- Controlling im neuen Steuerungsmodell
- Interne Leistungsverrechnung unter Einsatz von SAP R/3
- Electronic Commerce und Online Marketing
- Das Teilzeit- und Befristungsgesetz
- Grundfragen des Kündigungsrechts   u.v.m.

Oehler, Eberhard / Schwab, Siegfried (Hg.)
Unternehmerisches Denken in Verwaltung und Versorgungsbetrieben
Chancen und Herausforderungen – das 21. Jahrhundert bringt Veränderungen
Band 7, 2003, ca. 250 S., br., ISBN 978-3-8255-0409-0, ca. € 28,–

Aus dem Inhalt:
- Innovatives Personalmanagement
- Der Outputorientierte Haushalt
- Mitarbeitermotivation
- Stadtwerke im Wettbewerb
- Das Zustellreformgesetz – Auswirkungen auf Zustellung im Verwaltungsrecht   u.v.m.

Förster, Reiner / Oehler, Eberhard / Schwab, Siegfried / Stihl, Hanspeter (Hg.)
Verwaltung und Versorgungsbetriebe – Vergangenheit, Gegenwart und Zukunft!
Band 8, 2003, ca. 260 S., br., ISBN 978-3-8255-0448-9, ca. € 27,–

Aus dem Inhalt:
- Staatsrecht
- Allgemeines Verwaltungsrecht
- Stromhandel im liberalisierten Strommarkt
- Umwelthaftungsgesetz
- Strategische Planung und Personalreform – Verwaltungsmodernisierung in der Europäischen Kommission   u.v.m.

CENTAURUS VERLAG

If you have any concerns about our products,
you can contact us on
ProductSafety@springernature.com

In case Publisher is established outside the EU,
the EU authorized representative is:
**Springer Nature Customer Service Center GmbH
Europaplatz 3, 69115 Heidelberg, Germany**

Printed by Libri Plureos GmbH
in Hamburg, Germany